고령사회가 되면서 치매는 주요 사망 원인이 되었다. 계속 증가하더니 2018년에는 사망 원인 10위권 안에 들어왔다. 이는 알츠하이머병으로 대표되는 치매 환자들이 이미 우리 가운데 상당히 많이 있음을 보여주는 것이다. 치매처럼 주변을 힘들게 하는 병도 드물 것이다. 사랑하는 사람들을 몰라보고, 그들에게 고통을 주는 병이기에 더하다. 저자는 하나님께 이 병에 대해 묻는다. 정신과 의사이자 직접 어머니의 치매를 경험한 가족으로서 이 힘든 일을 허락하신 하나님께 답을 구한다. 치매에 대해 이렇게 신학적·신앙적으로 천착하는 책을 본 적이 없다. 고통 속에서 의미를 찾으면 그래도 버틸 수 있다. 앞으로 우리의 삶에 계속해서 존재할 수밖에 없는 치매와 함께할 수 있는 길을 보여주는 책이다.

조성돈 | 실천신학대학원대학교 교수, LifeHope기독교자살예방센터 대표

이 책은 환자와 부양자 등 치매를 경험하고 있는 이들에게 필요한 도움과 희망을 제공해준다. 의사로서의 풍부한 경험과, 성경이 우리의 몸과 영혼에 대해 가르쳐주는 것에 관한 깊은 이해를 바탕으로 존 던롭은 치매라는 중요한 문제를 다루는 유일무이한 관점을 제시해준다.

데니스 레이니(Dennis Rainey) | FamilyLife 회장

이 책을 알게 된 것은 엄청난 보물을 발견한 것과 같다. 존 던롭은 수십 년간 활동한 풍부한 경험을 갖춘 노인의학자로서 치매에 걸린 어머니의 아들이자 생명윤리학 전문가이며 활동적인 교회 신자이기도 하다. 그는 사람들의 존엄성을 강탈하는 것으로 보이는 상황을 우리가 이해하도록 도와준다. 던롭은 모든 사람이 하나님의 형상으로 창조되었다는 영광스러운 성경적 진리에 의지하여 심지어 치매에 걸렸을지라도 인간의 존엄성은 상실될 수 없음을 보여준다. 치매 경험 속으로 이미 진입했거나 그에 대비하는 사람들, 그들의 가족, 친구, 부양자들—다시 말해서 거의 모든 사람—이 이 책에서 치매라는 어려움에 대처할 때 필요한 은혜를 발견하게 될 것이다.

존 킬너(John Kilner) | 트리니티 국제 대학교 생명윤리학 및 현대 문화 교수, *Why People Matter* 및 *Dignity and Destiny* 저자

거의 30년 전에 내 어머니는 알츠하이머병으로 9년 동안 고생하시다가 합병증으로 돌아가셨다. 그 9년 동안 나는 치매의 단계마다 무엇을 예상해야 하고 어떻게 반응해야 하는지를 설명해주는 여러 권의 유익한 책을 읽었다. 요즘은 비슷한 자료들을 인터넷에서 찾을 수 있다. 하지만 치매에 관해 존 던롭의 책만큼 큰 도움을 주는 자료는 찾아볼 수 없다. 그는 수십 년간 활동해온 노인의학 전문의로서의 경험과 독실한 그리스도인으로서의 경험을 결합하여 다른 신자들이 치매를 통해 많은 것을 생각할 수 있도록 도와준다. 즉 치매가 무엇을 의미하는지, 치매가 발병했을 때(당신 자신이든 친구든 친척이든 간에) 하나님을 어떻게 신뢰해야 하는지, 그리고 그와 같이 끔찍하고 파괴적인 질병 한가운데서도 하나님께서 그 자신을 어떻게 영화롭게 하시고 그의 백성에게 힘을 주시는지를 생각하도록 말이다. 이 책은 당신이 더 좋은 부양자가 되도록, 더 중요하게는 당신이 더 성숙하고 사려 깊은 그리스도인이 되도록 도와줄 것이다. 게다가 이 책은 당신이 좀 더 좋은 환자가 되게끔 도와줄 수 있다.

D. A. 카슨(D. A. Carson) | 트리니티 복음주의 신학교 신약 연구교수,
복음 연합(The Gospel Coalition) 공동 설립자

내 장인은 알츠하이머병을 앓는 8년 동안 우리와 함께 사셨다. 의사로서 나는 치매에 걸린 환자들을 돌봐왔었지만, 그때부터 나는 그 질병과 함께 살았다. 치매에 직면한 친구나 가족을 돕는 가장 좋은 방법은 그들에게 이 책을 한 권 선물해주는 것이다. 매우 유용한 자료가 될 것이다.

데이비드 스티븐스(David Stevens) | 기독교 의학 및 치과 협회장

『은혜의 눈으로 치매 환자 대하기』는 점점 더 흔한 질병이 되어가는 치매를 다룬 놀라울 만큼 유익한 책이다. 노인의학 전문의로서의 의료 실천과 치매에 걸린 부모를 둔 부양자로서 겪은 경험을 바탕으로 존 던롭은 이 질병과 싸우는 사람들과 부양자들, 그리고 이런 어려운 상황에서도 서로 기대어 사랑하기를 원하는 그리스도의 몸의 지체들을 위해 이 글을 썼다. 이 책은 치매라는 주제를 의학적·신학적·실제적으로 경험에 비추어 모든 각도에서 능숙하면서도 이해하기 쉽게 논의한다. 연민 어린

친절, 냉철한 현실주의, 적절한 괴로움과 애통, 그리고 하나님의 사랑과 은혜에 대한 궁극적인 신뢰를 결합하여 던롭은 치매로 고통당하는 사람들과 그들을 돌보는 사람들을 격려하고 강화시킨다. 이 책은 치매로 20년간 고통당했던 내 어머니를 통해 겪은 나 자신의 경험에도 그대로 들어맞는다. 꼭 필요한 자료가 되는 이 책이 앞으로 널리 유용하게 사용되기를 바란다.

스티븐 C. 로이(Steven C. Roy) | 트리니티 복음주의 신학교, 목회신학 부교수

치매는 당연히 서구 세계에서 가장 두려운 진단일 것이다. 던롭의 『은혜의 눈으로 치매 환자 대하기』는 교육과 격려가 필요한 지역사회에 시기적절하게 기여하는 책이다. 던롭은 치매가 가져올 수 있는 어려움을 얼버무리지 않으면서 이 질병의 다양한 측면을 공감할 수 있도록 우리를 이끌어준다. 던롭의 폭넓은 경험은 치매와 관련된 길을 걷고 있는 사람들에게 풍부한 실천적·영적 지혜를 제공해준다. 그 길의 안내서로서 이 책을 적극 추천한다.

메건 베스트(Megan Best) | 고통 완화 의사, 생명윤리학자

Finding Grace in the Face of Dementia

John Dunlop

Finding Grace in the Face of Dementia
Copyright © 2017 by John Dunlop
Published by Crossway
a publishing ministry of Good News Publishers
Wheaton, Illinois 60187, U.S.A.

This edition published by arragement
with Crossway through rMaeng2, Seoul, Republic of Korea.
All rights reserved.

This Korean edition copyright © 2020 by Holy Wave Plus Publishing Company, Seoul, Republic of Korea.

이 한국어판의 저작권은 알맹2를 통하여 미국 Crossway와 독점 계약한 새물결플러스에 있습니다. 신저작권법에 의하여 한국 내에서 보호받는 저작물이므로 무단 전재와 무단 복제를 금합니다.

Finding Grace in the Face of Dementia

은혜의 눈으로 치매 환자 대/하/기

존 던롭 지음
장보철 옮김

새물결플러스

하나님께 영광을 돌리는 방식으로

치매에 걸린 사람들을 사랑하고 돌보려는 사람들에게

이 책을 바친다

목차

서론 / 13

1장　하나님과 치매 / 29

2장　치매에 관해 반드시 알아야 하는 사실 / 43

3장　진단은 어떻게 이루어지나? / 59

4장　치매는 예방하거나 치료할 수 있는 것일까? / 79

5장　치매에 걸렸을 때 어떤 기분일까? / 93

6장　치매에 걸린 사람을 부양하는 경험 / 111

7장　부양자 돕기 / 129

8장	치매를 통해 어떻게 하나님께 영광을 돌릴 수 있을까? / 157
9장	치매에 걸린 사람들의 존엄성 존중하기 / 175
10장	치매에 걸린 사람들의 욕구 채워주기 / 197
11장	교회는 무엇을 해야 하는가? / 217
12장	치매 경험을 통한 성장 / 239
13장	삶의 마지막에 관한 쟁점들 / 259

감사의 글 / 284

부록: 가족에게 보내는 편지 / 286

추천도서 / 290

서론

치매, 존엄성, 하나님께 영광 돌리기—농담이죠? 당신은 같은 문장에서 이 세 개념을 동시에 만나본 경험이 전혀 없을 것이다. 치매와 같은 비극이 어떻게 존엄하게 여겨질 수 있으며 도대체 치매를 통해 어떻게 하나님께서 영광을 받으실 수 있단 말인가?

예수를 따르는 자들로서 우리는 모든 일에 하나님께서 영광을 받으시기를 갈망해야 한다. 따라서 여기에는 삶에서 일어나는 비극적인 일들에 대한 우리의 태도가 포함된다. 심지어 치매까지도 말이다. 수년 전 내가 이런 주제들에 관해 의문을 품기 시작했을 때, 치매를 통해 어떻게 하나님께 영광을 돌릴 수 있을지에 대해 내가 쓰고 싶은 글과 관련하여 친구에게 이야기를 한 적이 있다. 나는 내가 무엇을 말해야 할지 잘 모르겠고, 그것은 분량이 매우 짧은 글이 될 거라고 그에게 말했던 것을 기억한다. 그런데 나는 이 주제를 더 깊이 다루면 다룰수록 하나님께서 당신을 영화롭게 하시기 위해 치매라는 비극을 은혜롭게 사용하실 수 있는 수많은 방법이 있음을 더 깊이 깨닫게 되었다. 그때 썼던 짧은 글이 발전해서 지금 이 책이 되었다.

나는 다른 사람들이 치매로 고통당하는 이들의 고유한 존엄성을 존중할 때 하나님께서 영광을 받으시는 것을 반복해서 목격해왔다. 이런 일이 가능한 것은 치매에 걸린 사람들을 포함하여 모든 사람의 존엄성은 오직 그들이 하나님의 형상으로 창조되었다는 사실에 기초하기 때문이다. 오늘날 치매는 보편적인 현상이며, 미래에는 더욱 증가하게 될 것이다. 만약 우리가 우리 주 예수 그리스도께 신실하게 살고자 한다면, 치매로 고통당하는 사람들의 존엄성을 어떻게 존중할 수 있는지, 그리고 그 과정에서 어떻게 하나님께 영광을 돌릴 수 있는지를 배울 필요가 있다.

먼저 우리는 존엄성에 대한 이해를 공유해야 하는데, 왜냐하면 이 용어는 매우 다양한 의미로 해석될 수 있기 때문이다. 어떤 사람들은 **존엄성**(dignity)을 사람이 본래 가지고 있는 것으로 정의하고, 다른 사람들은 개인의 평판으로 간주한다. 반면에 존엄성을 자신을 존중하고 자기 삶을 관리하는 사람의 능력으로 여기는 이들도 있다. 존엄성이 삶의 마지막과 연결되어 사용될 때, 사람들은 대부분 그 단어를 고통과 의존으로부터의 자유를 의미하는 것으로 사용한다. 하지만 이런 모든 개념은 내가 생각하고 있는 것과는 다르다. 성경은 모든 인간이 하나님의 형상으로 창조되었다고 가르쳐주는데, 이는 인간을 하나님께서 창조하신 다른 피조물들과 구별된 존재로 만든다. 하나님은 자신을 믿는 자들이 영원히 그와 함께하는 기쁨을 누리도록 하시기 위해 자신의 아들을 죽게 하실 정도로 인간을 사랑하신다. 이와 같은 두 가지 사실은 인간의 존엄성이, 그가 누구인지 또는 그가 무슨 일을 성취했는지가 아니라 오직 하나님께 뿌리를 두고 있음을 잘 보여준다. 이는 가장 심각한 치매를 겪고 있는 사람들을 포함하여 모든 사람에게 적용된다. 하나님으로부터 모든 사람에게 공통으로 주어진 존엄성에 더하여, 사람에 따라 존엄성에 관한 여러 다른 측면이 있을 수 있다. 어떤 사람은 인격적인 면에서 다른 사람들보다 좀 더 품위가 있을 수 있고, 다른 사람은 자신의 성취를 통해 위엄을 얻기도 한다. 그러나 어떤 경우든지 간에, 존엄성의 이런 원천들은 하나님께서 주신 고유한 존엄성 위에 더해지는 것이다.

　이 책을 읽으면서 독자들은 내가 치매로 고통받는 사람들을 결코 "정신이 이상한 사람들"로 묘사하지 않고 있음을 인식하게 될 것이다. 그들은 절대로 그렇지 않다! 이 책에서 나는 그들을 항상 "치매에 걸린 사람들"이라고 부른다. 나는 치매를 그들이 누구인지를 규정하는 것으로 절대 생각하고 싶지 않다. 비록 그들이 "치매"라고 불리는 끔찍한 병으로 고통받고 있지만, 그들은 누가 뭐라고 해도 가장 우선적으로 사람이다.

다행스러운 경우, 유감스러운 경우, 꼴사나운 경우

치매는 다양한 방식으로 경험될 수 있다. 실례를 보여주기 위해 나는 내가 직접 경험했던 사례들 중에서 세 가지 이야기를 나눌 것이다. 독자들은 세 이야기가 각각 다행스러운 경우, 유감스러운 경우, 꼴사나운 경우를 나타내고 있음을 알게 될 것이다.

　제시의 사례는 다행스러운 경우다. 86세인 그녀는 고령의 나이에도 불구하고 여전히 파티를 즐기며 살았다. 수십여 년 동안 선교활동을 한 후에 그녀는 치매가 생겼고 계속해서 혼란스러웠으며 더는 남편과 같은 집에서 살 수 없었다. 내가 요양원에 있는 그녀를 방문할 때면, 그녀는 변함없이 한 그룹의 친구들과 둘러 앉은 채 콩고에서 있었던 자신의 인생

이야기를 신나게 하고 있었다. 그녀는 배꼽을 잡게 만드는 우스갯소리를 곧잘 했고, 자신의 넓적다리를 찰싹 때리는가 하면 웃음을 전염시키기도 했다. 그녀 주위에 몰려든 친구들은 무척 즐거워했다. 자, 그렇다면 제시가 똑같은 세 가지 이야기를 매번 반복한다고 해서 문제가 있었을까? 그녀의 친구들에게는 아무런 문제가 되지 않았다! 그들은 그 이야기들을 기억하지 못했지만, 이야기를 듣는 그 순간을 즐겼다. 제시는 행복했고, 다른 사람들의 삶 속에서 의미 있는 역할을 하고 있었으며, 그녀의 주님에 대해 그리고 그분이 자신에게 하신 일에 대해 이야기하는 것을 즐겼다. 안타깝게도 제시의 사례는 전형적이거나 심지어 일반적이지도 않지만, 치매에 대한 "다행스러운" 측면을 보여준다.

한편 유감스러운 사례로 우리 어머니의 경우를 들 수 있다. 어머니는 내가 지금까지 아는 사람들 중에서 가장 친절하고 사랑이 넘치는 여성 가운데 한 사람이었다. 그녀는 여든 살에 미망인이 되셨는데, 그 후 줄곧 오랫동안 노인 보호기관에서 혼자 살고 계셨다. 사람들은 정기적으로 어머니를 식사에 초대했는데, 이는 그들이 어머니의 다정함과 사람을 기쁘게 만드는 품행을 좋아했기 때문이었다. 어머니는 죽어가는 사람들을 진심으로 돌보고 섬겼으며 다른 거주자들과 돌아가면서 요양원에서 죽어가는 사람들 옆에 앉아 그녀가 가장 좋아하는 찬송가를 부드럽게 불러주시곤 했다. 그러나 어머니는 자신이 지녔던 좋은 능력을 서서히 잃어가기 시작했다. 그녀는 난로를 끄는 것을 깜빡 잊어버려서 작은 화재를 몇 차례 일으켰고, 아파트로 돌아올 때 종종 길을 잃어버리곤 했다. 관리소 측은 그녀의 자녀인 우리에게 이제는 그녀를 치매자 거주동으로 옮겨야 할 시기인 것 같다고 말했다. 우리는 함께 기도한 후 이런 변화에 대해 의논하기 위해 어머니를 만났다. 우리는 어머니가 어느 정도 저항하리라고 예상했지만 그녀가 거주동을 옮기는 것을 흔쾌히 받아들였을 때 무척 감동했다. 그러나 그곳에서 시간이 어느 정도 지나자 어머니는 점점 더 기억력을 잃으셨고 혼란스러워했으며 종종 소동을 일으키기까지 했다. 한번은 어머니가 다른 거주자를 때렸는데, 이런 행동은 평소 어머니의 성품으로는 도저히 상상조차 할 수 없는 일이었다. 그 후 어머니는 특별한 보호가 필요한 동으로 옮기셨는데, 그곳에서 더 사나워져서 때때로 싸움을 일으켰다. 평소에 어머니는 우리에게 친절했지만, 그녀의 성격이 변한 것이 분명했다. 결국 어머니는 우리가 자신의 자녀라는 사실조차도 인식하지 못했다. 하지만 그녀는 우리가 그녀를 사랑하고 있다는 것만은 아직 알고 있는 것처럼 보였다. 나는 내 어머니의 이야기를 "유감스러운" 범주에 넣어야 한다는 사실이 매우 슬프지만, 그녀의 사례는 결코 유별난 경우가 아니다. 치매를 앓고 있는 환자들은 대부분 어떤 시점에 이르면 이 범주에 들어가기 마련이다.

치매의 "꼴사나운" 사례를 생각할 때 제임스가 떠오른다. 그는 자신의 가족을 쥐고 흔들었다. 남을 지배하려는 성향의 아버지 밑에서 자란 그는 비극적이게도 자기 아버지를 그대로 따라했다. 결혼한 지 50년 된 제임스와 그의 아내에게는 세 명의 딸이 있었다. 딸들은 그의 자부심이자 기쁨이었으며 아버지를 몹시 사랑했다. 그러나 제임스는 모든 것을 본인이 좌지우지했고 여기에는 예외가 없었다. 70대 중반에 그의 기억력은 점점 더 희미해지고 혼란스러워졌다. 그는 자신이 약해지고 있다는 사실을 인식하지 못했으며 여전히 집안에서는 자기 말이 최고여야 한다고 주장했다. 그는 새벽 3시에 일어나서 장애가 있는 아내에게 아침을 해내라고 야단법석을 떨었다. 도저히 그렇게 할 수 없을 때 아내는 근처에 살고 있던 딸에게 전화하곤 했다. 그녀는 남편이 시키는 대로 고분고분하게 반응했으며, 남편이 주문한 대로 정확하게 계란을 요리했다. 그러나 그때 그는 갑자기 불같이 화를 냈는데 자신이 아내에게 프렌치 토스트를 하라고 시켰다고 생각했기 때문이었다. 그녀는 눈물을 터트리고야 말았다. 그런 일이 너무 자주 일어나기 시작했는데, 자포자기 상태에 빠진 가족은 마침내 제임스를 치매 보호시설로 보내야 했다. 흔하지는 않지만 드문 일도 아닌 제임스의 사례는 "꼴사나운" 경우다.

그렇다. 위에서 살펴본 것처럼 치매는 매우 다양한 형태로 나타난다. 그렇다면 **치매**(dementia)는 실제로 무슨 뜻일까? 가장 단순하게 말하자면, 치매는 합성어다. 접두사 de-는 "없애다"를 뜻하며, ment는 mental과 같은 어근을 가진다. 따라서 문자적으로 치매(dementia)는 "덜 지적인"이라는 뜻이다. 치매란 용어는 시대에 뒤떨어진 말이다. 요즘은 **주요 신경 인지장애**(major neurocognitive impairment)라고 말하는 것이 좀 더 정확한 표현이다. 그러나 이 말은 극히 일부에서만 사용되고 많은 사람이 이해하지 못하기 때문에, 나는 치매라는 단어를 계속해서 사용하려고 한다.

사람들은 치매와 알츠하이머병을 종종 헷갈린다. 치매는 알츠하이머병보다 좀 더 넓은 범주이며, 치매에서 알츠하이머병이 차지하는 비중은 약 70퍼센트 정도다. 이 책에서 나는 알츠하이머병에 제한을 두기보다 보다 폭넓은 치매 현상에 대해 언급할 것이다. 이후의 장들에서 살펴보겠지만, 치매에는 알츠하이머병 외에도 많은 종류가 있다. 나는 전형적으로 인생의 말기에 발생하는 치매에 주로 초점을 맞추지만, 그 외에도 인생의 어느 단계에서나 발생할 수 있는 인지장애를 가진 사람들과 관련된 내용도 언급할 것이다. 여기에는 청년기에 지적 발달 장애(이전에는 "정신 지체"로 알려졌다)를 가지게 된 사람들과 뇌의 부상으로 고통받는 이들도 포함된다.

치매라는 어려움

우리는 노년기에 많은 어려움을 겪을 수 있다. 내 치매 환자들 중 한 명이 나를 찾아올 때마다 나에게 말하는 것처럼, "노년은 겁쟁이를 위한 것이 아니다." 그녀는 매번 이렇게 말하고 나서 마치 전에 한 번도 이렇게 말한 적이 없다는 듯이 웃었다. 사도 바울은 이것을 다르게 다음과 같이 표현했다. "우리가 하나님의 나라에 들어가려면 많은 환난을 겪어야 할 것이라"(행 14:22). 나는 종종 다음과 같은 "네 개의 D"를 사용해서 노년에 대해 말하곤 한다. 즉 우울증(depression), 질병(disease), 치매(dementia), 그리고 죽음(death)이다. 열거한 네 가지 중 어느 하나도 어렵지 않은 게 없지만, 많은 사람에게 치매는 가장 커다란 난관이다. 치매는 당사자인 환자들에게뿐만 아니라, 아마도 그들을 사랑하고 돌보는 이들에게도 엄청난 비극일 수 있다. 치매는 최종적으로 사망으로 이어질 때까지 20년도 넘게 진행될 수 있으며, 심지어 사망 후에도 남은 이들에게 참혹한 기억을 남길 수 있다. 치매에 걸린 사람들의 삶의 질을 향상시키기 위한 많은 방법이 있지만, 최근까지도 치매를 완전히 치료할 수 없다는 점이 가슴을 더욱 아프게 한다.

심지어 많은 사람이 암이나 죽음을 두려워하는 것 이상으로 치매에 걸릴까 봐 두려워한다는 사실이 나를 힘들게 한다. 이 두려움은 적어도 두 가지 이유에서 나온다. 첫째, 많은 사람이 치매 환자에 대해 좋지 않은 경험을 가지고 있어서 그들 스스로가 치매로 죽기를 원하지 않기 때문이다. 둘째, 첫 번째보다 좀 더 근본적인 이유로서 치매는 서구 문화의 기본 가치에 대한 위협이기 때문이다. 사회는 젊음, 재치, 독립, 그리고 통제를 가치 있게 여긴다. 우리는 자신의 개인적인 가치를 우리의 지능지수(IQ)나 일을 수행하는 우리의 능력과 동일시하려는 유혹을 받는다. 치매는 이 두 가지 모두에 위협이 될 수 있다. 치매에 걸린 사람들로부터 우리가 배울 수 있는 한 가지 교훈은 인간의 가치는 우리의 인지 능력이나 유용성과는 다른 무엇에서 발견될 수 있다는 것이다. 이 책을 계속 읽어 나가면서 우리는 치매에 걸린 사람들도 여전히 감정을 경험하며 다른 사람들과 관계를 맺을 수 있다는 사실에 큰 가치가 있음을 알게 될 것이다. 더 나아가 이보다 더욱 큰 가치는 그들도 하나님의 형상을 따라 창조된, 그분의 사랑을 받는 존재로서 고유의 존엄성을 가지고 있다는 것이다. 치매 경험은 인간의 진정한 가치가 무엇인지를 우리에게 가르쳐줄 수 있다. 또한 이 사실을 받아들이는 것은 치매에 걸릴 수 있다는 생각을 덜 위협적이며 덜 두려운 것으로 만들어줄 것이다.

마지막으로 치매는 아주 흔한 일이고 앞으로는 더욱더 그렇게 될 것이기 때문에 우리에게 많은 과제를 안겨준다. 내가 이 글을 쓰고 있는 지금도 6백만 명 이상의 미국인이 치매로 고통받고 있다. 대략적으로 말하면 미국인들 가운데 5퍼센트에 해당하는 사람들이 65세에는 치매 환자가 되며 이 수치는 7년마다 약 두 배로 증가할 것이다. 이렇게 계산하면 90세의 사람 중 거의 절반이 어떤 형태로든 치매를 겪게 되는 셈이다. 그나마 다행스러운 것은 그 나이 즈음에 치매 증가율은 낮아지기 시작한다는 점이다. 앞에서 언급한 수치들은 노인 인구 가운데 1/3 정도가 반드시 치매로 인해 죽는 것은 아니지만 어떤 형태로든 치매에 걸린 채 사망할 것임을 의미한다. 이런 상황은 부분적으로 현재 우리가 누리고 있는 놀라운 수명 연장 기술과 보다 건강한 생활방식의 결과다. 이는 분명 좋은 이유로 인한 나쁜 결과다. 치매는 경제적으로 심각한 영향을 미친다. 미국에서 치매에 들어가는 전체 비용은 일 년에 약 2,200억 달러로 추산된다. 이것은 미국 공교육에 사용되는 전체 비용의 거의 절반에 가까울만큼 어마어마한 수치다. 치매는 점점 더 사회에서뿐만 아니라 예수 그리스도의 교회에서도 해결해야 할 문제가 될 것이다. 교회는 치매로 고통받고 있는 사람을 돌보는 데 지금보다도 훨씬 더 큰 역할을 담당해야 함을 인식할 필요가 있다.

치매에 대한 나의 관심

이 책은 나 자신의 열정에서 흘러나온 것이다. 먼저 이 책에는 하나님께 대한 나의 신뢰와 그분의 말씀인 성경에 대한 나의 사랑이 담겨 있다. 성경에서 나는 하나님이 선하시고 사랑이 충만하시며 무한한 능력을 지니신 분임을 배운다. 삶의 난관들은 우연히 발생하지 않는다. 절대로! 우리의 주권자이신 하나님은 목적을 가지고 우리의 삶에 그런 일들이 발생하게 하신다. 나는 수년 동안 치매와 직면하면서도 그 목적을 깨닫지 못했지만, 하나님의 이유가 무엇인지를 찾아가는 것이 나의 책임이라고 믿는다. 이 책은 치매라는 끔찍한 질병을 허락하신 하나님의 목적이 무엇인지를 탐색하는 나의 시도다. 그러나 나는 심지어 내가 완전히 이해하지 못할 때조차도 여전히 하나님을 신뢰할 수 있음을 알게 되었다. 하나님께 대한 나의 신뢰는 나의 삶이 얼마나 성공적으로 진행되고 있는지 혹은 내가 얼마나 편안하고 행복한지에 궁극적인 뿌리를 두고 있지 않다. 하나님은 이 죄악된 세상에 예수의 모습으로 들어오셔서 십자가에서 죽으시고 죽은 자 가운데서 다시 살아나시어 삶과 죽음을 다스리시는 그분의 능력을 보여주심으로써 나를 향한 그분의 사랑을 이미 증명하셨다. 분명한 것은 치매라는 힘든 과제를 통해 내가 그 목적을 이해하든지 못하든지 간에 나를 그토록 사랑하시는 하나님은 여전히 신뢰할 만한 분이라는 사실이다.

둘째, 나는 노인의학 전문의로서 내 직업을 통해 맺은 놀라운 관계들뿐만 아니라 의학 분야 양쪽을 모두 즐긴다. 치매로 고통당하는 환자들과 그들의 가족을 돕는 일은 그런 실천의 넓은 범주에 속한다. 나는 그들의 좌절과 분노를 자주 지켜봐야 하기 때문에 이 일이 항상 즐겁지는 않다. 그러나 나는 치매 치료 연구의 최근 성과들에 뒤지지 않으려고 최선을 다하고 있으며, 그런 지식을 환자들을 치료하는 데 적용하고 있다. 여기에는 가장 최근에 나온 약을 처방하는 일도 포함된다. 비록 그 효과가 너무 미미할 때면 실망하기도 하지만 말이다. 많은 사람이 새롭게 개발된 이런 약들 외에는 치매의 고통을 줄이기 위해 할 수 있는 일이 거의 없다고 생각한다. 그러나 이는 사실이 아니다. 다른 전문의들과 더불어 나는 치매를 다루기 위해 약을 조제하는 것보다 더 중요한 것이 있음을 깨닫게 되었는데, 그것은 치매 환자들을 존중하고 그들의 존엄성을 인정하면서 치료하는 것이었다. 그런 이유 때문에 나의 치료 목적 가운데 하나는 치매 환자를 돌보는 사람들이 치매로 고통받는 이들과 관계를 형성할 때 어떻게 하나님께 영광을 돌릴 수 있는지를 알도록 돕는 것이다.

세 번째 이유는 개인적인 것이다. 나는 유전적으로 치매에 걸릴 확률이 매우 높으며 언젠가 치매 환자가 될 가능성이 크다. 최근에 나는 친구들에게 이 책이 내 자서전이 되기 전에 속히 이 글을 마무리하고 싶다고 농담했다.

치매에 대한 기독교적 접근이 존재하는가?

예수는 다른 사람을 어떻게 진심으로 사랑할 수 있는지에 대한 놀라운 예를 많이 보여주었다. 게다가 성경에는 치매 돌봄을 위한 유용한 원리들이 많이 들어 있다. 이것이 치매를 다루는 구별된 기독교적 접근이 있다는 것을 의미하는가? 물론 그렇지 않다! 그러나 옳은 방식이 있고 잘못된 방식이 있다. 나는 치매를 다루는 옳은 방식이 성경에서 드러나고 예수가 실제로 보여준 전통적인 유대-기독교적 가치와 얼마나 자주 일치하는지를 발견하고 놀라게 된다. 예수에 대한 지식이 거의 없음에도 불구하고 치매에 걸린 이들을 아주 잘 돌보고 있는 치매 전문가들과 평신도 부양자들을 나는 알고 있다. 심오하게 지혜로운 조언을 해주는 이 분야의 전문가들은 대부분 자신이 그리스도인이라고 주장하거나 그들의 접근에 대한 성경적 근거를 제공하지 않는다.

비록 그리스도인과 비그리스도인 부양자들의 접근방식 사이에 항상 큰 차이가 있는 것은 아닐지라도, 그들이 그런 접근방식을 따르는 이유와 그 일을 잘 해내기 위해 끌어내야 할 자원에 있어서는 큰 차이가 있을 수 있다. 분명 그리스도인이 제공하는 돌봄은 의무감이나 인정을 받기 위한 갈망으로부터가 아니라 도움이 필요한 사람들을 위한 이타적인 사랑으로부터 나오는 것이어야 한다. 내가 자주 드리는 기도 중 하나는 하나님이 얼마나 많이 나를 사랑하시고 얼마나 많은 것을 내게 주셨는지를 아는 것으로부터 나오는 충만함으로 내 환자들을 섬기게 해달라는 것이다. 나는 나 자신을 만족시키거나 인정과 칭찬을 받기 위해 사람들을 기쁘게 하려는 생각을 경계한다.

또한 그리스도인들은 치매를 겪고 있는 사람을 돕는 데 있어 독특한 자원을 가지고 있다. 여기에는 성령의 내주하심을 통해 나오는 하나님의 지혜와 사랑, 하나님의 위로와 도움을 구하는 기도의 능력, 기꺼이 협력하며 돕고자 하는 교회 공동체 등이 포함된다. 아마도 그 무엇보다도 하나님을 의지하는 부양자들은 그들에게도 하늘에 계신 부양자, 곧 주 예수가 계신다는 사실을 감사히 여길 것이다.

『은혜의 눈으로 치매 환자 대하기』에 대하여

치매를 통해 하나님을 어떻게 영화롭게 할 수 있는지를 생각할 때 몇 가지 핵심 질문이 떠오른다. 이런 질문들과 그에 대한 답이 이 책 전반에 걸쳐 나타난다. 여기에는 다음과 같은 질문들이 포함되어 있다.

- 우리는 치매에 걸린 사람을 전인적인 인간으로 여기는가, 아니면 그의 인격을 그의 인지 능력에 따라서 폄하하는가?
- 어떻게 선하고 전능하신 하나님이 그런 비극을 허락하실 수 있는가? 치매는 의미 없는 것인가? 만일 그렇지 않다면, 하나님의 목적은 무엇인가?
- 치매를 경험하는 것은 어떤 것인가?
- 우리는 치매라는 어려움을 다룰 때 어떤 전략을 사용하여 하나님

을 영화롭게 할 수 있는가?

이 책 전체에 걸쳐 나는 주로 나의 개인적인 경험에서 나온 이야기들을 나누려고 한다(모든 이름은 가명이다). 내가 잘 알고 있는 부부인 데이브와 데니스의 이야기가 책 전반에 나오는데, 나는 내가 전하려는 핵심을 더 잘 나타내기 위해 그들의 경험 중 일부를 바꾸었다. 앞으로 독자들이 보게 되겠지만, 그들은 하나님을 영화롭게 하는 방식으로 치매를 겪으면서 하나님의 은혜를 발견했다.

이 책이 처음에 취하는 접근방식은 창조, 타락, 구원, 그리고 미래에 대한 소망이라는 성경 줄거리의 맥락에서 치매를 이해하는 것이다. 다음으로, 나는 치매를 경험하는 것이 어떤 것인지를 독자들이 이해할 수 있도록 돕기 위해 일부 배경 정보를 소개했다. 그다음 부분은 치매에 걸린 사람들을 돌보는 이들을 위한 내용이다. 우리는 치매에 걸린 사람을 돌보는 일이 실제로 매우 어렵지만, 여기에는 어떤 보상이 뒤따른다는 점을 이해할 필요가 있다. 이 책은 치매를 통해 하나님을 영화롭게 할 수 있는 많은 방법에 대한 설명으로 끝을 맺게 될 것이다.

내가 이 책을 쓴 목적은 치매를 이해하는 신학적 관점을 제공하고 그것을 상황에 적용할 수 있는 많은 실제적인 방법을 제시하는 데 있다. 나는 이런 제안들이 치매의 각 단계에 있는 사람들을 돌보는 이들뿐만 아니라 치매가 서서히 진행되고 있는 사람들에게도 유용하리라고 믿는다. 또한 나는 의사, 간호사, 원목 또는 사회복지사 등 많은 전문적인 조력자들도 이 책을 읽음으로써 유익을 얻게 되기를 소망한다. 그 외에도 목회자, 교회 지도자, 그리고 윤리위원회 회원들에게도 이 책이 도움이 되리라고 믿는다. 나는 이 책을 읽는 독자들 대다수가 예수를 따르는 사람들일 것으로 생각하지만, 비그리스도인들도 이 책을 읽기를 진심으로 바란다. 기독교 신앙을 받아들이지 않았음에도 불구하고 예수의 삶과 가르침을 충실하게 따르고 있는 많은 이들이 나를 감동시킨다. 내가 바라는 것은, 그들이 예수가 치매를 어떻게 대했을지를 보다 깊이 숙고함으로써 많은 유익을 얻는 것이다.

    나는 매 장을 기도로 마치기로 결정했다. 독자들도 나와 함께 기도하기를 권한다. 이는 이 책을 통해 하나님께서 당신에게 말씀하시지 않는다면 이 책을 쓴 내 시간과 읽는 당신의 시간이 모두 낭비에 지나지 않는다는 사실을 내가 분명히 알고 있기 때문이다. 치매와 같은 비극에 직면할 때 우리는 무엇을 위해 기도해야 할지를 항상 아는 것은 아니다. 하나의 가능한 표본으로서 나의 기도를 여기에 제시하지만, 근본적으로 당신이 올바르게 기도하도록 인도하시는 분은 성령이시다.

    자, 그럼 이제부터 치매라는 도전적인 주제에 관한 긴 논의의 여정을 시작해보자.

기도

사랑하는 하나님 아버지, 치매에 대해 좀 더 알기 원합니다. 치매는 너무 흔하게 일어나고 있으며 많은 사람을 황폐하게 만듭니다. 이 비극적인 질병 속에 실제로 하나님의 어떤 계획이 있는지를 생각하면 매우 혼란스럽습니다. 이것에 대해 더 깊이 생각하면 할수록 저는 단지 말씀을 통해 역사하시는 성령님을 통해 하나님께서 제 교사가 되어주시길 간구할 뿐입니다. 제가 치매에 걸린 이들과 함께 일하게 될 때, 저와 다른 이들의 심령 속에서 하나님께서 영광 받으시기를 기도합니다. 저를 위해 그리고 하나님의 영광을 위해 기도합니다. 아멘.

Finding
Grace
in the
Face

1장

하나님과
치매

of
Dementia

나는 정말이지 치매를 끔찍이도 싫어한다. 나는 내 아버지와 어머니가 모두 치매를 앓으시고 악화되는 것을 지켜보았다. 무척이나 아름다웠고 사랑이 많으셨던 부모님께서 그들의 마음에서 일어나는 변화로 인해 무능력해지는 모습을 지켜보는 것은 너무나 힘겨운 일이었다. 비록 그들의 치매 증세가 내가 지금까지 접해본 최악의 경우는 아니었지만 말이다. 그러나 이런 비극적인 질병으로 인해 마음이 아프지만, 나는 하나님은 선하시고 강하시며 치매가 부모님을 위한 그분의 계획 안에 있음을 여전히 전적으로 확신한다. 내가 좋아하는 시편 가운데 다음과 같은 구절이 있다. "하나님이 한두 번 하신 말씀을 내가 들었나니, 권능은 하나님께 속하였다 하셨도다. 주여, 인자함은 주께 속하오니, 주께서 각 사람이 행한 대로 갚으심이니이다"(시 62:11-12).

　　하나님은 그분의 사랑으로 내 부모님의 치매를 막으실 수 있었지만 그렇게 하지 않기로 결정하셨다. 이에 대해 나는 어떻게 반응해야 하는가? 하나님은 정말로 우리가 생각하는 만큼 선하거나 사랑이 넘치는 분이 아니란 말인가? 하나님은 치매를 통제할 수 있을 만큼 충분히 강하지 않은 것일까? 나는 이런 질문들이 숙고하기에 타당한 질문이라고 생각한다. 아마 이 책을 읽고 있는 독자들도 스스로 이런 질문들을 제기하고 있을지 모른다. 나는 치매라는 난관에 직면했을 때 내 믿음의 밑바닥인 기초로 돌아가서 내 갈등을 성경의 온전한 빛 안에서 보기 시작해야 한다는 것을 배웠다. 당연한 말이지만, 우리는 성경에서 치매에 대한 언급을 찾을 수 없다. 그러나 우리는 이 질병을 이해하고 하나님을 영화롭게 하는 방식으로 우리가 반응할 수 있도록 도와주는 몇 가지 중요한 원리를 성경에서 발견하게 된다.

모든 일에는 하나님의 목적이 있다

성경의 중요한 원리들 가운데 하나는 발생하는 모든 일에는 하나님의 목적이 있다는 것이다. 하나님은 절대로 실수하지 않으신다. 우리 자신 혹은 사랑하는 사람들이 치매에 걸리는 일을 당할 때 우리는 시편 저자의 다음과 같은 탄식과 동일한 반응을 하게 된다. "내가 지존하신 하나님께 부르짖음이여, 곧 나를 위하여 모든 것을 이루시는 하나님께로다"(시 57:2). 심지어 하나님께서 행하시는 일에는 목적이 있다는 것을 알면서도 시편 저자는 자신의 고통 속에서 여전히 하나님을 향해 울부짖는다. 우리는 하나님을 알면 알수록 그분을 더욱더 신뢰할 수 있다. 심지어 하나님께서 행하신 일의 이유를 우리가 이해할 수 없을 때조차도 말이다. 나는 바울이 쓴 다음 구절을 좋아한다. "깊도다! 하나님의 지혜와 지식의 풍성함이여, 그의 판단은 헤아리지 못할 것이며 그의 길은 찾지 못할 것이로다"(롬 11:33). 일단 우리가 하나님의 무한한 지혜 안에 치매를 통한 어떤 목적이 있음을 깨닫게 되면, 그분의 사랑과 능력을 확신하는 데는 아무런 문제가 없다.

삶은 우리에 관한 것이 아니라 하나님에 관한 것이다

우리가 성경에서 반드시 취해야 할 두 번째 기본 원리는 근본적으로 우리의 삶은 우리 자신에 관한 것이 아니라 하나님에 관한 것이라는 점이다. "태초에 하나님이…"(창 1:1). 바로 이 구절이 우리의 논의를 시작하는 출발점이 되어야 한다. 어떤 것이 존재하기 전에 하나님께서 그곳에 계셨다. 그분은 단지 존재하시기 때문에 홀로 존재하신다. 그분이 최우선이고 그 밖의 다른 모든 것은 그다음이다. 하나님은 창조자이시고 그 밖의 다른 모든 것은 창조된 것이다. 하나님은 모세에게 자신을 "나는 스스로 있는 자이니라"(출 3:14)라고 소개하셨다. 하나님은 아무런 설명을 하지 않으셨지만, 어떤 의미에서는 "내가 여기 있다, 나를 영접하기만 하라"고 말씀하신 것이다. 사도 바울은 이것을 다음과 같이 분명하게 표현했다. "이는 만물이 주에게서 나오고 주로 말미암고 주께로 돌아감이라. 그에게 영광이 세세에 있을지어다. 아멘"(롬 11:36). 우리가 사는 우주는 하나님으로부터 나왔고, 하나님에 의해 날마다 지탱되고 있으며, 우주의 궁극적인 목적은 영광을 받으실 하나님 안에서 성취될 것이다.

 위에서 언급한 내용은 우리의 삶이 하나님께 초점을 맞추어야 한다는 것을 의미한다. 우리가 직면하는 도전 중 하나는 하나님께서 우리가 이 땅에서의 삶을 충만하게 즐기도록 허락하셨기 때문에, 우리가 존재하는 이유는 편안하게 살고 할 수 있는 한 모든 방법을 다해 행복을 찾는 것이라고 생각하기 쉽다는 것이다. 그러나 우리는 이 땅에서 살아가는 우리의 삶 속에 하나님께서 많은 축복을 부어주셨음을 간과하지 말고 이에 대한 감사를 잊지 말아야 한다. 하지만 우리가 이런 선물을 주신 분이 아니라 오직 받은 선물에만 초점을 맞출 때, 큰 잘못을 하는 셈이다. 삶은 근본적으로 하나님을 개인적으로 알아가며 오직 그분 안에서 성취와 기쁨을 발견하는 과정이다. 오직 하나님만이 우리의 가장 깊은 갈망을 만족시켜주실 수 있다. 만일 우리가 우리 자신을 통해 이 세상에서 얻을 수 있는 즐거움에만 안주하고 있다면, 우리는 이류에 불과한 것을 받아들이고 있는 셈이다. 하나님 중심의 관점으로 삶을 받아들이는 것은 치매를 올바로 이해하는 데 매우 중요하다. 이는 단지 우리의 안락함과 행복을 깨뜨리는 치매에 관한 이해가 아니라, 이 질병이 하나님께서 그분의 궁극적인 목적과 명예 및 영광을 성취하시기 위해 사용하시는 도구가 된다는 깨달음이다.

치매는 하나님의 선한 창조의 일부분이 아니었다

창세기 1장에서는 하나님께서 만드신 세상이 보기에 좋았다고 일곱 번이나 말하고 있는데, 이 말은 창조된 세상이 하나님의 성품과 완벽하게 일치했다는 것을 뜻한다. 세상은 사랑, 아름다움, 기쁨, 의로움으로 가득했으며, 우리의 첫 조상에게 만족스러운 작품이었다. 그곳에는 인간의 죽음, 질병, 아픔이나 고통은 전혀 존재하지 않았다. 지금 우리의 논의에서 가장 중요한 치매 역시 없었다.

모든 인간은 하나님의 형상으로
창조되었고 창조주 하나님의 소유다

하나님의 창조의 최고봉은 인간이다. 하나님이 우리를 만드셨으므로, 우리는 모두 하나님의 소유다. 시편 저자는 이를 다음과 같이 분명하게 기록한다. "땅과 거기에 충만한 것과 세계와 그 가운데에 사는 자들은 다 여호와의 것이로다"(시 24:1). 이 진리를 치매에 걸린 사람들에게 적용하는 것은, 그들 역시 다른 사람들처럼 하나님의 소유이며, 우리는 반드시 이 사실에 기초하여 그들을 대해야 한다는 것을 의미한다.

하나님은 우리 모두를 마음과 육체를 가진 존재로 만드셨다. 따라서 우리의 인격에는 이 두 가지 요소가 반드시 함께 있기 마련이다. 이 두 요소는 우리의 정체성에 똑같이 중요하다. 이 둘 중의 어느 하나만 가지고 있는 사람은 없다. 우리는 신체적인 몸의 중요성을 폄하하면서 마음을 강조해서도 안 되고 그 반대로 해서도 안 된다. 우리의 몸은 아플 수 있고 제대로 기능하지 못할 수도 있지만, 그래도 우리는 여전히 사람이다. 우리의 마음 역시 병들 수 있고 제대로 기능하지 못할 수 있지만, 그래도 우리는 여전히 사람이다. 치매가 기억이나 이성과 같은 뇌의 일부 기능을 황폐화시킬 수 있지만, 우리는 여전히 감정을 느끼고 인간관계를 즐길 수 있다는 것을 앞으로 살펴보게 될 것이다. 우리는 여전히 하나님께 속한 전인적인 사람이다.

우리 각자가 하나님의 창조물이며 그분께 속해 있다는 사실은 모든 사람을 존중하면서 대해야 할 충분한 이유가 된다. 그러나 그렇게 해야 하는 더 중요한 이유는 우리 각자가 하나님의 형상을 따라 그분의 모양대로 창조되었다는 사실에 있다.[1] 우리가 하나님의 형상대로 지음을 받았다는 사실은 하나님께서 인간에 대해 맨 처음으로 선언하신 것이며, 우리를 다른 창조물들과 크게 구별한다. 성경은 우리가 하나님과 정확하게 똑같은 형상을 가졌다고 말하지는 않지만, 하나님의 형상대로 또는 하나님의 형상을 따라 만들어졌다고 말한다. 오직 예수만이 정확하게 하나님과 똑같은 형상이다(골 1:15; 히 1:3). 하나님의 형상대로 지음을 받은 존재인 모든 남자와 여자는 특별한 존엄성을 지니는데, 이 존엄성은 우리의 성격이 하나님을 얼마나 닮았는지, 우리가 얼마나 똑똑한지 혹은 얼마나 훌륭한 일을 했는지에 달려 있지 않다. 인간의 존엄성은 노벨상 수상자나 타인들에게 전적으로 의지하는 가장 심각한 치매로 고통당하는 자나 모두 똑같다.

죄는 치매로 이끌었지만
하나님의 형상의 가치를 떨어뜨리지 않았다

우리의 최초의 조상은 창조주와 사랑의 관계 안에서 살아가는 것에 만족하지 않았으며, 단순히 하나님의 형상을 나타내는 것은 자신들에게 충분

---

[1] 나는 하나님의 형상대로 창조되었다는 사실의 의미를 이해하는 데 있어 John Kilner와 그의 다음 책으로부터 많은 도움을 받았다. John Kilner, *Dignity and Destiny: Mankind in the Image of God* (Grand Rapids, MI: Eerdmans, 2015).

하지 않다고 결정했다. 그들은 훨씬 더 하나님처럼 되길 원했다. 그래서 그들은 하나님께서 그들에게 내리신 한 가지 명령에 불순종했다. 그런 반역의 한 가지 행동으로 말미암아 죄가 인류에게 들어왔다. 하나님의 선하신 창조가 거의 모든 방향에서 틀어지기 시작했다. 인간이 불순종한 결과로 죽음이 삶과, 선이 악과, 사랑이 미움과, 건강이 치매를 포함한 질병과 나란히 서게 된 것이다.

그러나 비록 죄가 하나님의 선한 창조를 혼란스럽게 만들었다고 할지라도, 모든 인간 안에 들어 있는 하나님의 형상은 파괴하지 못했다. 이것은 우리가 굳게 간직해야 할 핵심 개념이자 가치다. 왜냐하면 이는 치매로 심하게 고통당하는 사람들도 하나님의 형상대로 지어진 모든 인류의 고유한 존엄성을 평등하게 공유하고 있음을 의미하기 때문이다. 우리는 이 사실을 다음의 말씀에서 확인한다. "다른 사람의 피를 흘리면 그 사람의 피도 흘릴 것이니, 이는 하나님이 자기 형상대로 사람을 지으셨음이니라"(창 9:6). 흉악한 죄악이 홍수로 이어진 이후에 하나님은 인간이 "자신의 형상대로" 지어졌기 때문에 그들을 특별히 보호하셨다.

우리는 신약성경에서도 이에 관한 다른 예를 찾을 수 있다. 야고보는 우리의 혀에 대해 다음과 같이 썼다. "이것으로 우리가 주 아버지를 찬송하고 또 이것으로 하나님의 형상대로 지음을 받은 사람을 저주하나니"(약 3:9). 비록 사람들이 우리가 그들을 저주하고 싶을 정도의 악당들일지라도, 그들은 여전히 하나님의 형상을 지니고 있다. 죄는 하나님의 형상을 파괴하지 않았고, 우리는 건물의 청사진을 바꾸어 훼손하는 것 이상으로 죄가 하나님의 형상을 약화시킨다는 어떤 언급도 성경에서 찾지 못했다. 이것의 중요성을 이해하고 있었던 마틴 루터 킹(Martin Luther King)은 "하나님의 형상에는 차이가 없다"(There are no gradations in the image of God)고 말했다.[2]

그러나 죄는 하나님의 형상을 나타내는 우리의 능력에 심각한 손상을 입혔다. 더욱이 죄는 세상에 들어왔을 때 이 땅에서 삶을 즐기는 우리의 능력을 저하시켰다. 이것은 셀 수 없이 많은 방식으로 확인되는데, 그중 하나가 치매다. 치매는 이를 앓고 있는 사람들과 그들을 사랑하고 돌보는 이들의 삶을 극도로 황폐하게 만든다. 우리가 치매로 인해 좌절하고 심지어 분노하는 것을 나쁘다고 할 수는 없다. 이는 우리가 하나님께 부르짖고 이 비극을 비통해하며 그것에 적절히 반응하기 위해 하나님의 도우심을 구하도록 이끈다.

하나님은 나쁜 일을 사용하셔서 선을 이루신다

성경이 하나님에 대해 우리에게 가르쳐주는 놀라운 사실들 중 하나는 하나님께서 어떻게 삶의 가장 힘든 상황들을 취하셔서 자신의 목적을 위해 그 상황을 변하게끔 하시는가에 있다. 우리는 이를 죄 자체의 경우에서 극적으로 확인한다. 하나님의 영광은 그분의 아름다운 창조의 경이로움에서 분명히 보인다. 그러나 우리는 하나님께서 죄를 다루시는 방법을 통

---

2   앞의 책, 97에서 인용함.

해 그분의 영광을 훨씬 더 많이 본다. 우리가 하나님을 배신했음에도 불구하고 그분은 우리에게 자기 아들을 보내셔서 고통받고 죽게 하심으로써 우리와 그분 간의 관계를 회복시키실 만큼 우리를 사랑하셨다. 이와 유사하게 하나님은 삶의 가장 어려운 과제들을 많이 택하여 변하게 하심으로써 우리로 하여금 그분이 얼마나 위대하신지를 깨닫게 하신다. 하나님의 목적은 우리가 당장의 편안함을 느끼는 것이 아니라 하나님 안에서 가장 큰 기쁨을 발견할 수 있는 우리의 장기적인 능력일지도 모른다. 사지가 마비된 채 살아가는 조니 에릭슨 타다는 "하나님은 자신이 사랑하시는 어떤 일을 이루기 위해 자신이 싫어하시는 것을 항상 허락하신다"라는 말을 한 것으로 유명하다.[3] 팀 켈러 목사는 이를 다음과 같이 분명하게 설명한다. "삶에서 발생하는 악은 정당화될 수 있다. 만일 우리가 이 세상은 기본적으로 사람들이 하나님을 찾고 그들이 본래 지음을 받은 대로 영적으로 성장하는 장소가 되도록 창조되었다는 사실을 깨닫는다면 말이다."[4] 하나님이 싫어하시는 것들 중의 하나 곧 삶에서 발생하는 악 중의 하나가 바로 치매다. 그러나 앞으로 살펴보겠지만, 하나님은 치매를 사용하셔서 우리가 하나님의 선하심을 더욱 알고 하나님께 영광을 돌리게 하신다.

---

3   Joni Eareckson Tada, *The God I Love: A Lifetime of Walking With Jesus* (Grand Rapids, MI: Zondervan, 2003), 349.

4   Timothy Keller, *Walking with God through Pain and Suffering* (New York: Penguin, 2013), 89.

우리는 하나님처럼 될 것이다

하나님은 인류 가운데서 그분의 사람들을 부르시는 중이다. 하나님은 그들에게 믿음으로 그분을 신뢰하는 능력을 주시며 그들을 그분의 자녀로 삼으신다. 하나님은 그들이 얼마나 착한지에 따라 그들을 택하지 않으신다. 왜냐하면 아무도 그분이 주신 것에 합당할 만큼 선하지 않기 때문이다. 대신에 하나님께서는 그분의 선하심을 보여주기 위해 그들을 택하신다. 그다음에 하나님은 그들이 창조 시에 부여받은 그분의 형상을 충분히 회복하는 과정을 천천히 시작하신다. 바울은 다음과 같이 기록한다. "하나님이 미리 아신 자들을 또한 그 아들의 형상을 본받게 하기 위하여 미리 정하셨으니, 이는 그로 많은 형제 중에서 맏아들이 되게 하려 하심이니라. 또 미리 정하신 그들을 또한 부르시고 부르신 그들을 또한 의롭다 하시고 의롭다 하신 그들을 또한 영화롭게 하셨느니라"(롬 8:29-30). 자, 이제 우리는 요점에 다가서고 있다. 하나님께서 택하신 모든 사람은 점점 더 하나님의 형상을 따르게 되고, 결국 하나님의 영광에 들어갈 것이다.[5] 이런 변화는 그들의 능력이나 지능지수(IQ)에 기초하지 않고 하나님의 선택과 계획에 근거한다. 사도 요한은 다음과 같이 말한다. "사랑하

---

5 우리가 증명할 수 있는 영광의 양이 변화되는 동안 하나님의 형상은 변함이 없다고 바울이 말하는 것에 주목하라. "우리가 다 수건을 벗은 얼굴로 거울을 보는 것 같이 주의 영광을 보매 그와 같은 형상으로 변화하여 영광에서 영광에 이르니 곧 주의 영으로 말미암음이니라"(고후 3:18). "새 사람을 입었으니 이는 자기를 창조하신 이의 형상을 따라 지식에까지 새롭게 하심을 입은 자니라"(골 3:10). 하나님의 형상은 우리의 지식이 새로워지는 동안에도 계속해서 변함이 없다.

는 자들아! 우리가 지금은 하나님의 자녀라. 장래에 어떻게 될지는 아직 나타나지 아니하였으나, 그가 나타나시면 우리가 그와 같을 줄을 아는 것은 그의 참모습 그대로 볼 것이기 때문이니"(요일 3:2).

치매를 경험했던 로버트 데이비스 목사는 자신의 마지막 운명을 생각하며 다음과 같이 썼다. "의학이 분명히 내게 닥칠 것이라고 예측한 이 재앙(그의 치매를 가리킴)을 내가 어떻게 견딜 수 있겠는가? 만약 내가 그리스도인이 아니라면 어떻게 참아내야 할지 모를 것이다. 그러나 나는 그리스도인이기 때문에 그 너머에 있는 것을 바라봄으로써 견딜 수 있다. 즉 이런 모든 질병 하나하나가 영원히 사라지고 완전함, 영광, 그리고 기쁨으로 대체되는 천국의 영광을 생각하면서 말이다."[6]

그리스도인으로서 우리는 하나님께서 그분의 목적과 영광을 이루실 것이라는 확신을 가지고 치매에 직면할 수 있다. 우리는 그런 확신으로 기쁨과 소망을 발견할 수 있다. 우리는 미래에 치매에 걸린 사람들을 포함하여 모든 신자가 하나님의 형상을 지금보다 더 확연히 나타내는 온전한 사람들로서 하나님의 임재 안에 서 있을 것이라는 사실을 알고 있다. 치매의 가장 극심한 유형으로 고통당하는 이들을 포함하여 이 질병으로 힘들어하는 모든 이들은 그런 놀라운 순간을 반드시 경험할 것이다. 그들은 몸과 영혼이 모두 온전한 사람으로서 완전히 회복될 것이며, 영원무궁토록 하나님의 풍성함을 누리게 될 것이다. 비록 그들이 지금은 손상된

---

6   Robert Davis, *My Journey into Alzheimer's Disease: Helpful Insights for Family and Friends* (Carol Stream, IL: Tyndale, 1989), 131.

상태일지라도 미래에 누리게 될 이 운명은 치매에 걸린 이들이 소유하고 있는 존엄성에 대한 또 다른 근거가 된다.

한편, 치매 경험을 통해 하나님께 영광을 돌리기 위해 도움을 받을 수 있는 한 가지 방법은 치매에 대해 더 많이 이해하는 것이다. 다음 장에서 이에 대해 살펴볼 것이다.

기도

하늘에 계신 아버지, 치매가 두렵습니다. 치매를 생각하면 제 안에 공포가 엄습합니다. 하나님께서 이런 비극을 허락하시지만 동시에 사랑이 많고 능력이 강하신 분임을 믿기가 어렵습니다. 하나님께서 행하시는 모든 일에 당신의 목적이 있음을 믿을 수 있도록 도와주소서. 하나님을 신뢰하기 원합니다. 그러나 치매를 통해 하나님께서 의도하시는 목적을 조금이나마 알 수 있다면 좀 더 쉽게 믿을 수 있을 것 같습니다. 하나님의 영으로 제 생각과 감정을 인도해주옵소서. 저를 위해 그리고 하나님의 영광을 위해 기도드립니다. 아멘.

Finding
Grace
in the
Face

2장

치매에 관해
반드시 알아야 하는 사실

of
Dementia

나의 가장 소중한 친구들인 데이브와 데니스를 소개하고 싶다. 앞으로 이 친구들의 이야기가 자주 등장하게 될 것이다. 그들은 둘 다 60대 중반으로 33년 동안 행복한 결혼생활을 이어가고 있는 중이다. 그들은 사랑스럽고 의지할 만한 세 명의 자녀를 두었다. 데이브는 의료기술자이고, 데니스는 고등학교 식당에서 일하고 있다. 그들은 건강을 잘 유지하고 있고, 몸에 도움이 되는 음식을 잘 챙겨서 먹으며, 규칙적으로 운동한다. 그리스도인으로서 평생을 보낸 그들은 하나님을 사랑하고, 그분과의 친밀한 관계를 발전시켜왔으며, 정기적으로 교회에 출석한다. 그들에게는 교회와 이웃에 친구들이 많이 있다. 약 5년 전에 데니스는 데이브가 뭔가 어수선하고 그녀가 말한 것을 다시 말해달라고 자주 요청한다는 것을 인지했다. 데니스는 데이브가 청력에 문제가 있는 것인지 아니면 단지 집중하지 못하는 것인지 확신하지 못했다. 데이브는 내가 그의 청력을 검사하는 데 동의했는데, 그 결과 아무 이상이 없었다. 이 사실을 알고서도 데니스는 데이브의 상태에 대해 완전히 마음을 놓지 못했고, 그가 여전히 이상하게 느껴진다고 말했다. 그녀는 "아마도 일 때문에 그런 것 같기도 하고, 아니면 나이가 들어서 그런 것 같아요"라고 덧붙였다. 나는 약간 주저했지만 동의한다고 고개를 끄덕였는데, 돌이켜보니 "아니에요!"라고 말하는 것이 정확한 답변이었다고 생각한다. 나중에야 확실히 알게 되었지만, 데이브는 치매 초기 증후를 보이고 있었던 것이다.

건강한 뇌

치매를 이해하기 전에 우리는 나이가 들어감에 따라서 건강한 뇌는 어떤 모습인지에 대한 기본적인 지식을 갖춰야 한다. 이런 지식을 통해 우리는 정상적인 뇌가 치매가 진행 중인 뇌와 어떻게 다른지를 인식하게 될 것이다.

인간의 정신이 얼마나 놀라운지를 깊이 생각해본 적이 있는가? 우리가 생각할 수 있다는 바로 그 사실이 놀랍다. 우리의 뇌는 무수히 많은 신경세포와, 한 세포가 다른 세포에 영향을 미치도록 그 세포들 사이를 오가는 화학물질로 가득하다. 이런 과정들이 있기 때문에 우리의 뇌는 생각을 처리하고 기록할 수 있다. 그러나 우리는 생각을 낳는 비물질적인 영혼도 가지고 있다. 물질적인 뇌와 비물질적인 영혼이 함께 우리의 정신을 이룬다. 이것은 지금 내가 자판을 두드리고 있는 컴퓨터와 같다. 컴퓨터는 나의 생각들을 기록하고 처리하지만, 이 생각들은 컴퓨터가 아니라 나로부터 나온다. 사고할 수 있는 능력과 더불어 우리 정신의 가장 인상적인 기능들 가운데 하나는 우리가 기억할 수 있다는 것이다. 우리의 뇌가 수십 년 전에 있었던 일들을 어느 정도 기록하고 있다는 사실이 놀랍지 않은가? 우리는 즉시 과거의 경험을 기억해낼 수 있는데, 이는 현재 우리가 내려야 하는 선택에 영향을 미친다. 우리가 시간이 흐름에 따라 우리의 뇌에서 일어나는 변화에 대해 생각하기 시작할 때, 우리에게 깊은 인상을 주는 것은 우리의 뇌가 실패할 수 있다는 사실이 아니라 무엇보다도 그것이 작동한다는 사실이다.

우리의 뇌는 나이를 먹어도 여전히 새로운 것을 학습하고 새로운 기억을 기록하며 방대한 양의 정보를 처리할 수 있는 능력이 있다. 욥은 다음과 같이 정확하게 말한다. "늙은 자에게는 지혜가 있고 장수하는 자에게는 명철이 있느니라"(욥 12:12). 우리는 때때로 우리의 뇌가 원하는 만큼 제대로 작동하지 않을 때 좌절하게 된다. 우리는 나이가 들어가면서 좀 더 많은 것을 잊어버리기 시작한다. 가장 흔한 현상으로 우리는 명사와 이름을 기억하는 데 애를 먹는다. 우리는 누군가를 보고 그 얼굴은 낯익은데도 그를 어떻게 아는지가 기억나지 않고, 그의 이름을 즉시 떠올릴 수 없게 된다. 이런 기억의 쇠퇴를 경험한 많은 사람들은 혹시 자신이 치매에 걸린 것은 아닐까 생각한다. 그러나 꼭 그런 것은 아니다. 사실 나는 노인들에게 다음과 같은 세 가지 유형의 환자가 있다고 말한다. 즉 정상적인 상태로서 자신이 잊었다는 것을 인정하는 사람들, 자신이 잊었다는 것을 잊는 치매에 걸린 사람들, 거짓말하는 사람들이다.

나이와 관련된 건망증에 사용되는 의학 용어로 "양성 노인성 건망증"(benign senescent forgetfulness, BSF)이 있다. "양성"(benign)은 진행되지 않는다는 것을, "노인성"(senescent)은 노화와 연관된다는 것을 뜻한다. 양성 노인성 건망증이 있는 사람들의 중요한 특징 중의 하나는 치매에 걸린 사람들에게 자주 나타나는 머릿속에 안개가 낀 것과 같은 증세와 달리 아직도 분명하게 생각한다는 것이다. 나는 당시 40세였던 재니라는 여성이 기억난다. 그녀는 어느 날 진료실에 와서 자신이 치매에 걸린 것 같다고 말했다. 내가 그 이유를 묻자, 그녀는 세 가지 일을 떠올렸다. 자신이 지난주에 열쇠를 잃어버렸고, 동생에게 전화를 걸어야 하는데 아들에게 걸었으며, 식료품 가게에서 사야 할 것을 잊어버렸다는 것이다. 그녀가 언급한 이 세 가지 사례는 최근에 나에게 일어난 것과 똑같은 일들이었다. 나는 그녀에게 만일 이런 일들이 치매의 징후라면, 나도 똑같이 치매에 걸렸으니 그녀가 새로운 의사를 찾아야 할 거라고 말했다. 그녀는 한바탕 웃고는 나를 계속 자기의 주치의로 두었다.

정상적이고 건강한 뇌는 세 가지 특징적인 과정의 지배를 받을 수 있는데, 그 증상이 치매와 유사하게 보일 수 있다. 가장 일반적인 것은 우울증이다. 노인들은 너무나 자주 삶의 상실로 인해 우울증에 빠진다. 그들은 갈수록 더욱 위축되며 이전에 했던 것만큼 일상생활을 즐기지 못한다. 그들은 그런 삶을 잊어버린 것처럼 보이지만, 사실은 그런 것들에 관심을 두지 않기 시작한 것이다. 우울증과 치매를 구분하는 것은 매우 복잡한데, 왜냐하면 치매에 걸린 많은 사람들이 우울증에 걸리고, 우울증이 치매의 최초 증후일 수 있기 때문이다.

치매와 유사한 증상을 야기하는 두 번째 상태는 불안이다. 불안에 사로잡힌 사람은 자신만의 근심의 세계에서 살아가는데, 그의 생각은 너무나 빨리 왔다가 사라지기 때문에 실제로 자신에게 벌어지고 있는 일에 집중하지 못한다. 나는 그들을 보면 구르는 돌에는 이끼가 끼지 않는다는 속담이 떠오른다. 그들의 뇌는 하나의 걱정에서 다른 걱정으로 튀어오를 때 반드시 기억해야 하는 것을 기록할 시간을 갖지 못한다.

우울증과 불안은 둘 다 치료가 가능하지만, 이 둘로 인해 고통받는 많은 사람들은 자신이 치매에 걸렸다고 믿곤 한다.

치매와 흡사한 세 번째 증상은 정신착란으로, 일시적인 혼란과 흥분 상태의 특징을 보인다. 이 증상은 중증의 의학적 질병과 함께 일어날 수 있으며, 종종 병원에서 특히 중환자실에서 발생할 수 있다. 그러나 요로 감염 혹은 약물에 대한 부작용과 같은 것으로 인해 일어날 가능성도 있다. 비록 정신착란을 경험하는 환자들 가운데 적지 않은 수가 결국 치매까지 이르기도 하지만, 정신착란과 치매는 구분해야 한다.

정상적인 뇌 기능의 영역

인간의 뇌는 놀라운 창조물이며 다른 많은 기능을 수행할 수 있다. 뇌의 신경 기능이 담당하는 영역들을 살펴보는 것은 도움이 되는데, 여러 문제가 그중 어느 하나에서 발전될 수 있기 때문이다. 다음의 목록을 보면서 당신의 뇌가 각각의 기능을 얼마나 잘 수행하는지를 점검해보고 그에 대해 하나님께 감사하는 시간을 가지라.

- 기억과 학습
- 말과 언어
- 문제 해결을 포함한 지성, 판단력, 그리고 인지적 문제를 인식하고 반사회적 행동을 억제하는 능력
- 근육 강화와 협응
- 관심 유지
- 감정과 성격

- 사물들을 묘사하고 그것들과 함께 정신적으로 작업하는 시각적/공간적 능력
- 활동을 계획하고 완성하는 능력인 실행 기능

기억 능력 자체에 초점을 맞추면, 다음과 같은 여섯 종류로 나눌 수 있다.

- 즉각적(immediate): 말하면서 자기가 말하는 것을 이해하는 능력
- 삽화적(episodic): 열쇠를 놓은 장소와 같이 특정한 사건을 기억하는 능력
- 단기적(short term): 지난 며칠 혹은 몇 주 동안 일어난 일을 기억하는 능력
- 장기적(long term): 어린 시절의 일까지 기억하는 능력
- 감정적(emotional): 그런 감정을 느낀 이유를 잊은 지 꽤 오래 지난 감정을 상기하는 능력
- 절차적(procedural): 근육 기억과 밀접하게 연관되는, 악기 연주나 자전거 타기 등과 같은 과제 실행 방법을 기억하는 능력

심지어 건강한 뇌라고 할지라도 위에서 언급한 모든 신경 기능이나 여러 종류의 기억을 동일한 능력으로 실행할 수는 없다. 어떤 사람들은 다른 사람들보다 어느 한 영역에서 더 나을 수 있다.

뇌 기능의 퇴화

안타깝게도 치매와 연관된 다양한 질병에 걸리면 우리의 뇌는 건강을 항상 유지하지는 못한다. 최근에 일어난 일에 대한 기억 상실은 뇌 기능이 퇴화하고 있다는 것을 나타내는 가장 일반적인 신호이며, 대부분의 사람이 치매라는 단어를 들었을 때 가장 많이 생각하는 현상이다. 나는 오래된 IBM 286 컴퓨터를 쓰던 때가 기억난다. 그것은 놀라운 기계였지만, 오늘날 컴퓨터의 기억 능력과는 비교조차 되지 않는다. 작성한 문서를 이제 저장하려고 하는데 "하드 디스크가 꽉 찼습니다"라는 글자가 나오면 정말 불만스러웠다. 꽉 찬 컴퓨터 디스크는 치매와 어느 정도 유사하다. 뇌에 오래된 기억들이 많이 저장되어 있지만, 새로운 기억을 저장할 능력이 없는 것이다. 그러나 앞으로 살펴보겠지만, 치매는 단순히 기억 상실뿐만 아니라 다른 많은 문제들과도 관련이 있을 수 있다.

우선 우리는 모든 형태의 치매가 질병이며 정상적인 노화의 일부가 아니라는 사실을 이해해야 한다. 치매에 걸린 사람들은 자신에게 일어난 일을 통제할 수 없기 때문에 그들을 비난하거나 그들에 대한 인내심을 잃어버리는 것은 전적으로 잘못된 것이다. 치매로 인해 힘들 때, 우리는 문제는 병이지 사람이 아니라는 점을 항상 인식해야 한다. 사회적 위치, 신체적 건강 상태, 혹은 지적 수준이 치매 환자에게 영향을 미치는 것은 사실이지만, 그런 요인들에 상관없이 누구에게나 거의 모든 형태의 치매가 닥칠 수 있다.

경도 인지장애(Mild Cognitive Impairment, MCI)

치매는 종종 경도 인지장애로부터 시작된다. 경도 인지장애는 "기억성 MCI"(amnestic MCI)라고 불리는 단기 기억 상실과 가장 자주 연결되며, 신경학적 기능의 다른 한 영역에서 기능적인 어려움을 겪을 수 있다. 그다지 일반적인 현상은 아니지만, 건망증이 아니라 두 개의 각기 다른 뇌 기능의 영역에서 역기능적인 행동("비기억성 MCI"[nonamnestic MCI]라고 불림)이 나타나기도 한다. 예를 들면 말의 어려움과 성격의 변화다. 경도 인지장애는 자주 치매로까지 이어지는데, 일부는 상태가 나아지기도 하지만, 경도 인지장애를 가진 사람의 거의 50퍼센트가 결국 치매로 치닫게 된다. 두 가지 이상의 신경 영역에서 기능의 어려움을 겪을 때 치매로 규정된다.

치매의 종류

알츠하이머병(Alzheimer's disease). 치매의 원인은 다양하지만, 이제까지 가장 일반적인 원인으로는 알츠하이머병을 들 수 있다. 치매의 약 70퍼센트가 알츠하이머병으로부터 시작된다. 이것은 다른 원인들보다 훨씬 더 일반적으로 나타나는 현상이기 때문에, 많은 사람들은 알츠하이머병과 치매를 동일한 것으로 여긴다. 그러나 앞에서 말한 것처럼 사실은 그렇지 않다. 일단 어떤 사람이 알츠하이머병에 걸리면 세 가지 기본적인 단계를 거치면서 진행된다. 1단계에서 알츠하이머병에 걸린 사람들은 확실히 쇠약해지기는 하지만, 아직은 남의 도움을 받지 않아도 여전히 살아갈 수 있다. 2단계에서 그들은 도움을 구하기 위해 타인을 의지하는 경우가 점점 많아지고, 3단계가 되면 전적으로 타인을 의지한다. 즉 옷을 입는 일에서부터 용변을 보는 일과 음식을 먹는 일에 이르기까지 모든 것을 수행하는 데 도움이 필요하게 된다. 알츠하이머병에 걸린 사람의 예상 수명은 상당히 다양해서 수개월에서 20년까지 이르며, 평균 예상 수명은 7년 정도다.

알츠하이머병은 전형적으로 삽화적·단기적 기억 상실로부터 시작되며, 그다음에 보다 예상 가능한 방식으로 뇌 전체에 퍼진다. 이 병은 마치 처음에 타는 연기가 나면서 천천히 번지는 불과도 같다. 기억 상실은 일반적으로 삶의 진행과 반대로 이루어지는데, 병이 더 악화되면서 환자는 순차적으로 점점 더 많이 기억을 상실한다. 결국 그들은 초기의 어린 시절만을 기억하게 된다. 이와 동시에 갈수록 어린아이와 같은 행동이 늘어나고 타인에 대한 의존성이 높아진다.

그러나 다양한 종류의 기억 상실이 모두 똑같은 속도로 발생하지는 않을 수도 있다. 예를 들면 감정적·절차적 기억은 다른 기억보다 좀 더 오랫동안 유지될 수 있다. 나는 내 어머니의 치매 말기를 기억한다. 당시 어머니는 내 이름을 기억하지 못했지만 감정적 기억은 남아 있어서 내가 그녀를 사랑한다는 것에 고마워하셨고 키스해주기를 기대하셨다. 또한 나는 중증의 치매를 앓고 있는 환자들 가운데 일부가 여전히 브리지(bridge) 게임을 매우 잘한다는 사실에 흥미를 느낀다. 그들은 점심으로 무엇을 먹었는지는 기억하지 못했지만, 절차적 기억은 남아 있어서 게임에서 이길 수 있었다.

치매의 첫 번째 사례는 1906년에 알로이스 알츠하이머(Alois Alzheimer) 박사가 발견했는데, 당시 그는 중년에 언어 문제 및 행동 변화와 함께 중증의 기억 상실을 일으킨 한 여성의 뇌를 해부했다. 그는 현재 "아밀로이드"(amyloid)라고 알려진 물질의 수많은 침착물 혹은 플라크를 발견했으며, 그녀의 뇌에서 얼마나 많은 뇌신경이 꼬여 있는지를 묘사했다. 이런 극히 작은 변화들이 현재 알츠하이머병의 특징으로 인식된다.

그러나 알츠하이머병은 뇌에서 일어나는 물리적 변화 이상인데, 왜냐하면 플라크나 꼬임의 심각성이 이 병의 중증도와 항상 관련이 있는 것은 아니기 때문이다. 환자에게 미치는 알츠하이머병의 영향을 결정짓는 다른 요소들이 있는데, 여기에는 환자들이 어떤 치료와 보호를 받았는지가 포함된다.

다른 신경퇴행성 치매(other neurodegenerative dementias). 알츠하이머병은 "신경퇴행성 치매"라고 불리는 일단의 병들 가운데 하나다. 이런 병들 사이에는 많은 유사성이 있지만, 매우 다른 특성들도 있다. 여기에는 초기 발생 알츠하이머병도 포함된다. 이것은 뇌에 영향을 미친다는 점에서 노년에 발생하는 전형적인 알츠하이머병과 유사하지만, 훨씬 젊은 나이 곧 30대와 60대 사이에 증상이 시작되며, 출생 시부터 심지어 증상이 발생하기 전에 실험실에서 탐지될 수 있는 매우 특정한 유전적인 변화로 인해 발생한다. 이 병은 다른 많은 치매보다도 더 빠르게 진행되는 경향이 있다.

치매의 또 다른 종류로는 **전두측두엽 퇴행**(frontotemporal degeneration, FTD)이 있는데, 이는 이전에는 "전두측두엽 치매"라고 불렸다. 전두측두엽 퇴행은 치매 초기 단계에 해당하며, 기억 상실보다는 언어 및 행동의 변화라는 특징이 있다. 이 병에 걸린 사람은 자신이 과거에 잘못된 것으로 또는 적어도 부적절한 것으로 알고 있었던 행동을 하면서도 자신이 잘못된 행동을 하고 있다는 사실을 인식하지 못하거나 단순히 신경을 쓰지 않게 된다. 전두측두엽 퇴행의 또 다른 비극적인 특징은 이 병에 걸린 환자가 자신에게 문제가 있다는 것을 인지하지 못한다는 점이다. 그는 모든 것이 괜찮다고 생각한다. 이 병은 전형적으로 알츠하이머병에 비해 좀 더 젊은 연령층의 사람들이 걸리며, 예상 수명이 더 짧다. MRI 촬영을 해보면 뇌의 특정 부분에 전형적인 변화가 보이는데, 이를 통해 보다 정확한 진단이 가능해진다. 모든 FTD 환자에게 똑같은 현상이 나타나는 것은 아니고 적어도 세 가지 다른 종류가 있는데, 어떤 유형은 언어에(주로 진행성 실어증), 다른 유형들은 성격에 더 영향을 미친다.

루이 소체 치매(Lewy body dementia)에 걸린 사람들은 전형적인 치매의 증후를 보이며, 나중에 파킨슨병의 증후로 진행된다. 그들은 자주 환각을 경험하며, 시간이 지남에 따라서 혼란이 덜한 안정기를 갖기도 해 진단이 늦어지는 경우도 있다.

루이 소체 치매와 달리 **파킨슨병 치매**(dementia of Parkinson's)는 알츠하이머병과 좀 더 유사한 반응이 나타나며, 이미 파킨슨병으로 진단받은 환자들에게서 나중에 진행된다.

진행성 신경 퇴행 외에도 치매의 다른 원인들이 있는데, 그중에는 혈관성 치매도 있다. 두 번째로 흔한 치매의 원인인 혈관성 치매는 대략 치매의 20퍼센트를 차지한다. 혈관성 치매는 뇌 내부의 순환 문제로 인해 발생하며, 한 번의 심각한 발작이나 연속되는 작은 발작을 일으킨다. 이런 이유로 인해 혈관성 치매는 순차적으로 진행되는 경향이 있으며, 알츠하이머병의 특징인 느리고 일정하며 예측 가능한 퇴화를 보이지는 않는다. 이 경우 기억 상실은 드문드문 발생하며 알츠하이머병에서 볼 수 있는 것처럼 최근에서부터 오래된 기억으로 진행되지 않는다. 여러 번의 작은 발작을 일으키는 경우의 혈관성 치매는 "심방세동"(atrial fibrillation)으로 알려진 심장 리듬 장애와 종종 연관된다.

권투 선수 치매(dementia pugilistica)는 반복되는 뇌 부상 후에 생기는데, 미식축구나 권투 선수들에게서 자주 나타난다.

뇌증(腦症, encephalopathies)은 뇌의 대사성 손상에 의해 발생한다. 뇌증을 일으키는 세 가지 원인, 즉 갑상선 호르몬, 비타민 B1, 비타민 B12의 부족은 치료 가능하다. 뇌증은 만성적 폐질환, 폐쇄성 수면 무호흡증, 또는 중증의 장기적인 빈혈에서 볼 수 있는 저산소증이 오랫동안 지속되는 것과도 관련될 수 있다. 뇌증은 저혈당증이 자주 나타나는 당뇨증 환자에게서도 흔히 찾아볼 수 있다. 다른 원인들에는 수년간의 알코올 혹은 약물 남용이 포함된다.

감염성 치매(infectious dementias)의 예로 우리는 에이즈(HIV/AIDS), 크로이츠펠트 야콥병(Creutzfeldt-Jacob), 또는 매독의 말기 영향 등을 떠올린다.

유전 장애(genetic disorders) 역시 치매를 일으킬 수 있다. 그중 대표적인 것으로 헌팅턴병(Huntington's disease)이 있는데, 이것은 유전적으로 내려오는 것이며 조절할 수 없는 근육 운동과 치매를 나타낸다. 주로 중년 초기의 연령에서 처음 시작된다.

뇌의 **구조적 문제** 역시 치매를 일으킬 수 있다. 피가 골과 뇌 사이에 고이는 경막하 혈종(subdural hematomas)은 특정 뇌종양처럼 종종 치매를 일으킬 수 있다. 그 외에 치매의 다른 원인으로 뇌 내에 있는 유체강의 확장 현상인 **정상압 뇌수종**(normal pressure hydrocephalus)이 있다. 이 병은 일반적으로 요실금 및 보행 장애와 함께 치매를 일으키는 원인이 된다.

독자들도 추측하겠지만, 치매의 원인을 결정하는 일은 매우 복잡한 작업이다. 한 사람이 하나 이상의 치매 유형을 가지는 경우가 매우 흔하고, 모든 경우가 딱히 하나의 진단 범주에 꼭 들어맞는 것도 아니기 때문이다. 이런 경우를 **혼합형 치매**(mixed dementias)라고 부른다. 예를 들면 알츠하이머병에 걸린 사람이 혈관성 혹은 루이 소체 치매로 고통당할 수도 있다.

지금까지 치매의 다양한 원인에 대해 반드시 알아야 할 사항들을 살펴보았다. 다음 장에서는 우리 의사들이 치매를 어떻게 진단하는지에 대해 설명할 것이다.

기도

하늘에 계신 하나님, 건강한 뇌와 병든 뇌에 대해 이제 좀 더 알게 되었습니다. 제 뇌가 얼마나 큰 기적인지를 알게 해주시니 감사합니다. 멀쩡한 정신으로 지금 제가 즐기고 있는 시간을 낭비하지 말게 하시고 이 땅에서 하나님을 섬기며 당신의 일에 참여하는 자가 되게 하옵소서. 제가 치매에 대해 더 많이 알면 알수록 이 지식을 다른 사람들을 돕는 데 사용하여 하나님께 영광과 존귀를 돌리게 하옵소서. 아멘.

Finding
Grace
in the
Face

3장

진단은
어떻게 이루어지나?

of
Dementia

나는 치매로 진단을 내리는 것이 항상 간단한 것은 아니지만, **언제** 그런 진단을 내려야 하는지를 아는 것보다는 더 쉽다는 것을 느낀다. 진단을 내릴 때에는 환자 자신과 가족들을 당황스럽게 만들 수 있는 많은 설명이 제시된다. 이런 자세한 설명을 통해 그들은 환자의 건망증과 행동의 변화를 그의 고약함의 탓으로 돌리기보다 이 질병의 결과로서 이해하고 받아들이게 된다. 초기 진단은 치료를 좀 더 일찍 시작할 수 있도록 해준다. 만약 약물이 도움이 될 수 있다면, 이는 초기 진단을 받도록 강하게 설득할 수 있는 기회가 될 수 있다. 그러나 나중에 우리가 살펴보겠지만, 그런 일은 흔하게 일어나지 않는다. 적절한 치료가 도움이 됨에도 불구하고 대부분의 사람들은 치매를 나아질 가능성이 거의 없는 진행성 질환으로 여기면서 두려워한다. 나는 일단 치매가 확실하다고 진단을 받으면 희망을 잃어버리고 치매를 겪으면서도 잘 살아가려는 모든 노력을 포기하는 사람들을 보아왔다. 의사가 환자와 치매에 대해 이야기를 나누기 전에 구체적인 사례의 장단점을 모두 주의 깊게 살펴보는 것은 매우 중요하다. 치매에 대해 질문을 제기하는 것이 도움이 될 수도 있고, 그렇지 않을 수도 있다. 다음에 나오는 이야기들은 독자들이 이런 어려운 상황을 이해하는 데 도움을 줄 것이다.

세 가지 이야기

데이브

데니스는 매년 받는 건강검진과 종종 걸리는 사소한 병에 대한 진료를 위해 나를 정기적으로 방문했다. 앞에서 잠깐 언급한 그녀의 남편 데이브가 청력검사를 하기 위해 찾아온 날, 나는 그를 처음 만났다. 그 후 몇 개월이 지났을 때 데니스가 내 진료실에 와서 이렇게 말했다. "데이브의 청력을 검사한 후 선생님은 그가 집중력이 부족하고 불안한 것이 단지 정상적인 노화의 과정일 수 있다고 말씀하셨어요. 그런데 지금 상태가 더 악화되고 있어요. 나는 그가 정상인지 확신이 안 섭니다. 우리의 관계가 모두 변해버렸어요. 우리는 너무 자주 다투고, 그는 재미있는 일을 도무지 하지 않으려고 해요. 그는 모든 걸 걱정하고, 나는 한순간도 마음 편할 날이 없어요."

나는 그들에게 무슨 일이 일어나고 있는지를 함께 이야기하려고 서둘러 예약을 잡으라고 재촉했다. 그들을 다시 만났을 때, 나는 데이브에게 무슨 일이냐고 물었는데 그는 대수롭지 않다는 듯이 자신은 괜찮다고 대답했다. 여러 영역에 걸쳐서 그의 건강 상태를 조사한 후 나는 그의 기억력에 대해 물었다. 그는 자신이 많은 것을 잊어버리고 있다는 사실을 인정했지만, "다른 사람들도 모두 그렇지 않나요?"라고 말했다. 나는 구체적인 예를 들어달라고 부탁했는데, 그는 데니스를 위해 무엇인가를 사려고 식료품 가게로 운전해서 갔던 일에 대해 이야기했다. 집에서 나온 지 얼마 지나지 않았는데 그는 자기가 어디로 가고 있는지를 잊어버렸고, 그래서 그냥 다시 차를 돌려 집으로 돌아왔다고 했다.

내가 이런 현상은 정상적인 건망증보다 심한 경우라고 말하자 데이브는 마지못해 내 의견에 동의했다. 종합 검사를 하고 난 후 나는 비서에게 내가 흔히 "미니 지능검사"라고 부르는 검사를 하라고 지시했다. 완료하는 데 5분이 채 걸리지 않는 이 검사는 뇌 기능의 다양한 측면을 평가하는 30개의 문제로 이루어져 있다. 데이브의 점수는 30점 만점에 22점이었는데, 이는 분명 비정상적인 점수였다. 다른 경우에 이런 점수가 나오면 나는 즉시 치매에 대해 이야기했을 것이다. 그러나 데이브의 경우에는 치매에 대해 이야기를 나눌 준비가 안 되었다고 느꼈기 때문에 나는 그렇게 하지 않았다. 나는 그가 완전히 절망에 빠진 나머지 자기 자신을 도울 수 있는 방법을 찾기를 그만둘 것 같다는 느낌이 들었다. 그래서 대신에 나는 그의 건강 상태를 종합적으로 평가하기 위해 몇 가지 다른 검사를 해보자고 제안했다. 그가 오랫동안 건강을 유지하기를 바란다는 점을 강조하면서 말이다.

나는 일상적으로 실시하는 신체검사에 더하여 치매에 대한 원인을 살피면서 갑상선 이상을 진단하기 위한 혈액 검사를 실시하고 비타민 B12 수준을 측정했다. 또한 심전도와 뇌의 MRI 촬영을 주문하고 그의 기억 상실의 원인을 다시 한번 살펴보았다. 방문 말미에 나는 그에게 그의 기억에 문제가 있다는 것에 동의한다고 말했고 진단 목록을 만들었다. 하지만 이때 나는 치매라는 단어를 사용하지 않기 위해 주의를 기울였고 알츠하이머병이라는 두려운 용어도 분명히 사용하지 않았다. 나는 그가 기억 문제에 잘 대처할 수 있도록 돕기 위해 가능한 한 모든 일을 할 것이라고 강조했다. 나는 그에게 2주 내에 후속 진료를 위한 일정을 잡으라고 했다. 3일이 지나고 모든 검사 결과가 나왔을 때, 나는 그에게 검사 점수가 잘 나와 축하한다고 전화했다. 점수는 그다지 나쁘지 않았다. 그러나 나는 아직도 그의 기억에 대해 염려하고 있으며, 그래서 후속 진료를 위해 그를 다시 보고 싶다고 말했다.

다음 만남은 힘들었다. 데이브와 데니스는 모두 자신들이 무엇을 알게 될지를 분명히 염려하고 있었다. 나는 이야기를 나누기 전에 함께 하나님의 지혜를 구하자고 그들에게 제안하면서 시작했고, 그들은 기쁘게 그렇게 했다. 기도를 마친 후, 나는 검사 결과를 검토하고 나서 이렇게 말했다. "이제 무엇이 데이브의 기억 상실을 일으키지 않는지를 알게 되었으니, 우리는 무엇이 이 문제를 일으키는지를 이야기해야 합니다." 그러자 데이브는 소리를 높이며 "내가 알츠하이머병에 걸렸다는 말입니까?"라고 물었다. 나는 "데이브, 우리가 정확히 말할 수는 없지만, 거의 그럴 가능성이 높습니다"라고 답했다. 데이브는 눈물을 흘리기 시작하더니 데니스를 바라보면서 "여보, 이제 모든 게 끝났구려"라고 말했다. 나는 그의 손을 잡고 "데이브, 우리는 미래가 어떨지 알지 못하지만, 여전히 하나님의 손에 달려 있다는 것을 알고 있지요. 당신은 중요한 변화에 직면해 있지만, 나는 당신의 앞날이 여전히 행복하고 가족의 사랑을 느끼는 날들이 될 것으로 확신합니다. 어쩌면 당신이 지금 받는 것보다 훨씬 더 많은 하나님의 사랑과 돌봄을 경험하는 날들이 될 것입니다"라고 말했다.

감사하게도 데이브는 곧 자신의 상황을 받아들였고, 잊지 않기 위해 메모를 남기고 열쇠와 같은 것을 나중에 쉽게 찾을 수 있는 곳에 두는 등 자신을 훈련함으로써 상황에 대처하는 법도 배웠다. 데니스는 데이브의 일시적인 기억 상실 때문에 더는 혼란스러워하지 않았으며, 자신을 무시한다고 데이브를 탓하지도 않았다. 데이브와 데니스는 모두 자신들이 여전히 즐거운 삶을 살 수 있다는 것을 깨달았는데, 이는 내가 그때 일련의 검사를 진행했다는 사실을 다행스럽게 여기도록 해주었다.

사디

그러나 사디의 이야기는 사뭇 다르다. 사디는 어느 날 그녀의 딸에게 이끌려 내 진료실에 왔다. 그녀의 딸은 점점 더 악화되고 있는 어머니의 건망증에 관해 이야기하러 왔다고 내게 말했다. 사디는 울기 시작했고, 자기 아버지처럼 자신도 알츠하이머병에 걸린 것은 아닌지 두렵다고 내게 말했다. 그녀의 상태로 볼 때 그녀의 기억 문제는 그리 크게 염려할 정도는 아닌 것 같았다. 내 의견에 동의하면서도 그녀는 "나는 단지 아버지처럼 그런 병에 걸리지 않기를 바랄 뿐이에요"라고 반복해서 말했다. 간단한 신체검사를 한 후, 나는 그녀에게도 미니 지능검사를 받을 것을 제안했다. 그녀의 점수는 30점 만점에 27점으로 아주 좋은 결과는 아니었지만, 70대인 그녀의 나이를 감안하면 받아들일 만한 것이었다. 나는 그녀에게 시간을 두고 그녀를 계속 살펴볼 것이라고 말했지만, 사실 그때는 그녀가 알츠하이머병이라는 것을 증명할 만한 것이 전혀 없었다. 내가 그렇게 말했음에도 불구하고, 그녀는 내 의견에 반대하고 머리를 양옆으로 흔들면서 계속 이렇게 말했다. "나는 만점을 받지 못했어요. 나는 뭔가 잘못되었다는 것을 알고 있어요." 나는 그녀에게 괜찮다는 확신을 주기 위해 최선을 다했지만, 그녀는 결국 반신반의하면서 진료실을 떠났다.

그 후 그녀는 극도로 우울해졌고 성격이 완전히 다르게 변하는 것을 경험했다. 이 일이 있기 전에 그녀는 활동적이었고, 매주 여러 차례 골프를 쳤으며, 양로원과 교회 행사에도 참여했었다. 그러나 이제 그녀는 집을 나서기를 거부했다. 친구들이 왜 그러냐고 물으면 그녀는 자신이 알츠하이머병에 걸렸기 때문이라고 말했다. 이런 대답을 들은 친구들은 결국 그녀에게 전화하는 것을 그만두었고, 문자 그대로 그녀를 잊었다. 3년 후에 사디가 실제로 알츠하이머병으로 진단받았다는 사실이 알려졌다. 뒤돌아보니 그녀는 간단한 기억 검사를 하지 않았으면 더 나았을 거라는 생각이 든다. 그 검사가 사디에게는 그다지 도움이 되지 않았던 것이다.

어니스트

다른 환자인 어니스트는 치매로 진단을 받자 분노와 거절로 반응했다. 항상 자신의 인생을 통제했던 그는 왕성한 연구 활동을 하는 과학자로 살아왔다. 은퇴 후에 그의 건망증은 점점 더 심해졌다. 게다가 그는 자기 아내를 점점 더 지배하려고 했고, 친구들을 무례하게 대하는 사례가 자주 있었으며, 공격적인 성향이 되어갔다. 그는 운전할 때 여러 번 길을 잃어버렸고 자주 경미한 접촉 사고를 냈다. 그가 자기 아내와 함께 나를 만나려고 왔을 때 나는 무슨 도움이 필요한지를 그에게 물었다. 그는 자기 아내를 가리킨 후에 "나에게 물어보지 마세요. 나는 괜찮아요. 아내 때문에 할 수 없이 왔으니 그녀에게 물어보세요."라고 대답했다. 그녀는 남편의 기억과 행동에서 나타난 최근의 변화들을 설명한 후 그에게 운전을 그만두라고 말해줄 수 있는지를 물었다. 어니스트는 한눈에 보기에도 당황스러워하는 기색이 역력했다. 나는 다음 순서를 진행하여 신체검사를 받도록 했다. 거의 끝날 무렵에 나는 그에게 미니 지능검사를 해도 되겠느냐고 물었다. 그의 점수는 30점 만점에 15점이었는데, 이는 너무 낮은 수준이었다. 나는 그에게 이 점수는 그가 심각한 기억 장애를 가지고 있다는 것을 나타낸다고 말했고, 문제의 근본 원인을 알기 위해 여러 가지 다른 검사를 실시하도록 했다. 그리고 나는 그에게 운전을 하지 말아야 한다고 주의를 주었는데, 그는 나에게 정신 나간 사람이라고 소리치면서 크게 화를 내고는 진료실을 박차고 나갔다.

그 후 일주일도 채 지나지 않아 차 사고로 손목이 부러진 채 응급실에 온 그를 만났다. 그때 나는 그의 운전면허증을 취소하기 위해 차량관리국에 연락할 수밖에 없다고 그에게 말했다. 그는 얼굴색이 하얗게 질리더니만 나에게 욕을 해대며 진료실 밖으로 뛰쳐나갔다. 그는 나를 두 번 다시 보지 않았으며 주치의를 바꿔버렸다. 나중에 나는 그가 아내의 간호를 받으면서 집에서 2년을 더 보내다가 세상을 떠났다는 것을 알게 되었다. 어니스트의 이야기를 되돌아볼 때 나는 그가 만일 치매로 진단받지 않았더라면 그의 삶이 더 행복했을 것이라는 점을 인정한다. 그러나 우리는 다른 선택이 없었는데, 왜냐하면 치매가 다른 사람들의 삶을 위기로 몰아넣고 있었기 때문이다.

지금까지 소개한 환자들은 각각 완전히 다른 경험을 했고, 치매로 진단을 받았을 때 반응하는 사람들의 다양한 방식을 보여준다. 우리는 이제 치매의 진단이 어떻게 이루어지는지를 생각해볼 필요가 있다. 그다음에 치매로 진단받을 때 취해야 할 태도에 대한 몇 가지 실제적인 제안들에 관해 알아볼 것이다.

치매는 어떻게 진단되는가?

치매의 초기 단계를 정상적인 노화와 관련된 건망증(BSF)과 구별하는 일이 항상 쉬운 것은 아니다. 치매의 증후는 일반적으로 매우 천천히 시작된다. 그렇기 때문에 증후가 좀 더 진행되기 전까지는 그것을 문제로 인식하지 못할 수도 있다. 그 외에도 치매로 진단받기까지 시간이 꽤 지체되는 데는 몇 가지 다른 이유가 있다. 먼저 치매는 매우 큰 두려움을 주는 질병이고 삶을 황폐화시키는 결과를 가져올 수 있기 때문에, 환자들 및 그들과 가까운 사람들은 치매라는 사실을 감추거나 부인하며 살아가기 쉽다. 즉 치매를 인정하기를 원하지 않는 것이다. 치매 증상을 보이는 사람이나 사랑하는 사람에게서 그런 증상을 보는 사람들은 처음에 그런 증상들을 다른 원인으로 돌리는 경향이 있다. 예를 들면 스트레스, 피로, 불안, 우울증, 호르몬의 변화, 약한 청력 등이 대표적인 이유로 꼽힌다.

치매의 진단이 지체되는 또 다른 일반적인 원인은 치매의 증상을 앓고 있는 사람들이 자신의 순간적인 기억 상실을 덮어버리는 데 능숙하다는 것이다. 그들은 자신이 자세한 것을 기억할 수 없다는 사실을 인정하지 않기 위해 누군가의 질문에 얼버무리는 식으로 답하곤 한다. 나는 내 어머니가 나의 질문에 항상 막연하게 대답하셨던 것을 기억한다. 내가 오늘 무엇을 하셨느냐고 어머니께 물으면 그녀는 늘 "다른 날과 똑같지 뭐"라고 답하셨다. 어머니는 "글쎄, 네가 오늘 무엇을 하든지 나는 네가 최선을 다할 것을 안단다"라고 말씀하시면서 대화를 끝맺으셨다. 어머니는 방금 나와 나누었던 대화조차도 금방 잊어버리셨던 것이다. 나는 그녀가 자신의 건망증을 감추기 위해 그런 전략을 사용하고 있으며 그에 관해 문제를 만들지 않으려고 한다는 것을 알고 있었다. 어머니의 취지는 순수했으며 좋은 의도였기 때문에, 나는 그런 태도를 받아들일 수 있었다.

치매로 진단을 내리는 것은 환자를 제외한 모든 사람이 문제를 인식하고 있을 때 훨씬 더 어려워진다. 치매에 대한 부인은 어느 정도 심리적인 방어를 나타내는데, 왜냐하면 우리 모두가 그동안 즐겨왔던 삶을 가능한 한 오랫동안 계속 유지하기를 원하기 때문이다. 치매를 부인하는 것은 그렇게 하기 위한 하나의 방편인 것이다. 다른 경우로서 치매 자체가 치매에 걸린 이로 하여금 문제를 인식하지 못하도록 만들 수도 있다. 이는 무엇인가가 잘못되었다는 것을 느껴야 하는 뇌의 일부가 제대로 작동하지 않는 것이다. 치매를 부인하는 것은 거의 도움이 되지 않는데, 왜냐하면 그것이 환자들뿐만 아니라 친구들 및 사랑하는 사람들을 위해 우리가 연장하려고 하는 즐거운 삶을 종종 좌절하게 만들기 때문이다.

치매라는 의심이 들기 시작할 때, 알츠하이머 협회가 제공하는 다음의 열 가지 초기 신호와 증후를 주의하라.

- 일상생활을 방해하는 기억 상실
- 계획을 세우고 문제를 해결하는 데 있어서의 어려움
- 집, 직장, 혹은 여가 활동에서 익숙한 일을 해내는 데 있어서의 어려움
- 시간 혹은 장소의 혼란
- 시각적 형상이나 공간적 관계를 이해하는 데 있어서의 곤란
- 말하기나 쓰기에서 단어와 관련된 새로운 문제
- 물건을 잘못 놓는 일과 되풀이해서 일하는 능력의 상실
- 감소되거나 서투른 판단력
- 일이나 사회 활동의 위축
- 기분이나 성격의 변화[1]

위의 변화 가운데 그 어느 것도 하나의 변화만으로는 어떤 정신 질환으로 진단을 내리기에 충분하지 않다. 이런 변화들은 다른 질병, 스트레스, 우울증, 피로 등을 포함한 다른 요소들로 인해 일어날 수 있다. 그러나 이런 변화들 가운데 하나 혹은 그 이상이 환자나 그들이 사랑하는 사람들의 삶의 질에 진정으로 영향을 미친다면, 치매가 아닌지 고려해볼 필요가 있다.

만일 치매가 염려된다면 나는 가족 주치의나 가족치료, 내과 또는 노

---

[1] Alzheimer's Association, "10 Early Signs and Symptoms of Alzheimer's," accessed May 19, 2015, http://www.alz.org/alzheimers_disease_10_signs_of_alzheimers.asp#signs.

인학 중 하나를 전문으로 하는 1차 진료 의사와 상담을 시작하라고 권고하고 싶다. 의사는 환자와 그를 잘 아는 누군가로부터 문제와 연관된 자세한 내력을 알고 싶어 할 것이다. 그런 내력 자체가 진단을 내리기 위한 가장 유용한 정보가 된다. 의사는 문제의 수준을 측정하기 위해 병력과 함께 미니 지능검사와 같은 인지 평가를 포함한 일반적인 건강 검사를 할 것이다. 만일 치매가 의심스러우면, 의사는 치매의 정확한 원인을 결정하고 치료할 만한 원인이 있는지를 알기 위해 혈액 검사, 심전도, 그리고 가능하다면 MRI, CT, 또는 PET 검사를 지시할 것이다.

이런 검사들이 치매 자체를 진단하는 데 반드시 필요한 것은 아니다. 다른 실험 및 심리 검사들이 활용될 수 있는데, 이는 초기 진단, 아마도 증후가 진전되기 전에 도움이 될 수 있다. PET 검사의 한 종류는 뇌에 있는 아밀로이드의 양을 수량화할 수 있다. 비록 정확도가 완벽하지는 않지만, 이 검사는 증후가 진전되기 전에 알츠하이머병이 최초로 시작된 연도를 예측할 수 있다. 나는 개인적으로 이런 검사들을 제한적으로 사용해야 한다고 생각한다. 이런 내 입장은 좀 더 효과적인 치료법이 개발된다면 바뀔 것이다. 마지막으로 알츠하이머병의 경우, 우리는 한 치의 예외도 없는 결정적인 의미에서 진단이 이루어지는 경우는 거의 드물다는 것을 인식해야 한다. 즉 가장 흔한 진단은 "그럴 가능성이 있음" 또는 "아마도"의 범주다. 역사적으로 가장 명확한 진단은 뇌의 해부에 근거하는 것이지만, 감사하게도 이것은 거의 필요하지 않은 방법이다.

조기 발현형 알츠하이머병은 독특한 어려움을 나타낸다. 이것은 태어날 때부터 가지고 있는 유전자를 통해 전해지는데, 이런 유전적 기형은 혈액 분석을 통해 어떤 연령층에서도 발견될 수 있다. 나는 그런 검사가 이상 유전자를 가지고 있는 사람들의 자녀에게 시행되어야 하며, 조기 발현형 알츠하이머병을 이미 증명하고 있을 것이라고 생각한다. 만일 그들이 그런 유전자를 가지고 있는 것으로 밝혀지면, 이는 그들이 이 병에 걸릴 수 있다는 증거다. 특히 어려운 점은 이 병의 중증 정도가 매우 다양하다는 것이다. 이 유전자를 가진 사람들 중 일부는 최소한의 장애를 가진 채 정상적인 기대 수명치에 가깝게 살 수 있다. 다른 사람들은 30대 초반에 심각한 병을 앓을 수도 있다. 조기 발현형 알츠하이머병의 경우 검사를 실시하는 것에 대한 찬반이 분명한데, 나는 많은 사람이 왜 검사를 받으려고 하지 않는지를 이해한다. 나 역시 그런 검사를 받고 싶지 않다.

치매는 언제 진단되어야 하는가?

지금까지 치매 진단의 몇 가지 장점과 단점에 대해 논의했다. 이제 이론은 잠시 내려놓고 완전히 실제적인 측면을 살펴보면서 언제 치매를 진단해야 적합한지에 대해 물어볼 시점이다.

시편 저자는 "나의 종말과 연한이 언제까지인지 알게 하소서"(시 39:4)라고 기도한다. 그가 말하고자 하는 핵심은 자신의 삶이 덧없이 빨리 지나가며 자신이 언젠가는 죽을 것이라는 점을 인식하기를 원한다는 것이다. 그가 정말로 자신의 마지막 날이 언제인지 알고 싶다는 것을 의미하는 것은 아니다. 나 역시 그렇다. 나는 마지막 날에 내가 하나님의 존전에 함께 있을 것이라는 사실을 알고 있으며 그것에만 관심이 있을 뿐이다. 나는 지금과 마지막 날 사이에 무슨 일이 일어날지 알고 싶지 않으며, 특히 내가 미래에 치매에 걸릴지 여부에 대해서는 전혀 신경 쓰지 않는다. 내가 잠재적으로 누군가에게 피해를 줄 수 있는 지경에 이를 때라야 비로소 내가 치매에 걸렸는지를 알고 싶어 할지 나도 잘 모르겠다.

의사로서 나는 환자 개개인의 형편에 따라서 치매를 진단하는 시기를 결정하고자 했다. 어떤 환자들 혹은 그들의 가족들은 치매에 걸린 누군가와 함께 살아가야 한다는 것으로 인해 낙담하며 큰 고통에 빠진다. 그들은 똑같은 질문을 되풀이하는 것은 물론이고 같은 질문을 두 번 받는 것조차도 힘들어한다. 그들은 환자의 안전에 대해 염려한다. 이런 상황에서는 치매 진단을 아는 것이 도움이 될 수 있다. 다른 사람들은 치매를 노화의 정상적인 과정으로서 태연하게 받아들이며, 환자의 정신 능력의 감퇴에 맞추어 운전을 제한하는 등 자신들의 생활방식을 바꾸려고 한다.

우리가 데이브의 사례에서 보았던 것처럼 일부 환자들은 분명한 진단이 도움이 되는 반면에, 사디와 같은 사람들에게는 오히려 해롭다. 나는 진단을 내리려고 할 때 내가 어떤 단어를 선택해서 사용하느냐가 종종 환자가 반응하는 방식을 결정한다는 것을 알게 되었다. 예를 들면 "기억 문제"에 대해 이야기하자고 말하는 것이 **치매**라는 단어를 사용하는 것만큼 위협적이지 않고, **알츠하이머병**이라고 말하는 것보다 덜 두려움을 준다는 것이다. 비록 내가 환자들과 소통하는 데 있어 완전히 정직하고 솔직하기를 늘 원한다고 할지라도, 이것은 내가 타협할 수 있는 한 가지 진단이다. 나는 환자와 그의 가족을 만나서 **기억 문제**에 대해 이야기를 나눌 것이다. 그다음에 환자와 별개로 가족을 만나 분명하게 치매나 알츠하이머병이라는 용어를 사용하여 말할 것이다.

나 자신의 건강 관리에 대해, 만일 나에게 치매가 진행되고 있다면 나는 언제 그 사실을 알기 원하는지 고민한다는 점을 인정한다. 나는 비타민 B12와 갑상선을 알아보기 위한 혈액 검사를 포함하여 정기적인 검진을 할 계획이다. 왜냐하면 이런 것들에 결핍이 있다면 치매로 진행된 후보다는 그 전에 치료받는 것이 훨씬 낫기 때문이다. 치매를 치료하거나 치매 증상의 진행을 늦출 수 있는 약물은 초기 단계에서 가장 효과적이기 때문에, 내가 초기에 진단을 받고 치료 방안을 찾는 것이 현명한 대처 방법일 것이다. 다른 한편으로 만일 내가 초기에 약물 치료를 원하지 않고 나중에 기억 상실이 좀 더 악화되더라도 그것이 아무에게도 해를 끼치지 않는다면, 나는 내 아내와 가족이 나를 좀 더 참아주며 지나치게 낙심하지 말고 내가 즐기는 방식으로 하도록 나를 내버려두기를 바란다. 하지만 만일 내 상태가 다른 사람들을 좌절시키고 위험에 처하게 한다면, 나는 치매 여부를 확인하기 위해 검사받기를 분명히 원할 것이다. 나는 그들의 좌절감이 나를 향하기보다는 치매를 향할 것이라고, 또 그들이 다른 사람들을 위험에 빠뜨릴 수 있는 어떤 행동도 멈추라고 나에게 강요할 수 있을 것이라고 믿는다. 나는 의사도 나이를 먹기 때문에 치료 행위를 계속하기 전에 종합적인 인지 검사를 받으라고 요구하는 병원장에게 고마움을 느낀다(다소 위협을 느끼기도 하지만 말이다).

진단받은 후에 무엇을 해야 할까?

치매로 진단받은 후에 환자와 그 가족은 의사와 허심탄회하고 솔직하게 이야기를 나눌 필요가 있다. 그들은 다루어야 할 치매의 종류, 원인, 예후 및 이용 가능한 치료 선택 사항 등에 대해 알아야 한다. 이때 의사는 치매에 걸린 사람들일지라도 앞으로 의미 있고 즐거운 삶을 살아갈 수 있다는 점을 강조하는 것이 특히 중요하다. 그들은 미친 것이 아니고, 항상 그랬던 것과 같이 똑같은 사람이며, 그들의 가족이 자신을 사랑하고 도와줄 것이라는 점을 그들에게 확신시키는 것이 도움이 된다. 사랑하는 사람들은 비록 치매에 걸린 사람이 다른 사람처럼 보일지라도 그 또는 그녀가 자신들이 그동안 알고 사랑해왔던 바로 그 사람임을 확신할 필요가 있다. 치매와 연관된 모든 사람은 어느 정도의 상실을 경험하기 때문에 슬퍼할 수 있으며, 심지어 때로는 분노와 좌절을 경험할 수도 있다는 점이 솔직하게 인정되어야 한다.

아마도 다음으로 가장 시급한 일은 환자를 돌보는 일에 기꺼이 관여하길 원하는 가족, 친척 및 친구들과의 만남일 것이다. 이 시간이야말로 **가족**이라는 의미를 되새기며 행동으로 보여줄 수 있는 최적의 시기다. 가족은 우리가 누구인가가 아니라 무엇을 하느냐와 관련이 있다. 비록 한 사람이 책임을 지고 중요한 돌봄과 의사결정을 하는 것이 환자에게 최선의 방법이기는 하지만, 가능하다면 많은 사람이 치매 환자를 위해 결정을 내리고 그를 돌보는 부담을 나누어야 한다. 나는 치매에 걸린 부모를 매달 한 집에서 다른 집으로 옮기며 돌보는 가족을 본 적이 있는데, 이는 환자에게 더 큰 혼동과 혼란을 더할 뿐이며 재앙이나 다름없다. 물론 한 사람이 주요 책임을 떠맡을 때라도 다른 사람들이 세탁, 집안일, 재정 관리와 같은 다른 일들을 할 수 있다. 어떤 일들은 환자와 지리적으로 떨어져 있어도 충분히 감당할 수 있다. 주요 책임을 감당하고 있는 부양자가 매주 몇 시간 혹은 매달 며칠이라도 쉬도록 일정을 짜는 것도 지혜로운 방안이다.

    만일 환자가 아직 의학적인 결정을 위해 법적으로 지정된 항구적인 위임장을 준비해두지 않았다면 지금이 바로 그 일을 할 때다. 비록 의학적인 결정을 다루는 법이 주마다 다르지만, 모든 주가 환자의 변호사 선임에 대한 권리를 허용하고 있다. 주마다 이런 의학적인 결정권자에 대한 명칭이 다른데, 예를 들면 "대리인"(surrogate, proxy), "건강 대리인"(health representative), "건강 변호사"(health advocate) 등으로 부른다. 분명한 것은 환자 스스로가 의학적인 결정을 내릴 만한 능력이 없을 때 누가 그것을 담당하느냐를 구체적으로 명시하는 것이 환자에게 가장 좋다는 점이다. 의사결정권자는 기꺼이 그리고 언제든지 환자를 위한 역할을 담당해야 하고, 환자의 바람과 가치를 잘 알고 있어야 하며, 어려운 결정을 내릴 만한 능력이 있어야 한다. 아마도 이런 역할에 적합한 사람은 환자가 능력이 있다고 가정했을 때 그가 내렸을 결정과 동일한 결정을 할 것이다. 이를 "대리 판단"(substituted judgment)이라고 부르는데, 이는 합리적으로 그런 결정이 이루어지기 전에 환자가 자신이 바라는 것에 대해 분명하게 대리인과 의사소통했을 때만 가능하다. 이 책의 부록에는 내가 직접 내 가족에게 쓴 편지가 들어 있는데, 이는 그런 의학적 결정을 위한 출발점으로서 도움이 될 것이다. 아마도 이 책을 읽는 독자들 역시 자신의 편지를 쓰기 원할지도 모르겠다.

만일 의사결정권자가 환자의 바람을 알지 못하는 경우라면, "최선의 이익"을 기초로 내린 결정이 환자에게 가장 유익할 수 있다. 대다수의 주는 인터넷상에서 "위임장" 양식을 제공한다. 온라인에서 "사전 의료 지시서"(advance directive)를 검색하고 본인이 거주하는 주의 이름을 입력하라. 위임장에 덧붙여서 사망 선택 유언(living will) 양식을 준비해서 서명해놓는 것 역시 적절한 준비일 수 있다. 심폐 소생술 금지에 대한 지시서를 마련하는 것이 필요할 수도 있는데, 이는 많은 주에서 POLST(생명 유지 치료에 대한 의사 지시서, physician order for lifesustaining treatment)라고 불린다. 이런 모든 서류에 대해서는 의사와 상의해야 하며, 이 서류들의 복사본은 의료 기록으로 들어가야 한다.

진단이 이루어진 후 환자가 아직 어느 정도 정신적인 판단을 내릴 수 있을 때 그를 위한 다음 단계는 누구에게 환자의 재정 관리를 맡길 것인지에 관한 문서를 변호사를 통해 작성하는 것이다. 나는 내 가장 친한 친구인 리즈가 떠오르는데, 그녀는 치매 초기에 전화 사기에 걸려서 수천 달러를 날려버렸다. 리즈가 자기 자녀 중 한 명에게 재정 관리를 맡겼더라면 이런 일은 막을 수 있었을 것이다.

내 아버지는 그의 인생 내내 많은 기독교 기관의 신실한 후원자셨다. 아버지의 치매 증세가 심해지자 한 정당의 열렬한 지지자들이었던 몇몇 "친구"가 그를 설득하여 자신들이 선호하는 운동에 많은 돈을 기부하도록 했다. 우리는 아버지가 자신이 쓴 모든 수표에 누나를 연대 보증인으로 삼은 것을 다행으로 생각한다. 누나는 그들의 행동을 막았으며 정치 정당에 대한 기부금을 상당 부분 줄일 수 있었다. 그 결과 아버지는 일평생 열정을 품었던 기독교 기관들을 계속해서 후원하실 수 있었다.

의학적·법적 준비와 더불어 그리스도인들은 치매를 영적으로 준비할 필요가 있다. 그들은 목회자 혹은 영적 지도자와 치매 진단 및 최근의 필요에 대해 논의해야 한다. 이 모든 과정 속에서 꼭 필요한 것은 하나님께서 여전히 사랑하시고 돌보심을 재확인하는 것이다. 만일 치매 진단이 공개적으로 알려지면, 교회는 반드시 환자와 부양자를 위해 정기적으로 기도해야 한다. 미래에 환자와 그 가족에게 다른 필요가 발생할 때 교회가 협력하여 돌봄을 제공할 수 있도록 누군가를 선정해줄 수 있는지 교회에 물어보는 것도 도움이 될 것이다. 끝으로 목회자는 상호 격려, 기도 및 유용한 정보의 공유 등을 위해 치매 환자와 그 가족을 교인들 가운데 비슷한 처지에 있는 사람들과 연결해줄 수도 있다.

한 가지 실제적인 딜레마는 치매로 진단받았다는 것을 누구에게 알릴지를 결정하는 일이다. 이 질병과 관련하여 피할 수 없는 사회적 낙인이 있는데, 이는 사람들로 하여금 치매에 걸린 이들을 피하게 하거나 심지어 그들과 전혀 관계를 맺지 않도록 만든다. 반면에 누군가가 치매에 걸렸다는 것을 알지 못하는 사람들은 그 환자에게 무신경하거나 무례하게 행동하기도 한다. 나는 적어도 환자와 친밀한 관계에 있는 사람들에게는 사실을 알려야 한다고 제안한다. 여기에는 미용사, 종종 들리는 식당의 종업원과 같은 서비스 업종에 종사하는 사람들도 포함된다. 이렇게 함으로써 사람들은 치매로 고통당하는 이와 적절한 방식으로 교류할 수 있게 된다. 그 외 다른 사람들에게는, 환자의 행동이 그들을 놀라게 하거나 낙심하게 만들지 않는 한, 치매로 진단받은 사실을 알릴 필요는 없을 것이다. 종종 부양자가 조용히 "이해해주세요—우리는 기억 문제를 가지고 있어요"라고 말하는 것으로 충분하며, 이 말은 효과가 있을 것이다. 알츠하이머 협회는 환자의 상태를 간단하게 설명해주는 정보 카드를 인쇄해서 휴대하면, 어색한 순간에 슬쩍 상대방에게 건네줄 수 있을 것이라고 제안한다.

기도

하늘에 계신 아버지, 저는 마치 말도 모르고 어떻게 행동해야 할지도 모르는 외국으로 여행을 시작한 것 같습니다. 오직 당신에게서만 나올 수 있는 지혜가 분명 필요합니다. 당신의 도움이 없다면 저는 길을 잃어버리니, 성령으로 저를 인도해주소서. 치매가 제 삶에 어떤 영향을 미칠지라도, 당신을 영화롭게 하는 방식으로 제가 반응하기를 기도합니다. 저를 위해 그리고 당신의 영광을 위해 기도드립니다. 아멘.

Finding Grace in the Face

4장

치매는 예방하거나
치료할 수 있는 것일까?

of Dementia

지금까지 우리는 치매 진단과 연관된 여러 가지 문제를 살펴보았다. 이제는 치매 환자를 돕기 위한 실제적인 방법들을 생각해볼 때다. 몇 가지 의학적인 선택 사항을 먼저 알아본 다음에 도움이 될 만한 개인적인 방법들을 생각해보자.

데이브와 데니스가 데이브의 치매에 대처하는 법을 배워갈 때, 나는 그들에게 두 개의 지지 그룹에 참가하라고 독려했는데, 하나는 데이브처럼 치매 초기인 환자들을 위한 그룹이었고, 다른 하나는 데니스처럼 부양자들을 위한 그룹이었다. 안타깝게도 이 그룹들은 그들의 집에서 80킬로미터나 떨어진 곳에서 모임을 가졌다. 그들은 딱 한 번 모임에 참가해보고는 모임에 참석해서 얻는 유익이 엄청난 교통 체증을 뚫고 장거리 운전을 해야 하는 어려움을 상쇄할 만큼 크지 않다는 결론을 내렸다. 대신에 그들은 함께 규칙적으로 걷기 시작했고, 꾸준히 음식을 조절하여 섭취했다. 그리고 데니스는 데이브와 함께 즐길 수 있는 몇 가지 게임을 찾았다. 나는 데이브에게 두 종류의 약물을 투여하기 시작했는데, 하나는 치매, 다른 하나는 우울증 치료를 위한 것이었다. 몇 주가 지난 후 데니스는 데이브가 그렇게 많이 울지도 않고 그녀를 심하게 의존하지 않는다는 것을 인지했다. 그러나 그녀는 약물이 기억 상실에는 큰 도움이 되지 않는다고 느꼈다. 감사하게도 비싼 약물 비용은 그들의 보험으로 처리되었고, 데이브는 힘든 약물 복용을 잘 참아냈다.

모든 유형의 치매에 영향을 미치는 것들

앞으로 알게 되겠지만, 치매에 관한 부정적인 소식은 최근까지도 가장 흔한 유형의 치매를 일으키는 뇌의 미세한 변화를 향상시키는 뾰족한 방법이 알려지지 않았다는 것이다. 반면에 긍정적인 소식은 치매의 영향을 떨어뜨려서 환자와 부양자 모두의 삶의 질을 향상시킬 수 있는 방법이 있다는 것이다. 치매 유형에 관계없이 보편적으로 도움이 되는 방법에는 다음과 같은 것들이 있다.

운동. 일주일에 적어도 5일, 하루에 30분 운동하면 뇌의 순환을 향상시킬 수 있는데, 이는 치매에 걸린 사람들에게 위험성이 높은 낙상 사고의 가능성을 줄이는 방법이다.

식이요법. 올리브유, 견과류, 야채류를 많이 섭취하고, 붉은 육류와 포화지방의 섭취를 줄이는 것이(지중해식 식이요법) 우리 모두에게 그렇듯이 치매에 걸린 사람에게도 유익하다. 이는 특히 혈관성 치매를 예방하는 데 도움이 된다. 많은 사람이 특정 비타민과 보조제품이 치매에 유익하다고 주장하지만, 비록 해롭지는 않더라도 확실하게 장기적인 유익이 있음을 확인해주는 연구는 없다. 아마도 그런 것들은 다른 약물과 상호 작용을 하는 것으로 추측할 수 있다. 일부 연구는 비타민 E가 제한적이지만 약간의 도움이 된다고 알려준다.

동반 질환을 위한 약물 치료. 치매에 걸린 사람에게 종종 우울증이 나타나는데, 세르트랄린(졸로푸트) 또는 시탈로프람(셀렉사)과 같은 항우울증제의 사용이 상당히 도움이 될 수 있다. 우울증과 밀접한 연관성이 있지만 크게 다른 것으로서 치매와 함께 나타나는 무감동(apathy)이 있는데, 이는 항우울증제에 반응하지 않으며 메틸페니데이트(리탈린)와 같은 흥분제가 더욱 효과가 크다.

시력 및 청력. 백내장의 제거를 포함하여 시력을 교정하는 것과 보조기구를 사용하여 청력을 향상시키는 것은 우리가 계속 우리 주변의 세상과 연결되도록 도와주는데, 이는 치매에 걸린 사람에게 특히 중요하다. 두말할 필요 없이, 우리가 볼 수 없거나 들을 수 없는 것을 기억하는 일은 매우 어렵다. 향상된 청력은 기억 기능에 도움이 될 수 있으며 다른 방식으로 뇌를 자극할 수도 있다.

사회활동. 사회생활에 참여하면서 자기 자신이 아니라 다른 사람들에게 초점을 맞추는 사람들은 혼자 고립된 사람들보다 치매에 더 효과적으로 대처할 수 있다.

영적 생활. 종교 생활을 하거나 교회에 출석하여 자신의 영성을 유지하는 사람들은 자신의 정신적인 한계에 더 잘 대처하는 모습을 보여준다.[1] 규칙적인 기도생활은 환자의 절차적 기억의 일부분이 될 수 있으며 치매에 잘 저항하게 해준다.

뇌 사용. 아직 제대로 기능하고 있는 뇌의 부분들을 지속적으로 사용하여 강화시켜야 하는 것은 상식이다. 공예, 뜨개질, 글자 맞추기 퍼즐 또는 그 밖의 다른 단어 게임과 같은 활동을 하는 것이 도움이 될 수 있다. 책을 읽거나 텔레비전을 시청하는 것은 반응을 기록하거나 토의를 할 수 있을 때만 도움이 된다. 그렇지 않다면 이런 활동들은 많은 사고가 필요하지 않은, 단순한 수동적 활동에 그칠 뿐이다.

규칙적인 일상생활 유지하기. 매일 같은 시간에 일어나고 식사하고 일정한 시간에 취침하는 것이 어느 정도 도움이 된다.

치매에 걸린 사람들의 존엄성 존중하기. 모든 사람이 존엄성을 지닌다고 믿는 것이 이 책의 기본적인 전제이며 치매를 앓고 있는 사람의 삶을 향상시키는 가장 효과적인 방법 중 하나다.

지금까지 이야기한 것과는 반대로 치매를 더욱 악화시킬 수 있는 생활방식에는 다음과 같은 것들이 있다.

---

[1] Celia F. Hybels, Dan G. Blazer, et al., "The Complex Association between Religious Activities and Functional Limitations in Older Adults," *Gerontologist* 52 (October, 2012): 676–85.

스트레스 그리고 수면 부족. 스트레스를 줄이기 위해 삶을 간소화하는 것과 적절한 휴식을 취하는 것은 치매의 진행을 늦출 수 있다.

흡연. 흡연은 뇌졸중과 혈관성 치매에 걸릴 위험을 높일 뿐만 아니라 혈액 내의 산소 수준을 더 낮추어 뇌의 손상을 더 일으킬 수 있다.

술. 술을 마시는 것은 뇌세포에 치명적이고, 뇌의 노화를 더 빨리 초래하기 때문에 치매에 걸린 사람들에게는 특히 해롭다.

혈압 혹은 당뇨병 과잉 치료. 이것은 뇌로 흐르는 피와 뇌에 필요한 혈당을 낮출 가능성이 있다.

만성적인 저산소. 원인이 폐질환이든 수면 무호흡증이든 빈혈이든 간에 저산소는 일부 사람들의 치매를 악화시키는 것으로 나타났다.

마취. 특정 마취는 혈압을 갑자기 떨어지게 하여 뇌손상을 일으킨다.

약물. 어떤 약물은 흔히 사람의 인지 기능을 약화시킨다. 최악의 약물은 안정제와 수면제다. 물론 나는 치매에 걸린 사람의 행동을 제어하기가 너무 힘든 경우에 환자 자신이나 다른 사람이 해를 입지 않도록 진정제가 필요할 때가 있다는 것을 인정한다. 만일 수면제가 필요하다면 나는 멜라토닌이나 항우울증제인 트라자돈과 미르타자

편을 추천한다.

요실금 증상을 위해 처방된 대다수의 약물 역시 종종 졸음을 야기하는 항히스타민제처럼 인지 능력을 약화시킨다. 스타틴은 콜레스테롤 수치를 낮추는 약물로서 종종 치매를 더 악화시킬 수 있지만, 혈관성 치매에 걸릴 확률을 최소화하는 것을 포함하여 장점이 위험보다 훨씬 더 크다. 일부 삼환계 항우울증제 역시 알파 차단제 혈압 약물처럼 치매를 더욱 악화시킬 수 있다.

여행이나 병원 입원. 1박 여행을 포함하는, 일상생활을 깨뜨리는 사건들은 치매에 걸린 사람들에게 혼란과 동요를 일으킨다.

학대. 치매에 걸린 사람들을 포함하여 누구든지 함부로 대하거나 모욕을 주는 행동은 인지적 문제를 악화시키는 지름길이다.

퇴행성 치매

앞에서 언급한 것처럼 알츠하이머병, 루이 소체, 파킨슨병, 그리고 전두측두엽 퇴행을 포함한 퇴행성 치매는 가장 일반적인 치매 형태다. 우리는 알츠하이머병과 관련하여 뇌 내부의 플라크(plaques)나 탱글스(tangles) 등 가장 근본적인 원인으로 보이는 요소가 환자가 치매 증후를 보이기 전에 20년 동안 진행될 수 있다는 점을 이해해야 한다. 알츠하이머병을 치료하려고 노력하는 사람들은 이렇게 극도로 미세한 변화들이 진행되는 것을 억제할 수 있는 해결책을 의학계가 아무것도 제시하지 못하고 있다는 사실에 좌절을 경험한다. 그러나 최근 들어 그런 진행을 제어할 수 있다고 평가되는 몇몇 유용한 약물이 개발되고 있다.

사람들은 플라크와 탱글스가 충분히 자리를 잡으면 그로 인해 신경 세포를 죽이기 시작하여 "신경 전달 물질"이라고 불리는 화학 물질의 결핍을 가져온다고 믿고 있다. 신경 전달 물질은 한 세포에서 다른 세포로 신호를 전달하는 역할을 한다. 이런 화학 물질의 부족은 신경 세포의 죽음을 더욱 촉진시킬 것이다. 이런 과정이 일정 기간(수년) 이루어진 다음에야 치매의 증후가 뚜렷이 나타난다. 최근에 처방되는 치매 약물은 뇌 안의 신경 전달 물질의 양을 늘리는 역할을 한다. 하지만 치매 약물이 치매를 일으키는 문제의 근원까지 해결해주는 것은 아니기 때문에, 나는 종종 그런 약물을 폭발 후에 등장하는 폭탄부대라고 부르기를 좋아한다. 그럼에도 불구하고 어떤 경우에는 약물이 도움이 되는 것으로 보이기도 하고, 설령 그렇지 않더라도 치매의 진행을 늦춰줄 수는 있다. 이런 이유로 약물은 사용할 만한 가치가 있으며, 환자가 참을 수만 있다면 계속해서 약물을 사용하는 것이 타당하다.

최근에 미국식품의약국(Federal Drug Administration, FDA)이 인정한 치매 치료를 위한 약물에는 두 가지 종류가 있다. 첫 번째 종류는 "콜린에스테라아제 억제제"(cholinesterase inhibitors)라고 불리는데, 다음과 같은 것들을 포함한다.

- 도네페질(아리셉트), 치매의 모든 단계에서 사용하도록 인정받은 유일한 약물.
- 갈란타민(라자다인), 경증 치매에서 중등 치매 수준에 걸쳐서 사용하도록 인정받음.
- 리바스티그민(엑셀론), 경증 치매에서 중등 치매 수준에 걸쳐서 사용하도록 인정받음. 이 약은 알약으로 나오기도 하고, 알약을 삼키는 데 어려움을 느끼는 사람들에게 편리한 패치로도 나온다.

위에서 언급한 콜린에스테라아제 억제제는 비용이 꽤 많이 들고, 위(胃) 이상, 잦은 변, 그리고 느린 심박수(心搏數)를 일으킬 수 있다. 이런 약물들은 기억 문제를 줄이지는 못하지만 치매로 인해 원치 않는 행동이 나타나는 것을 최소화시키는데, 이는 분명히 이런 약물의 사용을 정당화시킨다.

두 번째 종류의 약물은 메만틴(나멘다)이라고 불리는 것으로, 첫 번째 종류의 약물과 많은 면에서 동일하게 기능하지만, 다른 신경 전달 물질에 영향을 주며 콜린에스테라아제 억제제의 보조 약물로 사용될 수 있다. 나멘다의 부작용으로는 두통, 착란, 변비, 어지럼증 등이 있다. 중등에서 중증 치매를 앓고 있는 환자에게 사용 가능하며, 위에서 언급한 콜린에스테라아제 억제제 중 하나와 함께 복용하면 효과가 더 좋다.

치매용 약물 외에 항우울증제 약물도 환자의 기분을 좀 더 좋게 만들어주며 치매를 앓는 과정에서 발생할 수 있는 감정적인 격발과 수면 장애를 어느 정도 감소시켜준다.

알츠하이머병을 제외한 다른 유형의 퇴행성 치매는 지금까지 언급한 약물에 거의, 심지어 전혀 반응하지 않는다. 리바스티그민(엑셀론)은 루이 소체 치매, 특히 환각을 경험하는 환자들에게 도움이 될 수 있다. 전두측두엽 치매는 위에서 언급한 약물들에 아무런 반응도 하지 않으며, 오히려 항우울제인 시탈로프람(셀렉사)이 더 나은 효과를 가져올 수 있다.

혈관성 치매

혈관성 치매에 걸린 사람들을 위해서는 좀 더 많은 선택 사항이 있다. 뇌졸중 예방 치료법은 혈관성 치매에 걸릴 위험을 낮추는데, 여기에는 생활 방식의 변화와, 혈압, 콜레스테롤, 당뇨, 비만, 수면 무호흡증 및 스트레스를 관리하는 약물 등이 포함된다. 심방세동을 인지하고 치료하는 것은 혈관성 치매를 예방하는 한 방법이다. 심방세동은 심장의 위쪽 방(심방)이 정상적인 박동을 멈추고 그 안에 피가 응고되는 현상이다. 때때로 응고된 덩어리가 부서져서 뇌를 돌아다니는데, 그렇게 되면 심한 뇌졸중이나 여러 번의 약한 뇌졸중, 또는 종종 감지할 수 없는 뇌졸중을 일으킨다. 약한 정도의 뇌졸중이라도 계속해서 쌓이게 되면 치매까지 이를 수 있다. 코우마딘(워파린)과 같은 혈액 희석제나 이용 가능한 가장 새로운 약물 중 하나를 사용하면 응고 발생율을 50퍼센트 이상 낮출 수 있다. 단순히 하루에 아스피린 한 알씩 매일 복용하는 것도 이런 피의 응고가 가져오는 위험을 어느 정도는 낮출 수 있다. 알츠하이머병에 사용하는 약물이 혈관성 치매에 얼마나 효과가 있는지는 확실하지 않다. 혈관성 치매에 관한 한, 1온스의 예방이 1파운드의 치료 가치가 있다는 말은 의심의 여지가 없다.

다른 치매들

치매와 유사한 현상인 기억 상실을 일으키는 요인들 가운데 일부에 사용하는 치료법이 치매에 좀 더 도움이 될 수 있다. 갑상선 호르몬이나 비타민 B1과 B12의 낮은 수치로 인해 발생하는 신경학적 문제들은 적절한 대체 치료를 통해 놀라우리만큼 진행이 늦춰질 수 있고, 상당히 개선될 수 있다. 경막하 혈종은 수술로 제거될 수 있다. 어떤 경우에 정상압 뇌수종은 초과 유체를 빼내기 위해 수술로 단락(shunt)을 주입하는 것이 도움이 될 수 있다. 많은 감염 원인들은 치료될 수 있지만, 안타깝게도 헌팅턴병과 같은 일부 치매의 원인은 의학적으로 치료할 방법이 전혀 없다.

영적 자원

질병이라는 어려움에 직면했을 때 그리스도인으로서 우리가 가지고 있는 특권인 기도를 언급하지 않고 치매 치료에 대한 논의를 마친다면 나는 할 일을 다하지 못한 셈이다. "너희 중에 병든 자가 있느냐? 그는 교회의 장로들을 청할 것이요. 그들은 주의 이름으로 기름을 바르며 그를 위하여 기도할지니라. 믿음의 기도는 병든 자를 구원하리니, 주께서 그를 일으키시리라. 혹시 죄를 범하였을지라도 사하심을 받으리라"(약 5:14-15). 하나님은 우리의 신체적·정신적·감정적·영적 치유에 관심을 가지신다. 치매로 인한 개인적인 고통은 우리의 기도를 필요로 한다. 야고보서의 구절은 기도를 언급하면서 장로들을 청하라고 했지만, 기도가 단지 장로들만이 해야 할 일은 아니다. 모든 신자가 다른 사람들의 치유를 위해 기도해야 한다. 하나님께서 항상 상황을 바꾸심으로써 우리의 기도에 응답하시는 것은 아니다. 때때로 하나님은 그런 상황에 대한 우리의 태도를 바꾸심으로써 우리가 은혜로 그 상황을 잘 통과할 수 있게 하신다.

기도

하늘에 계신 아버지, 치매에 직면할 때 이 질병을 통제하기 위해 제가 할 수 있는 일이 거의 없음을 충분히 알고 있습니다. 제 생명이 하나님의 손에 달려 있고 제가 하나님을 신뢰할 수 있어서 감사합니다. 제가 하나님께서 주시는 치료법들을 잘 사용할 수 있는 지혜를 갖게 되기를 기도합니다. 그러나 하나님께서 이 치료법들을 직접 주관하시지 않으면, 이 치료법들은 아무런 소용이 없습니다. 치료의 능력이 하나님의 손에 있으므로 감사합니다. 만일 하나님의 뜻이라면 이 치료가 잘 이루어지기를 기도합니다. 만일 하나님의 뜻이 아니라면, 치매에 잘 대처할 수 있는 능력을 주시고, 이 치매가 하나님의 주권적인 계획을 이룰 수 있기를 기도합니다. 왜냐하면 저는 하나님께서 사랑이 풍성하시고 능력이 강하신 분이심을 알기 때문입니다. 저를 위해 그리고 하나님의 영광을 위해 기도합니다. 아멘.

Finding
Grace
in the
Face

5장

치매에 걸렸을 때
어떤 기분일까?

of
Dementia

우리의 하나님이 긍휼이 많은 분이시므로 우리 역시 긍휼한 마음을 품어야 한다. 긍휼은 사랑과 친절을 보여줄 뿐만 아니라 다른 사람들이 어떻게 느끼는지를 이해하고 우리 자신도 그와 똑같은 방식으로 느끼는 것을 말한다. 다른 사람들이 보는 것처럼 세상을 보며 그들의 삶 속으로 뛰어들기 위해서는 오랜 시간과 노력이 필요하다. 예를 들어 그들이 좌절에 빠진다면 우리도 그들의 좌절감을 느껴야 한다. 이는 치매에 걸린 사람과 관계를 형성할 때 매우 중요하다. 매일 아침 방광이 꽉 찬 채 일어났는데 자신이 어디에 있는지 혹은 화장실이 어디에 있는지 알 수 없을 때 어떤 기분이 들지 당신 자신에게 물어보라. 만일 그 사람이 누구인지를 당신이 제대로 알아보지 못하는데 그가 당신의 옷을 벗기기 시작한다면 어떤 기분일지 상상해보라. 만일 당신이 어떤 말을 하고 싶은데 입에서 나오는 말이라곤 남이 알아들을 수 없는 소리뿐이라면 기분이 어떻겠는가? 물론 너무 두려운 느낌이 들 것이다. 치매에 걸린 사람이 좌절하여 울기 시작하거나 화를 터트리는 것은 그리 놀랄 일이 아니다. 긍휼한 마음을 키울 수 있는 한 가지 방법으로서 나는 치매에 걸리면 어떤 기분일지 잠시 생각해보기를 권한다.

데이브와 데니스는 좌절감과 더불어 사는 법을 배웠다. 데니스가 데이브에게서 감지한 초기 변화들 가운데 하나는 그의 과민한 반응이었는데, 특히 그들이 한 번에 한 가지 이상의 일을 할 때 그는 더욱 불안정하고 민감하게 반응했다. 가령 텔레비전에서 시끄러운 소리가 나는데 그들이 대화를 주고받아야 하는 경우에 데이브는 데니스가 하는 말에 집중할 수 없었기 때문에 매우 화를 냈다. 또 데이브는 자신이 차 열쇠를 잘못 둘 때마다 화를 냈다. 그는 열쇠를 문고리에 걸어둠으로써 자기가 놓은 자리를 기억하려고 애썼지만, 종종 잊어버리고는 자기 주머니에 넣곤 했다. 그러고는 나중에 누군가가 문고리에서 열쇠를 빼서 자기 주머니에 넣었다고 생각했다. 심지어 데이브는 데니스가 자신에게 장난을 치려고 열쇠를 숨겼다고 우기면서 그녀에게 화를 낸 적도 있었다. 데니스는 날로 늘어만 가는 데이브의 기이한 행동을 이해하고 그에 대처하기 위해 노력했다. 데이브는 그녀에게 매달리며 집착하기 시작했고, 거의 대부분의 시간을 그녀와 함께 있기를 원했다. 그는 새로운 상황과 낯선 사람들을 만나는 일에 점점 더 불편함을 느꼈다. 자기 자신만의 공간을 소중하게 여기며 혼자만의 시간을 가지길 원했던 데니스는 그녀와 함께 있고 싶다는 데이브의 말을 긍정적으로 받아들이지 못했다.

데이브는 자신이 변해가고 있다는 것을 인지했고, 무엇인가 잘못되었다는 것도 알았다. 그는 종종 자신의 좌절감을 말하기도 했지만, 어떤 때는 그렇게 할 수 없었다. 그러면 그는 그저 앉아서 울었다. 쉽지 않았지만 데니스는 인내를 갖고 데이브 곁에 앉아 그의 손을 잡고 기분이 어떠냐고 물었다. 이따금씩 데니스와 이야기를 나누는 것이 데이브의 기분을 좀 더 나아지게 했는데, 그는 자신을 괴롭혀왔던 것이 무엇인지를 종종 잊어버리곤 했다. 치매에 더욱 익숙해진 데니스는 데이브에게 긍휼한 마음을 좀 더 품게 되었는데, 그 이유는 그녀가 데이브의 시각으로 세상을 보기 시작했기 때문이다.

치매 초기에서 중기까지의 감정(1단계와 2단계)

치매에 걸린 사람들에 대한 이해와 긍휼을 신장하기 위해서는 치매 초기와 중기 단계에 있는 사람들의 다른 경험과 감정을 먼저 생각해보는 것이 도움이 된다. 이런 과정은 우리가 치매에 걸린 사람들에게 좀 더 긍정적으로 반응하도록 도와줄 것이다.

치매의 한 가지 특성은 사람을 너무 위축되게 만든다는 것이다. 치매가 시작되기 전에 사람들은 크고 넓은 세계에서 산다. 그들은 지구상에서 벌어지고 있는 크고 작은 일들에 관심을 가지고 다른 곳으로의 여행도 즐긴다. 그들은 역사 의식을 가지고 있으며, 과거의 사건들이 현재에 어떻게 영향을 미치는지에도 관심을 가진다. 또한 현재 벌어지고 있는 일이 미래에 영향을 줄 것이라는 사실도 알고 있다. 이런 인식은 그들이 선택과 결정을 내리는 데 도움을 준다. 그런데 치매가 시작되면 그들의 개인적인 세계는 움츠러들기 시작하며 더 넓은 세계에서 벌어지는 일들에 대한 관심이 줄어든다. 그들은 자신의 고향에 남아 있는 것에 대해 매우 행복해하고, 그들의 행동 반경은 그들의 이웃 지역으로, 그다음에는 그들의 집안으로 줄어들다가 결국에는 방 하나에 갇히게 된다. 이와 유사하게 그들은 과거를 기억하지 못하고 그것에 관심을 갖지 않으며 이제는 미래를 염려하지도 않는다. 결국 그들은 자신에 대해서만 생각하게 된다. 우리는 "얼마나 슬픈 일인가! 그들은 얼마나 많은 것을 놓치고 있는지요"라고 생각할지도 모른다. 그러나 이는 우리가 생각하는 것만큼 많이 그들을 괴롭히지 않는다. 그들은 여전히 현재를 즐길 수 있는 능력이 있다. 그들에게는 현재와 견줄 만한 다른 것이 없고 오직 지금 그리고 여기만이 더욱더 중요해진다.

치매와 연관된 감정을 이해하는 것 역시 매우 중요한데, 나는 그동안 이런 감정을 관찰할 기회가 많았다. 분명한 것은 치매에 걸린 모든 사람이 동일한 반응을 보이는 것은 아니라는 점이다. 그중에서 주의 깊게 살펴볼 만한 중요한 반응들을 아래에 적어보았다. 나는 이 책을 읽고 있는 독자인 당신이 어떤 기분인지를 느낄 수 있도록 돕기 위해 당신이 치매에 걸린 사람이라고 가정하고 아래의 목록을 적었다.

소외. 당신의 친구들이 당신에게 다르게 반응한다. 그들은 이전에 했던 것과 같은 방식으로 당신에게 말하지 않으며 그들과 함께 무엇을 하자고 당신에게 요청하지 않는다. 당신은 그들이 이제는 당신을 좋아하지 않는다고 가정한다.

냉담. 당신은 실수를 많이 저지르고 자주 자신을 당황스럽게 해서 더는 신경을 쓰지 않는 지경까지 쉽게 도달할 수 있다. 이제 당신은 가만히 있으려고 하고 더는 시행착오를 하지 않는다.

권태. 바쁘고 생산적인 생활을 하지 않는 당신은 아무것도 성취할 수 없다. 삶이 무료하다.

우울. 당신을 행복하게 해주는 것이 거의 없다. 당신은 실제로 마지막으로 행복하고 기뻤던 때가 언제인지조차 기억나지 않는다.

억눌림. 당신은 이전에 많은 결정을 내리고 삶의 많은 영역을 통제할 수 있었지만, 지금은 그럴 수 없다. 당신은 다른 사람들의 통제를 받는 것에 분개하지만, 당신의 내면 깊은 곳에서는 그들의 도움이 필요하다는 것을 알고 있고 그들에게 고마움을 느낀다.

당혹스러움. 당신은 늘 매우 예리했지만, 지금은 많은 실수를 저지른다. 당신은 다른 사람들이 당신의 문제를 잘 알고 있다는 것을 알지만, 그에 대해 아무것도 할 수가 없다. 따라서 당신은 당혹감을 피하기 위해 사람들로부터 멀어지려고 한다. 어떤 일을 부탁받았을 때 당신은 실패를 두려워하여 거절한다.

두려움. 당신은 무엇인가 끔찍한 일이 당신에게 일어나고 있다는 것을 인지했고, 이것이 당신을 두렵게 한다. 당신은 일상에서도 두려움을 경험하고, 당신 주변에서는 당신이 이해할 수 없는 일이 너무 많이 일어난다. 당신은 많은 소음을 듣지만, 무엇이 그런 소음을 일으키는지를 알지 못한다. 당신은 무엇인가가 당신에게 상처를 입힐까 봐 염려한다.

좌절. 당신은 너무 많은 것을 잊어버려서 새로운 정보를 배울 수 없다. 당신은 생각을 하고 그것을 표현하고 싶지만 문장을 만들거나 적절한 단어를 찾을 수 없다. 당신은 울고 싶은 심정이다.

절망. 치매 초기 단계에서 치매로 진단받은 사실과 그것의 예후를 인지하고 있을 때 당신은 치매 증세가 더 심해지기만 할 뿐임을 인식한다. 그래서 희망에 대한 근거를 찾기가 어렵다.

무시당함. 당신 주변에서 삶의 모든 일이 일어나지만, 당신은 단지 그곳에 앉아만 있다. 사람들은 당신에게 말하지만 너무 빨리 말하기 때문에 당신은 그들이 말하는 것을 이해할 수 없고, 그들은 당신의 말을 들으려고 하지 않는다. 그들은 당신에게 신경을 쓰지 않는 것처럼 보인다.

부주의함. 당신은 이제 집중할 수 없다. 글을 읽을 때 맥락을 유지하지 못하고, TV에 나오는 이야기를 따라갈 수도 없다.

신경과민. 당신이 이해하지 못하는 일이 너무 많이 일어나고, 그것이 당신을 화나게 한다. 당신은 당신을 도우려고 하는 누군가에게 화를 내게 되고, 그것이 당신을 더욱더 짜증나게 한다. 당신은 이런 상태에 빠진 자신이 진정한 "자기"가 아니라는 것을 어느 정도 인식하지만, 그것을 통제할 수 없다.

외로움. 당신은 다른 사람들로부터 멀어지기 원하지만, 사람들과 함께 있는 것을 그리워한다. 당신은 여전히 다른 사람들이 함께 있어주기를 갈망하며, 당신이 존경받고 사랑받는다고 느끼길 원한다. 당신은 누군가가 당신을 만지고 안아주고 키스해주기를 바라지만, 몇몇 사람을 겁먹게 한다. 그리고 그들은 당신이 이런 욕구를 느낀다는 것을 알아주지 않는다.

무의미함. 당신의 삶은 당신 주변의 세상에 공헌하는 의미 있는 활동으로 가득했었지만, 이제는 그 모든 것이 사라져버렸다.

의심 혹은 편집증. 당신은 어떤 물건을 분명히 특정 장소에 두었다고 확신하지만 그것을 찾을 수 없고, 누군가가 그것을 훔쳤을지 모른다고 생각한다. 당신은 사람들이 이야기하는 것을 듣지만 무슨 말을 하는지 알아듣지 못하고는 그들이 당신에 관해 이야기하고 있다고 의심한다.

치매 초기 단계의 다른 변화들

사람들이 자주 하는 질문 가운데 하나는 치매가 시작되기 이전의 개인의 성격이 치매에 얼마나 많은 영향을 미치는가다. 우리가 앞에서 이야기한 것처럼, 건강한 사람들 가운데 어떤 사람들은 좀 더 독립적인 반면 다른 사람들은 의존적이다. 어떤 사람들은 좀 더 쾌활하고, 다른 사람들은 무뚝뚝하다. 남을 더 잘 신뢰하는 사람이 있는가 하면 의심이 많은 사람도 있고, 외향적인 사람이 있는 반면 혼자 있는 것을 더 좋아하는 사람도 있다. 치매가 생기기 전에 성격이 어떠했든지 간에 치매가 진행되는 과정에서 여전히 그런 성격이 남아 있을 가능성이 있다. 혹은 치매로 인해 통제력이 부족해지기 때문에 치매에 걸리기 전에 자신이 억누르고 있었던 성격의 일부가 전혀 예기치 않았던 방식으로 튀어나올 수도 있다. 차분하고 사랑이 많은 성격이었는데, 야단법석을 떨게 되거나 심지어는 상대방을 증오하게 될 수도 있다. 이전에 남을 신뢰하는 성격이었던 사람이 의심 많고 편집증적인 성격을 나타낼 수도 있고, 평소에 긍정적이었던 사람이 불평하고 투덜대는 성격이 될 수도 있다. 다행스럽게도 종종 그 반대 현상이 발생하기도 하는데, 이전에 자주 실망하고 좌절했던 사람이 변해서 함께 있기에 좀 더 편안한 성격이 될 수도 있다.

사람들이 치매를 경험하는 방식에 많은 영향을 미치는 한 가지 변수는 자신이 겪는 치매라는 장애의 성격과 정도를 바라보는 통찰력의 수준이다. 어떤 사람들은 그들의 장애를 예민하게 인지하며 많은 동정, 사랑, 그리고 격려를 필요로 한다. 그들은 자신이 처한 상황을 정직하게 이야기하고 자신이 겪는 좌절감을 표현할 수도 있다. 이렇게 함으로써 그들은 지지 그룹으로부터 도움을 받을 수 있고, 자신의 상황을 향상시킬 수 있는 여러 가지 제안에 열려 있게 된다.

반면에 통찰력이 부족한 사람들은 자신의 문제를 잊어버리고 자기가 좋은 방식으로 대처한다. 그들은 이 세상의 모든 사람은 누구나 문제가 있으며 단지 자신만 그런 것은 아니라고 생각한다. 이런 통찰력의 부족은 특히 전두측두엽 퇴행과 밀접한 관련이 있다. 그 경우에 이런 반응은 단순한 거부의 문제가 아니라 치매 자체가 가지고 있는 특징의 일부다. 즉 기억, 판단, 행동을 인식하는 역할을 하는 뇌의 부분이 제대로 작동하지 않는 것이다. 통찰력이 결핍된 사람들은 안전장치가 필요하다. 그들은 자신과 다른 사람들을 위험에 빠트릴 수 있다. 게다가 그들은 지지 그룹이 주는 유익을 제대로 누리지 못하고, 자신이 처한 상황에 관해 의논하는 데 있어서도 개방적이지 않을 것이다. 통찰력을 유지하고 있는 사람은 자기 자신을 많이 힘들게 하는 반면에, 통찰력이 결여된 사람들은 다른 사람들을 훨씬 더 어렵게 만든다.

많은 사람이 치매로 인한 상실에 비통해한다. 다양한 관계, 독립성, 심지어 일부 기억과 더불어 생산성까지 상실했다는 사실이 그들을 슬프게 한다. 치매에 걸린 사람들 가운데 일부는 오래전에 경험했던 슬픔을 다시 새롭게 느끼는 기간을 겪을 수도 있다. 로데스는 어머니를 20년 전에 여의었는데, 당시에 충분히 적절하게 슬퍼했었다. 치매가 심해졌을 때 그녀는 자기 어머니에 대해 물었고 이미 돌아가셨다는 말을 듣고는 발작적인 비통함에 다시 빠져들곤 했다.

치매로 인한 비통함에는 엘리자베스 퀴블러-로스(Elisabeth Kübler-Ross)가 죽음을 앞둔 환자에게서 관찰한 것과 유사한 단계들이 있다.[1] 여

---

1 Elisabeth Kübler-Ross, *On Death and Dying* (New York: MacMillan, 1969, 『죽음과 죽어감』[청미 역간]), 2장.

기에는 부인, 협상(결과에 영향을 미치기 위해 무엇인가를 하려고 노력함), 분노, 우울, 그리고 때때로 수용이 포함된다. 이 단계들이 한 단계에서 그다음 단계로 반드시 순차적으로 진행되는 것은 아니다. 각 단계는 각기 다른 시기에 경험될 수 있다. 도로시와 나는 그녀의 어머니가 치매를 앓았을 때 이런 단계들을 지켜보았다. 처음에 어머니는 자신에게 문제가 있다는 사실을 부인했고, 어느 시점에 이를 때까지 계속 독립적으로 살아가겠다고 단호하게 결심했다. 나중에 세인트루이스에 있는 그녀의 집을 떠나 우리가 사는 시카고 지역 근처에 있는 요양 시설로 그녀를 옮겨야 할 때라고 우리가 느꼈을 때, 그녀가 매우 화를 낸 것은 충분히 이해할 만한 일이었다. 이 단계가 지나자 그녀는 어떤 일을 하거나 대화를 먼저 시작하기를 원하지 않는 우울한 시기를 보냈다. 그러나 수개월이 지나자 그녀는 자신이 치매에 걸렸다는 사실과 그로 인해 발생하는 변화를 좀 더 수용하게 되었다.

그리스도인으로서 우리는 초기 단계에서부터 치매가 영적으로 어떤 영향을 미치는지에 관심을 가져야 한다. 이 점에 관해 각 사람은 저마다 독특한 이야기를 가지고 있다. 그러나 공통적인 주제도 있을 것이다. 어떤 사람들은 하나님의 사랑과 능력에 의문을 품기 시작할 것이다. 그들은 아마도 "왜 나입니까?"라고 묻고, 자신이 치매를 경험하는 과정에서 하나님은 도대체 어떤 목적을 가지고 계실까를 질문할 것이다. 그들은 전형적으로 하나님과 함께 매일매일 살아가는 역동성을 상실한다. 교회에 집중하거나 성경 읽기 혹은 모임에 참여하는 등의 일들이 이전보다 더 어려워질 것이다. 그들은 영적으로 침체될지도 모른다. 그러나 다행히도 어떤 사람들은 하나님을 더욱더 의지하고 보다 깊은 수준에서 하나님을 신뢰하는 법을 배울 것이다.

중등 치매의 경험

치매가 좀 더 진행되면 치매에 걸린 이들은 자신들의 결함에 대해 그다지 잘 인식하지 못할 수도 있다. 그렇다고 하더라도 초기 단계에서 경험한 감정들 가운데 많은 것이 여전히 나타난다. 중등 치매 단계에서는 사물과 사건을 잘못 이해하는 과정에서 망상을 경험할 수도 있다. 다른 방에서 나는 소리를 듣고 도둑이 들었다고 생각할 수도 있다는 것이다.

나는 우리 어머니가 망상 속에서 나를 아버지라고 생각했던 일이 기억나는데, 이것은 매우 흔한 망상 중 하나다. 다른 사람들은 자신이 어린 시절 지냈던 집에 있다고 믿을지도 모른다. 망상은 이 시기에 발생하는 환각과는 다른데, 환각은 존재하지 않는 것을 보거나 듣는 것이다. 어떤 면에서 망상과 환각은 꿈이나 악몽과 크게 다르지 않은데, 차이점이 있다면 망상과 환각은 환자가 깨어 있을 때 일어난다는 것이다.

중등 치매를 겪고 있는 사람들의 영적 경험은 치매 초기 단계의 사람들이 겪는 경험과 유사하며, 다른 점이 있다면 정도가 좀 더 심하다는 것뿐이다. 로버트 데이비스(Robert Davis) 목사는 치매의 시간을 보내며 기록했던 것들로부터 얻은 통찰을 우리에게 제공해준다. 그는 자기 아내의 도움으로 자신의 여정을 기록했다. 치매에 걸리기 전에 그는 하나님과 친밀했었고 성인이 된 후 그의 삶 전체는 하나님과 함께하는 경험으로 가득했었다. 하지만 치매가 진행되면서 그는 마음에 스며드는 깊은 "암흑"으로 인해 밤에 잠에서 깨어 두려움을 느꼈다. 그것은 단지 하나님의 존재를 느끼지 못하는 것만이 아니었다. 그는 아무것도 느끼지 못했다. 그는 이렇게 썼다. "지금 나는 세상에서 가장 잔인한 충격을 받았다. 이전에 내가 가졌던 하나님과의 개인적이고 편안한 관계를 더는 지속할 수 없다. 사랑과 예배의 시간이 사라져버렸다. 평화와 기쁨의 감정을 이제는 맛볼 수 없다."[2] 그러나 이는 그의 이야기의 끝이 아니었다. 그는 계속해서 이렇게 썼다. "순전히 완고한 믿음으로 나는 하나님께서 그곳에 계시고 그리스도께서 나의 구세주임을 알았다. 그러나 내가 나의 삶 전부를 즐기고 있다는 느낌은 사라져버렸다." 후에 그는 하나님께서 자신의 기도에 어떻게 응답하셨는지를 자세히 이야기했다. 어느 날 밤, 그는 다음과 같은 하나님의 음성이 들리는 것 같았다고 말한다. "내 평안을 받아라. 힘겨운 싸움을 멈추어라. 괜찮다. 내가 네 삶 속에 언제나 함께할 것이다. 나는 이제 내가 너에게 주었던 목회 사역이라는 무거운 짐으로부터 너를 놓아준다. 마음을 편안히 하고 필사적으로 답을 찾으려는 싸움을 멈추어라. 내가 너를 붙들어주겠다. 네 목자의 팔에 기대어서 내 평안을 맛보아라."[3]

역으로 치매에 걸린 어떤 사람들은 치매가 더욱 악화되었을 때 영적

---

2 Davis, *My Journey into Alzheimer's Disease*, 47.
3 앞의 책, 55.

인 유익을 경험한다. 과거의 죄로 인해 오랫동안 가지고 있던 죄책감과, 그 때문에 그리스도 안에서 하나님의 용서하심을 받아들이기 힘겨워했던 것을 잊어버리는 것이다. 계속된 불안과 근심으로 묶여 있던 사람들이 바깥세상을 덜 의식하게 되면서 긴장으로부터 자유로워진다. 어떤 경우에는 치매가 죄에 대한 신자의 승리에 기여할 수 있으며, 그런 점에서 그들의 양심을 정화하는 역할을 한다. 그들의 삶에서 이전에 하나님과의 교제를 방해했던 죄악된 생각들이 덜 드러나게 된다. 또한 하나님은 개인적인 성취에서 얻은 교만을 비롯하여 하나님께 영광을 돌리지 않았던 기억들로부터 사람들을 자유케 하기 위해 치매를 사용하실 수도 있다. 만일 교만이 하나님의 은혜를 겸손하게 받아들이지 못하게 했다면, 치매로 인한 겸손은 그들로 하여금 하나님의 무조건적인 사랑 안에서 새로운 평화를 발견하도록 해준다.

중증 치매

솔직하게 말하자면 우리는 중증 치매의 경험이 어떤 것인지에 대해 많이 알지 못한다. 왜냐하면 중증 치매인 사람들은 자신들이 처한 상황에 대해 어떻게 느끼는지를 나눌 수 없기 때문이다. 이 단계에 있는 사람들은 침대에 누워 있으며 거의 반응을 보이지 않는다. 비록 그들이 단어를 붙여서 사용한다고 해도, 그런 단어들은 거의 의미가 없으며 그들이 마음속에서 무슨 생각을 하는지 알 수 있는 단서가 전혀 없다. 우리에게는 그저 다음과 같은 질문들만 남을 뿐이다. 비록 표현할 수는 없지만 그들은 자신만이 이해하는 생각을 하고 있는 것일까? 그들은 우리가 그들에게 하는 말을 이해할까? 그들은 자신을 돌보고 있는 사람들의 사랑을 느낄까? 그들은 자기 주변의 다른 사람들을 인식할까? 하나님에 대한 의식은 있을까? 성령님께서 그들에게 여전히 안식을 주실까? 이런 질문들에 대해 우리는 답을 가지고 있지 않으며, 만일 가지고 있다면 그 대답은 아마도 사람에 따라 그리고 때에 따라 다를 것이다.

우리는 단지 추측할 수 있을 뿐이지만, 중증 치매를 겪는 사람들은 자신의 어려운 상황을 깊이 인식하지 못한다고 생각하는 것이 타당하다. 그들은 요실금이나 이전에 자신을 당황시켰던 다른 일들로 인해 괴로워하지 않을 것이다. 나는 중증 치매를 앓고 있는 사람보다 그를 지켜보는 사람이 훨씬 더 힘들 거라고 생각한다.

중증 치매를 겪는 사람들 중 일부는 감정적으로 평화로우며, 때때로 웃음이나 "사랑해" 혹은 "고마워"와 같은 다정한 말로 반응한다. 나는 펠레시아의 집을 방문했을 때 보았던 광경을 기억한다. 펠레시아의 딸이 그녀의 팔을 어루만지면서 "사랑해, 엄마"라고 말하자, 그녀는 "딸아, 나도 사랑해"라고 대답했다. 이런 일은 하루에도 여러 번 일어났지만, 그때마다 무척 아름다웠다. 반면에 루스는 완전히 정반대의 경우였다. 치매를 앓기 전에 그녀는 펠레시아만큼 친절하고 사랑이 많았지만, 치매로 인해 쇠약해지자 자기 딸을 거칠게 밀어내면서 "나를 만지지 마"라고 말하곤 했다. 나는 루스의 마음속에서 무슨 일이 일어나고 있는지 알고 싶었다.

하지만 대부분의 경우 심지어 가장 중증의 치매 단계에 있는 사람이라도 다른 사람들이 그에게 관심을 가져줄 때 자신이 아직은 사회적인 존재라는 것을 보여주면서 더 잘 지내는 것처럼 보인다. 그들은 여전히 맛있는 음식을 먹는 것과 같은 즐거운 경험을 가치 있게 여기기 때문에, 이 단계는 건강 조절 식단을 잊고 그들이 좋아하는 음식을 마음껏 즐기도록 허락해야 하는 시기다. 그들 역시 좋은 향기를 음미하고 자신의 요실금 냄새에는 불쾌해할 것이다. 그들은 아름다운 광경을 보는 것을 좋아하며 누군가 자신을 만지기 위해 가까이 다가오는 것을 즐긴다.

중증 치매 환자들은 그저 앉아 있기만 할 뿐 아무것도 하지 않는 경우가 흔한데, 이는 그들이 사랑하는 사람들을 불안하게 만들 수 있다. 이것은 치매 환자들이 성가신 생각을 하고 있음을 가리키는 것이 아니다. 그들은 십중팔구 아무런 생각도 하지 않고 있다.

나는 지금까지 언급한 내용이 치매 경험을 충분히 설명하지 못한다는 것을 안다. 그러나 나는 치매가 어떤 것인지에 관해 당신이 조금이라도 아는 것이 도움이 되리라고 믿는다. 이 책의 목적은 치매를 통해 어떻게 하나님께 영광을 돌릴 수 있는지를 독자들이 이해하도록 돕는 것이다. 그렇게 할 수 있는 방법 중 하나는 우리가 이 병으로 고통받는 것이 어떤 기분인지를 진심으로 느끼는 것이다.

기도

아버지, 치매를 경험하는 것이 얼마나 어려운 일인가를 깨달았습니다. 만일 치매가 제 미래에 저를 위해 하나님께서 예비하신 것이라면, 하나님께 영광을 돌리는 방식으로 치매를 겪도록 제게 은혜를 내려주시기를 기도합니다. 저는 하나님의 거룩한 이름을 결코 더럽히지 않기를 원합니다. 만일 치매를 앓고 있는 누군가를 돌보는 것이 저를 향한 하나님의 부르심이라면, 제가 그를 진심으로 긍휼히 여길 수 있도록 그의 삶을 조금이나마 이해할 수 있기를 기도합니다. 저를 위해 그리고 하나님의 영광을 위해 기도합니다. 아멘.

Finding

Grace

in the

Face

6장

치매에 걸린 사람을
부양하는 경험

of

Dementia

환자만이 치매라는 끔찍한 질병의 유일한 피해자는 아니다. 그들을 돌보는 부양자들도 환자 이상은 아니라고 해도 그에 못지않게 큰 영향을 받는다. 우리는 치매에 걸리는 것이 어떤 것인지에 대해 이해해야 하는 것처럼 치매에 걸린 사람을 돌보는 일이 어떤 것인지에 대해서도 이해해야 한다. 우리가 이런 부양 경험을 더 많이 이해할수록 부양자들에 대한 긍휼의 마음도 더욱 커질 것이다. 우리는 치매의 피해자를 사랑으로 돌보는 일이 치매라는 복잡한 질병을 통해 하나님께 영광을 돌릴 수 있는 가장 중요한 방법 중의 하나임을 알게 될 것이다.

부양자들이 겪는 어려움

치매에 걸린 사람들이 다양한 방식으로 치매를 경험하듯이 치매가 부양자의 삶에 미치는 영향 역시 다양하다. 앞에서 치매를 겪는 사람들 중에 다행스러운 경우, 유감스러운 경우, 꼴사나운 경우에 대해 이야기했는데, 이는 부양자의 경우에도 똑같이 적용될 수 있다. 내가 부양 경험에 대해 좋은 것만을 이야기하지 않기 때문에, 당신은 이 장을 읽기가 좀 어려울 수 있다. 그렇다고 너무 낙담하지 말자! 다음 장에서 치매에 걸린 사람을 좀 더 효과적으로 돌보고 하나님이 바라보시는 것처럼 부양을 이해할 수 있는 몇 가지 방법에 대해 이야기할 것이다.

데니스는 부양자가 되는 것이 어떤 것인지를 보여주는 좋은 사례다. 나는 데이브의 치매가 계속 진행되어가는데도 그가 실제로 꽤 좋아 보이는 것이 무척 인상적이었다. 데이브는 평온해 보였고, 처음과 달리 더는 울지 않았다. 반면에 데니스는 갈수록 점점 더 피곤해 보였고 스트레스를 받는 것 같았다. 데이브가 흥분할 때마다 데니스는 그에게 다가가 토닥였다. 그런 모습은 달콤하고 낭만적으로 보였고, 데이브는 그녀의 토닥거림에 안정을 찾는 것으로 보였다. 그러나 데니스는 거의 들릴락 말락 하는 소리로 한숨을 내쉬곤 했는데, 그녀의 얼굴에는 좌절의 표정이 역력했다. 나는 데이브에 대한 그녀의 반응이 이전에 비해 좀 더 날카로워졌다는 것을 알아차리기 시작했다.

이 시기에 나는 그녀가 이런저런 소소한 질병, 바이러스 감염, 그리고 위장 장애 등으로 좀 더 자주 진료실에 들르는 것을 보았다. 그녀는 데이브가 거의 하루 종일 얼마나 자기에게 매달리는지, 낮에 얼마나 많은 선잠을 자는지, 그리고 밤에는 잠도 자지 않고 얼마나 집을 어슬렁거리는지를 말하곤 했다. 그녀는 자신을 위해 거의 한순간도 시간을 쓰지 못했고, 수면 부족으로 고통당했으며, 극심한 우울증에 빠져 있었다. 그녀는 잠시만이라도 이런 상태에서 빠져 나오기 위해 자녀들에게 데이브와 얼마간 함께 있어달라고 요청했지만, 그때마다 그들은 처리해야 할 다른 일이 있다고 말한다면서 내게 여러 번 하소연했다. 그녀가 출석하는 교회의 목사가 그녀의 상황을 애처롭게 여기고 교회 홈페이지 게시판에 잠깐 동안이라도 데이브와 함께 있어달라는 메시지를 올렸지만, 아무도 그녀에게 절실하게 필요한 도움을 주지 않았다.

데니스와 같은 경우는 너무나 흔한 일이다. 부양에 대한 다음의 통계를 생각해보라. 치매에 걸린 미국인이 약 8백만 명이다(알츠하이머병은 5백만 명). 그중 대략 70퍼센트가 자택에서 살고 있고, 그중에서 다시 75퍼센트가 그들의 가족이나 친구들의 돌봄을 받고 있다. 대개의 경우 부양자는 배우자나 딸 혹은 며느리다. 치매에 걸린 사랑하는 사람을 돌보는 것은 누구도 선택하기를 꺼리는 일이기에, 부양자들은 개인적인 희생을 무릅쓰고 봉사한다.

환자로부터 오는 어려움

부양자들이 직면하는 어려움은 날마다 그리고 사례별로 다양하다. 비록 치매에 대한 정형화된 사례는 없지만, 부양자들이 일반적으로 부딪히는 어려움으로 다음과 같은 몇 가지를 들 수 있다.

분노. 치매에 걸린 환자는 분노를 표출하곤 하는데, 특히 그들이 가장 의존하는 사람에게 그럴 수 있다. 나는 종종 그 이유가 궁금해진다. 그런 행위는 아마도 친밀함에서 나오는 모욕일 수 있다. 아마도 부양자의 존재가 환자들에게 얼마나 자신이 의존적인지를 새삼 떠오르게 하기 때문에 그들이 화를 내는 것인지도 모르겠다. 그들은 무엇을 해달라고 말해야 한다는 것에 신물이 날 수도 있다. 왜냐하면 우리처럼 그들도 타인에게 굽신거리는 것을 좋아하지 않기 때문이다. 어쩌면 부모와 자녀 혹은 결혼 관계에서 역할이 바뀌는 것에 적응하기가 어려울지도 모른다. 아마도 이런 이유들이나 기타 다른 이유들이 타당할 수 있다. 개인적인 관점에서 말한다면, 장모님은 나에게 항상 친절하셨지만, 그녀를 진심으로 사랑하고 무척이나 잘 돌봐주었던 내 아내 도로시에게는 분노를 표출하셨다. 도로시는 다른 사람들에 대한 어머니의 행동을 그녀의 "사회적인 행위"로서 묘사했다.

변덕스러움. 치매에 걸린 환자에게 매일같이 발생하는 변화는 부양자에게 좌절을 안겨줄 수 있다. 환자는 괜찮은 날에는 거의 정상적으로 행동하지만, 다른 날에는 완전히 혼란스럽고 비협조적이며 심술궂게 행동한다. 화가 난 부양자는 "어제는 그렇게 잘했는데 오늘은 왜 할 수 없는 걸까?"라고 의아해한다. 이와는 반대로 환자가 어느 정도의 통제력을 가지고 있는 것처럼 보일 때도 있다. 사랑이 많은 두 딸이 각기 자기 어머니를 돌보았던 두 사례가 떠오른다. 이 딸들의 어머니들은 둘 다 중등 치매였고, 갈수록 비협조적이었으며, 다루기가 어려웠다. 이 딸들은 둘 다 멀리 사는 오빠들이 있었지만 그들은 어머니와 거의 연락을 하지 않고 있었다. 각각의 사례에서 딸들은 오빠들에게 상황이 어떻게 되어가는지를 더 잘 이해하기 위해 집을 방문해달라고 간청했다. 다행스럽게도 드디어 오빠들이 왔는데 어머니들은 오빠들이 방문한 동안에는 평상시와 달리 거의 정상적인 행동을 했다. 이런 어머니의 모습을 보며 오빠들은 그들의 여동생들이 문제를 과장하여 부풀렸다고 믿게 되었다. 치매에 걸린 사람들이 사랑하는 사람의 짧은 방문 동안에 별다르게 이상한 행동을 하지 않을 수 있다. 하지만 그들은 장기적으로 그렇게 하지는 못한다. 정신이 악화되어가고 있기 때문에 정상적인 사회적 행동을 유지하기 위해서는 대단한 노력이 필요하다. 게다가 이 경우에 아들들은 자신의 짧은 방문 동안 어머니가 행동을 매우 잘 하고 있었기 때문에 여동생들이 일상적으로 감당했던 정도의 힘든 일을 하지 않아도 되었다.

감사의 부족. 치매에 걸린 사람은 사랑하는 이들이 자신을 위해 헌신하는 것에 거의 고마움을 표시하지 않는다. 치매를 앓는 이를 부양하는 것은 실제로 감사하다는 말을 듣지 못하는 일이다. 치매를 앓는 사람뿐만 아니라 부양의 짐을 함께 지지 않는 다른 가족 구성원들도 부양자에게 거의 고맙다고 말하지 않는다. 환자나 다른 가족들이 부양자가 단지 해야 할 일을 할 뿐이라고 생각하는 한, 부양자에게 고마움을 표현하지 않을 것이다.

무관심. 치매를 앓는 사람들은 자리에서 일어나 활동해야 한다는 동기가 부족한데, 이런 태도가 부양자를 더욱 지치게 만든다.

억제력의 상실. 우리는 모두 종종 나쁜 생각을 하고, 부적절하거나 말도 안 되는 혹은 심지어 악한 일을 하려고 하는 충동을 느낄 때도 있다. 다행히 건강한 뇌는 그런 생각을 나쁘다고 인식하고 떨쳐버린다. 나는 조용하고 성적이 매우 우수하지만 잘난체하지 않았던 내 친구 휴고가 아무런 합당한 이유도 없이 네 개의 정지 신호를 무시하고 차를 운전했던 끔찍한 일이 떠오른다. 경찰이 강제로 그의 차를 멈추게 했을 때 그는 주위에 오고 있는 차가 없었기 때문에 자신이 한 일은 완전히 안전한 것이었다고 주장했다. 만일 경찰이 그의 아내에게 전화해서 그의 정신 능력이 감퇴하고 있다는 설명을 듣지 않았더라면, 억제력의 결여로 인해 그는 체포당했을 것이다. 그러나 그날이 그가 운전한 마지막 날이었다. 환자의 억제력 상실은 부양자를 매우 당혹스럽게 할 수 있는데, 이로 인해 환자의 사회적 활동 영역이 제한되고 부양자의 사회적 고립은 더 깊어진다.

느림. 부양자가 치매 환자와 함께 해야 하는 모든 일은 예상보다 더 많은 시간이 걸린다. 옷을 입거나 음식을 먹거나 화장실에 가는 일 등에서 부양자의 인내가 필요하다.

비난. 치매 환자는 자신의 치매로 인해 발생하는 문제가 다른 누군가의 잘못 때문이라고 쉽게 가정해버릴 수 있다. 예를 들어 지갑이나 핸드백을 찾지 못할 때 부양자가 훔쳐갔다고 비난한다.

의사소통. 치매에 걸린 사람들이 무엇을 말하려고 하는지를 파악하거나 그들이 우리가 한 말을 이해했는지를 확신하기가 매우 어렵다.

붙어 다니기(Shadowing). 앞에서 살펴보았듯이 치매에 걸린 사람은 혼자 남겨지면 불안과 두려움을 느낄 수 있다. 안전에 관한 이런 극심한 필요성 때문에 그들은 사랑하는 사람이 가까이에 있다는 것을 알기 원한다. 그 결과 부양자는 혼자 있는 시간을 거의 갖지 못한다.

붕괴. 감정이 완전히 혼란스러울 때 환자는 모든 통제력을 잃어버릴 수 있다. 그 결과 발생하는 환자의 붕괴 현상은 두 살짜리 아이의 분노 발작과 비슷하다. 치매에 걸린 사람은 언어적 혹은 물리적으로 폭력적인 모습을 보일 수 있어서, 그 자신이나 주위 사람들의 안전에 위협이 될 수 있다. 이런 붕괴는 다양한 원인으로 발생할 수 있는데, 가장 흔한 원인에는 과잉 자극, 깜짝 놀라기, 또는 피로 등이 있다. 환자가 곧 폭발할 것 같다는 경고 신호가 있어서 이를 피할 수 있는 경우도 있지만, 환자의 상태가 극한에 치달았을 때 부양자는 그 밖의 모든 것을 내려놓고 차분하고 사랑스럽게 그를 달래야 한다.

일몰증후군(Sundowning). 일반적으로 치매를 앓는 사람은 하루의 늦은 시간대에 더 혼란스럽고 흥분을 일으킨다. 부양자가 하루 종일 시달려서 긴장을 풀고 쉬려고 하는 바로 그때, 치매 환자는 부양자의 더 많은 관심과 노력을 필요로 한다.

수면 장애. 치매는 편안한 잠을 충분히 이룰 수 없도록 만든다. 이는 부양자가 반드시 다루어야 하는 신체적·감정적 문제를 야기한다. 그 결과 부양자 역시 잠을 제대로 자지 못하게 된다. 치매 환자에게 낮과 밤이 바뀌게 될 때가 있는데, 이는 보통 치매의 후기 단계에서 만나는 가장 어려운 상황이다. 환자가 밤에 돌아다닌다거나 극도로 흥분하는 경우에 상황은 더욱 복잡해진다. 엘리너가 바로 이런 경우였다. 비록 치매의 후기 단계였지만 그녀의 남편이 그들의 아파트에서 그녀를 계속 돌보고 있었다. 아주 추운 겨울 어느 날 아직 동트기 전에 그녀는 잠옷 바람으로 길거리를 걷고 있다가 발견되었다. 하나님이 지켜주신 덕분에, 한 이웃이 엘리너를 발견하여 그녀의 남편에게 전화해서 병원으로 데려가도록 했다. 기적적으로 엘리너는 아무런 해도 입지 않은 것으로 판명되어 집으로 돌아갔다. 그러나 안타깝게도 그날 이후 엘리너의 상태가 더 악화되어 그녀를 요양원으로 옮기기 전까지 그녀의 남편은 편안한 잠을 자지 못했다.

어지럽힘. 치매에 걸린 사람은 주위를 엉망으로 어지럽히는 경향이 있다. 음식을 엎지르거나 소변을 흘리고, 낙상하여 상처를 입기도 하고,

물건을 뒤엎거나 깨부수기도 한다. 이렇게 어지럽히니 부양자가 해야 할 일은 더 많아질 수밖에 없다.

의미에 대한 갈망. 치매에 걸린 사람도 다른 사람들과 똑같이 의미를 찾고 성취하고 싶어 한다. 이런 목표를 달성하기 위해 활동을 제공하고 계획을 세우는 것은 결국 부양자에게는 해야 할 일이 하나 더 느는 셈이다.

지금까지의 내용을 종합해보면 부양자는 자신에게 요구되는 모든 일을 감당할 수 있는 시간이나 체력이 없다. 치매 돌봄에 관한 가장 유용한 책 중 하나인 『36시간의 하루』(*The 36-Hour Day*, 좀 더 많은 정보를 위해 이 책의 뒤에 나오는 추천도서를 참조하라)라는 제목이 이 모든 것을 말해준다. 부양자가 감당해야 하는 일은 풀타임 직업 이상의 시간과 노력이 필요할 수 있다.

추가적인 어려움

환자에 대한 개인적인 돌봄의 어려움이 아무리 나열해도 충분하지 않은 것처럼, 넘어야 할 다른 난관들이 많이 있다. 여기에는 의료 체계를 접할 때 경험하는 좌절감도 포함된다. 병원 예약하기, 환자를 병원으로 데려가기, 보험 조건 확인하기, 치료비 지불하기, 처방약 받아오기 등은 단지 몇 가지만 나열한 것이다. 이 모든 일을 원활하게 처리하기 위해서는 시간과 체력이 필요하다.

그 밖에 지역사회의 후원을 받는 지원 기관과의 관계에서도 좌절감을 경험한다. 그런 기관들은 도움을 주기 위한 의도를 가지고 있지만(종종 실제로 도움이 된다), 그들은 그저 전화 한 통에 반응하여 오지 않는다. 서비스에 지원하고 재정적인 필요성을 입증하기 위해 기입해야 할 양식들도 많다. 일단 기관의 지원이 시작되면 큰 도움이 되지만, 그들의 도움을 받기 위해서는 상당히 많은 말다툼을 벌여야 한다.

부양자들은 치매에 걸린 사람을 돌봐야 한다는 부담감 때문에 괴로울 뿐만 아니라 그런 짐을 함께 나눌 사람이 부족하다는 현실로 인해 더욱 힘들다. 다른 가족 구성원들이 도움을 주지 않고, 이전에 친했던 친구들도 마찬가지다. 가장 가슴 아픈 것은 그들에게 절실하게 필요한 도움을 제공하지 못하는 곳이 다름 아닌 교회라는 사실이다.

부양자가 치러야 할 대가

부양의 어려움은 부양자의 건강과 행복감을 하나씩 무너뜨리기 시작한다. 우리는 이미 앞의 여러 사례에서 이를 살펴보았다.

신체적 희생

치매가 진행되면서 부양자가 치러야 할 신체적 희생은 늘어난다. 혈압이 오르기 시작하고, 위산 과다나 장 질환을 포함한 위장 장애가 발생할 수 있다. 부양자들은 식사를 하거나 건강한 식단을 준비할 충분한 시간이 없고, 과도한 스트레스와 수면 부족에 시달릴 수 있다. 이런 모든 상황이 그들의 면역 체계를 저하시키기 때문에 그들은 감기에서부터 폐렴과 같은 심각한 감염에 이르기까지 모든 병에 걸리기 쉬운 상태가 된다. 치매 환자가 더 약해지고 덜 움직이게 되면 부양자의 신체적 부담이 늘어나 만성 요통의 원인이 되거나 어깨 및 다른 관절에 긴장을 유발할 수 있다.

이 책의 서론에서 "꼴사나운" 사례로 언급했던 제임스를 떠올려보자. 그는 아내와 딸들이 그를 떠받들어야 했던 고압적인 아버지였는데, 치매가 악화되자 돌보기가 매우 힘든 사람이 되었다. 앞에서 내가 언급하지 않은 이야기가 있는데, 제임스가 치매 요양 시설로 옮겨진 바로 다음 날, 그의 아내가 조절되지 않는 심장 박동으로 인해 병원의 중환자실에 입원하게 된 것이다. 나는 그녀의 그런 상태가 제임스를 부양하느라고 받았던 스트레스 때문이라고 확신한다.

내가 발견한 놀라운 통계 중 하나는 부양자 가운데 30퍼센트가 자신이 책임지고 돌봤던 치매 환자보다 먼저 사망한다는 사실이다.[1] 사망에 대한 이런 통계가 부양으로 인한 스트레스가 사망의 직접적인 요인임을 의미하는 것은 아니지만, 분명한 것은 그런 스트레스가 틀림없이 영향을 미치는 요인 중 하나라는 점이다. 이런 신체적인 피해를 아는 부양자는 치매를 앓고 있는 사람하는 사람에게 자신이 더는 돌봄을 제공할 수

---

1 "Thirty Percent of Caregivers Die," AgingCare website, accessed May 21, 2015, http://www.agingcare.com/Discussions/Thirty-Percent-of-Caregivers-Die-Before-The-People-They-Care-For-Do-97626.htm.

없는 만일의 사태를 대비하여 비상 계획을 세워야 하는 부담까지 지게 된다.

정신적 희생

부양자의 마음은 결코 편히 쉴 수 없다. 항상 의사소통의 어려움이 있는데, 부양자는 치매 환자의 요구나 이상한 행동에 긍정적으로 반응해야 한다. 부양자가 매 순간 해야 하는 염려 중 가장 중요한 것은 언제 어떻게 시장을 볼지를 생각하는 것이다. 환자에게 언제 무슨 일이 일어나서 외출을 하지 못하게 될지 알 수 없기 때문이다. 부양자는 환자를 데리고 함께 나갈 때 발생하는 위험을 감수해야 할까? 아니면 부양자 혼자 밖에 나가는 동안 집에서 환자와 함께 있어줄 누군가를 찾아야 할까? 대답은 환자가 어떤가에 따라서 날마다 달라질 것이다. 이런 상황이 미리 계획을 세우는 것을 어렵게 만든다.

끝으로 부양자가 고려해야 하는 어려움 중 장기적으로 곤혹스러운 질문은 "결국 요양원을 예약해야 하나? 아니면 집에서 환자를 돌봐줄 누군가를 고용해야 하나?"라는 것이다. 이는 그 자체가 쉽지 않은 선택인데, 그 이유는 누군가 도와주는 사람이 있다면 부양자가 돌봄의 짐을 조금은 덜 수 있지만 적절한 사람을 찾기가 어렵고, 설령 찾는다고 하더라도 그 새로운 사람에게 가르쳐주고 그를 감독할 필요가 있기 때문이다. 또 다른 어려운 질문은 이것이다. "삶의 마지막 결정은 어떻게 해야 하나? 소생 거부 의사에 내가 서명해야 하나?" 고민해야 하는 질문은 끝이 없고, 이런 모든 과정이 부양자를 지치게 만들 수 있다.

사회적 관계의 희생

부양자가 되는 것은 외롭고 고독할 수 있다. 밖에 나가서 다른 활동이나 관계를 즐길 만한 시간이 거의 없다. 집을 방문한 이들과 즐겁게 지내는 일도 치매에 걸린 사람의 이상한 행동으로 인한 당혹감 때문에 망쳐질 수 있다. 게다가 방문자가 함께 있을 때 과잉 자극을 받으면 치매 환자는 붕괴 현상을 보일 수도 있다. 이런 치욕스러운 상황으로 인해 부양자는 사람들을 더는 집으로 초대하지 않게 되고, 더 나아가 다른 사람들과의 교류에 대한 요구도 줄어들게 된다. 감정적인 지지를 점점 더 제공해주지 못하는 치매 환자와 함께 거의 집에서 갇힌 생활을 하면 캐빈 피버(cavin fever: 좁은 공간에 오래 갇혀 있을 때 느껴지는 답답함, 소외감 혹은 공포)가 급속도로 시작된다.

재정적 희생

치매는 가정의 재정을 고갈시키는 원인이 되는데, 이는 부양자에게 또 다른 어려움이다. 추가적인 지출이 숨 돌릴 틈도 없이 밀려온다. 휠체어를 이용하기 위해 혹은 1층에 화장실을 만들기 위해 집을 개조해야 하거나, 경사로를 집에 설치해야 해서 지출이 생길 수 있다. 요실금을 처리하기 위해 기저귀나 특별한 의복이 필요할 수도 있다. 집안일을 도와주는 시간제 도우미를 고용하는 것도 비용이 많이 들지만, 집에서 돌봐주는 간병인도 비싸다. 이런 모든 재정적 지출이 부양자와 환자 모두의 수입원이 없는 동안에 벌어질 수 있다.

감정적 희생

치매에 걸린 누군가의 주요 부양자 역할을 맡는 것은 중년 우울증의 가장 일반적인 원인이다. 거의 모든 부양자가 정신적·신체적 고갈에 더하여 슬픔과 낙담을 느끼고 감정 회복이 잘 되지 않는 시기를 거친다. 우울증의 일부로서 절망이라는 감정을 들 수 있는데, 이것은 부분적으로 치매의 거침없는 진행에 대한 인식으로부터 비롯된다. 힘겨운 하루를 보낸 후에 치매 환자를 책임지고 있는 부양자는 그다음 날은 나아질 것이라고 바랄 수 있다. 그러나 부양자는 그런 좋은 날이 얼마 남지 않았음을 알고 있다. 환자의 정신적 기능이 더욱 퇴화하고 있음을 감지하는 것은 이 병이 앞으로 어떻게 진행될 것인지를 가혹하게 알려준다. 이런 상황이 우울한 것은 당연하다.

비통 역시 부양자에게 흔히 나타나는 현상이다. 한때 환자와 가졌던 의미 있는 관계의 상실로 인한 슬픔 외에도 부양자들은 자신들이 누렸던 행복한 활동과 자유의 상실을 비통해한다. 배우자나 부모가 서서히 낯선 사람이 되어갈 때, 부양자의 삶의 중요한 부분이 사라져버리는 것이다.

앞에서 살펴본 것처럼 분노를 경험하는 때도 있다. 부양자는 치매 환자가 초래한 좌절감 때문에 그에게 분노를 느낄 수 있고, 도움이 없다는 사실 때문에 타인들에게도 분노를 느낄 수 있다. 기대했던 치료를 제공해 주지 않는 의료팀에게, 분노를 느끼는 자기 자신에게, 심지어 이런 끔찍한 병이 자신의 삶에 들어오도록 허락하신 하나님을 향해서도 분노를 느낀다. 부양자가 자신의 분노를 환자에게 분출하지 않고 건강한 방법으로 배출하는 것은 매우 중요하다. 부양자가 치매에 걸린 사람을 학대하는 일도 축소되어 알려질 뿐 매우 흔한 일이다.

부양자가 느낄 수 있는 또 다른 감정은 두려움이다. 그들은 환자에게 필요한 도움을 더는 제공할 수 없거나, 위급한 상황이 발생했을 때 무엇을 해야 할지 모를까 봐 두려움을 느낄 수 있다. 종종 치매 환자가 붕괴하여 난폭해지고 자신을 신체적으로 학대할까 봐 두려움을 느끼기도 한다. 특히 치매에 걸린 부모를 돌보는 자녀들은 자신도 부모처럼 치매에 걸리지는 않을까 염려하는데, 이는 당연한 현상이다. 나는 그런 두려움에 대해 이야기했던 마지를 기억한다. 나중에 그녀는 웃으면서 이렇게 말했다. "내가 어머니를 잘 돌보는 게 좋을 것 같아요. 그래야 내 딸들도 내 본을 따를 테니까요."

그러나 이런 모든 부정적 감정에도 불구하고 긍정적인 면이 있는데, 우리는 나중에 이에 관해 좀 더 살펴볼 것이다.

영적 희생

예수를 따르는 부양자가 지불하는 가장 커다란 희생은 하나님과의 개인적인 관계에서 느끼는 것이다. 일부 그리스도인들은 하나님께서 우리 각자의 삶을 평안하고 행복하게 만들려는 의도를 가지고 계신다고 생각하며 자라왔다. 만일 그렇다면, 그들은 치매라는 과제에 직면했을 때 큰 어려움을 겪을 것이다. 게다가 부양자들은 실제로 매일매일 바쁜 일상 속에서 지혜와 도움을 구하기 위해 급하게 부르짖는 것 이상으로 성경을 읽거나, 교회에 가거나, 다른 그리스도인들과 시간을 보내거나, 기도할 시간이나 체력이 없을지도 모른다. 결과적으로 하나님이 계시지 않는 것처럼 느껴질 수 있다. 그들은 하나님께서 개입하셔서 자신의 어려움을 도와주시기를 갈망한다. 하지만 그런 일이 일어나지 않을 때 그들은 하나님께서 자신의 기도를 들으시지 않거나 돌봐주시지 않는다고 느낄 것이다. 그들은 자신의 고통을 뼈저리게 느끼며 격렬하게 하나님께 울부짖는다. 마치 시편 저자가 그랬던 것처럼 말이다.

> 주여, 깨소서! 어찌하여 주무시나이까?
> 일어나시고 우리를 영원히 버리지 마소서.
> 어찌하여 주의 얼굴을 가리시고
> 우리의 고난과 압제를 잊으시나이까?
> 우리 영혼은 진토 속에 파묻히고
> 우리 몸은 땅에 붙었나이다.
> 일어나 우리를 도우소서!
> 주의 인자하심으로 말미암아 우리를 구원하소서!
> (시 44:23-26)

나는 이 장의 서두에서 좋은 내용을 다루지 않을 거라고 언급했다. 사실 그렇다. 부양자가 되는 것은 많은 어려움을 껴안는 일이다. 그러나 부양을 덜 부담스럽게 만들 수 있도록 도와주는 방법이 있을 뿐만 아니라 부양의 분명한 유익도 있다는 점을 말하고 싶다. 다음 장에서는 이런 내용에 대해 생각해보려고 한다.

기도

하늘에 계신 아버지, 하나님께서는 항상 선하시며 전능하신 분임을 알고 있습니다. 만일 하나님께서 치매의 피해자를 돌보는 책임을 저에게 주셨다면, 하나님 안에서 피난처를 찾도록 저를 인도해주시기를 기도합니다. 하나님의 지혜와 능력을 갖기를 갈망하오니, 하나님을 좀 더 신뢰할 수 있도록 은혜로 이것들을 저에게 공급해주시기를 기도합니다. 이 타적인 부양자들이 그들의 삶에서 너무 많은 것을 희생하는 모습을 봅니다. 그들을 위해 기도하오니 제가 어떻게 그들을 실제적으로 도울 수 있는지 보여주옵소서. 당신의 사람들을 위해 그리고 하나님의 영광을 위해 기도드립니다. 아멘.

Finding Grace in the Face

7장

부양자 돕기

of Dementia

앞에서 살펴본 대로 부양자가 되는 것은 많은 짐을 지는 일이지만, 이 장에서는 치매에 걸린 사람을 돌보는 일의 긍정적인 측면에 초점을 맞추려고 한다. 이는 치매에 걸린 이를 돌보는 일을 통해 하나님께 영광을 돌릴 수 있다는 사실을 포함한다. 우리는 하나님께서 부양자들에게 치매로 고통받는 사람, 즉 하나님의 형상대로 창조하신 그분의 특별한 창조물을 섬길 기회를 부여하셨음을 기억해야 한다. 우리는 사랑의 섬김 및 관계에 참여함으로써 하나님을 영화롭게 할 뿐만 아니라 우리가 부양자이든 치매의 피해자이든지 상관없이 삶 속에서 더 많은 의미를 찾게 된다.

데니스는 사랑으로 섬기는 부양자의 모습을 보여준 훌륭한 본보기였다. 데이브의 질병이 중간 단계쯤에 이르러 집에서 생활하기가 더욱 어려워졌을 때 데니스는 나에게 이메일을 보내 근황을 알려주었다. 그녀는 하나님께서 데이브의 치매를 통해 그를 사랑하며 섬기라고 자신을 부르셨음을 확신한다고 말했다. 그녀는 "이 일이 쉽지 않다는 것을 압니다. 그러나 나는 하나님께서 원하시는 바로 그 일을 할 겁니다"라고 썼다. 그녀는 아주 오래전 그들의 결혼식에서 "죽음이 우리를 갈라놓을 때까지" 서로 돌보기로 맹세했었음을 나에게 상기시켜주었다. 데니스는 "하나님의 도우심을 통해 이 일이야말로 정확하게 내가 해야 하는 바로 그 일이에요"라고 적었다. 그녀는 데이브와 자신이 하나님의 존전에 함께 서게 될 날에 대해 다음과 같이 언급하면서 이메일을 끝맺었다. "그는 치료될 것이고, 우리는 하나님 안에서 기뻐하는 온전한 사람들로서 함께 서 있을 겁니다. 그리고 나는 여기서 치른 희생을 돌아보며 내가 가장 사랑했던 두 사람, 곧 데이브와 예수님을 섬기는 커다란 특권을 부여받았다는 사실을 확인하게 될 것입니다."

섬김으로의 부르심

부양은 하나님으로부터의 특별한 부르심이다. 이는 우리가 임의로 시작한 것이 아니다. 안타깝게도 부양의 책임이 우리에게 억지로 떠맡겨진 것처럼 보이지만, 사실 그렇지 않다. 우리는 하나님의 부르심을 위대하고 초자연적인 경험을 통해 우리에게 주어지는 어떤 것으로 자주 생각하지만, 부르심은 종종 하나님께서 우리의 삶의 여정 속에 허락하신 상황을 통해 오기도 한다. 만일 내가 길을 걷고 있는데 앞에 가던 사람이 심정지로 쓰러진다면 그 순간 하나님께서 주신 부르심은 서둘러서 심폐 소생술을 시작하고 911에 전화를 거는 등, 내가 할 수 있는 일을 무엇이라도 하는 것이다. 하나님께서 우리를 만드셨고 우리의 모든 것을 아시며 우리의 삶의 세밀한 부분까지도 다스리심을 믿는다면, 극심한 스트레스와 극히 제한된 즐거움만을 주는 부양의 경험이 우리의 성품을 다듬고 우리가 예수를 닮아가는 데 필요하다는 사실을 신뢰하는 것은 합당한 일이다. 만일 부양할 기회가 주어지고 당신이 그를 돌보기에 상황상 가장 적절한 사람이라면, 그것이 당신을 위한 하나님의 부르심이라고 결론짓는 것이 타당하다. 일단 우리가 부양을 소명으로서 이해하면, 그것을 우리의 우선순위로 받아들이는 일이 좀 더 수월해지고, 다른 일들에 좀 소홀해지는 것에 대해 죄책감을 느끼지 않게 된다.

불행히도 많은 그리스도인들은 하나님을 그렇게 완전히 신뢰하지 않는다. 사실 나는 치매에 걸린 사람을 부양하는 이런 무시무시한 과제에 직면할 수 있는 사람이 거의 없을 거라고 생각하게 된다. 많은 그리스도인들은 그들의 삶을 위한 하나님의 계획 중 일부가 힘겨운 경험을 통해 그들의 성품이 주 예수를 좀 더 닮아가도록 만드는 것이라는 사실을 전혀 배우지 못했을 것이다.

부양을 친절과 사랑의 하나님으로부터의 부르심으로서 인식하는 사람은 불만과 불평의 운명론에 빠지는 것이 아니라 그들의 삶에서 하나님께서 이루실 일에 대한 즐거운 기대감을 가지고 희망 속에서 부양의 일을 감당한다. 야고보는 다음과 같이 말한다. "내 형제들아, 너희가 여러 가지 시험을 당하거든 온전히 기쁘게 여기라. 이는 너희 믿음의 시련이 인내를 만들어 내는 줄 너희가 앎이라. 인내를 온전히 이루라. 이는 너희로 온전하고 구비하여 조금도 부족함이 없게 하려 함이라"(약 1:2-4).

부양은 시련일 수 있지만, 부양자의 삶을 변화시키기 위해 사랑의 하나님께서 신중하게 조직하신 것이다. 더욱이 부양자는 부분적으로 십자가에서 예수의 희생이 다른 사람들을 위한 희생의 본보기였다는 것을 인식하게 될 것이다. 베드로는 다음 구절에서 이 점을 분명히 말하고 있다. "이를 위하여 너희가 부르심을 받았으니, 그리스도도 너희를 위하여 고난을 받으사 너희에게 본을 끼쳐 그 자취를 따라오게 하려 하셨느니라"(벧전 2:21). 예수는 그의 제자들을 다음과 같이 견책하신다. "누구든지 나를 따라오려거든 자기를 부인하고 자기 십자가를 지고 나를 따를 것이니라"(마 16:24). 우리는 재미와 놀이를 위해 초대받은 것이 아니라 희생적인 섬김을 위해 부름을 받은 것이다.

또한 우리가 누구를 섬기라고 부름을 받았는지를 인식하는 것 역시 도움이 된다. 최우선적으로 우리는 하나님을 섬긴다. 앞에서 우리는 마태복음 25:40을 참조했는데, 이 구절에서 예수는 우리가 도움이 필요한 누군가를 위해 한 일은 무엇이든지 예수를 위해 한 일이라고 말한다. 그리고 바울은 우리의 마음으로부터 하나님의 뜻을 이루라고 말한다. "기쁜 마음으로 섬기기를 주께 하듯 하고 사람들에게 하듯 하지 말라"(엡 6:7). 그러나 우리의 섬김은 하나님만을 섬기는 것은 아닌데, 왜냐하면 우리는 실제로 하나님의 형상으로 창조된 사람을 섬기기 때문이다. 존 킬너(John Kilner)는 다음과 같이 말한다. "사람들이 사랑을 받아야 하는 이유는 그들이 스스로 사랑받을 만하기 때문이 아니라, 사랑이 하나님의 형상을 지닌 사람들을 대하는 적절한 방법이기 때문이다."[1] 이해하기 힘든 말을 하고, 스스로 음식을 먹거나 옷을 입을 수도 없으며, 옆자리에 앉아 오줌을 흘리는 사람이 하나님의 형상으로 창조되었다는 것을 믿기란 어려울지도 모른다. 그러나 그것이 하나님께서 그를 바라보시는 방식이기 때문에 우리도 그렇게 보아야 한다. 특히 치매 말기의 사람을 섬기면서 우리는 도움이 필요한 이를 섬기라는 주님의 명령을 이행할 뿐만 아니라 그들에

---

[1] Kilner, *Dignity and Destiny*, 319.

게서 무엇인가를 대가로 받을 것을 기대하지 않고 줄 수 있다(눅 6:35-36).

만일 당신이 분노로 가득한 채 부양하고 있다면 하나님께서 당신의 마음을 바꾸셔서 하나님이 주신 소명을 이룰 수 있게 해달라고 기도하고 다른 이들에게도 기도 요청을 할 필요가 있다. 치매를 앓는 사람을 돌보는 일이 우리 주님께서 당신에게 명하신 소명으로부터 나오는 사랑과 기쁨이 아니라 죄의식이나 의무감이라는 동기에서 비롯된다면, 그런 돌봄은 관련된 모든 사람에게 재앙이 될 수 있다. 하나님께서 친히 당신을 그런 과제의 자리로 부르셨다는 사실을 알 때 당신은 자신감을 가지고 그 일을 기쁨으로 감당할 수 있을 것이다.

사랑으로의 부르심

단순히 치매에 걸린 사람의 욕구를 채워주는 것만으로는 충분하지 않다. 하나님께 영광을 돌리기 위해서는 우리가 지속적으로 하나님의 사랑을 나타내는 방식으로 치매 환자를 돌볼 필요가 있다. 진정한 사랑은 성가신 것이 아니다. 그 일이 얼마나 달갑지 않은지에 상관없이, 그것을 사랑으로 했을 때 변화가 일어난다. 나는 수년 동안 사랑으로 어려운 일을 감당하고 있는 많은 부양자를 만나왔다. 나를 놀라게 한 것은 그들이 단지 내가 그들과 함께 있을 때만 사랑으로 대하는 것이 아니라, 치매 환자의 모든 변화에도 한결같이 하나님의 사랑을 지속적으로 나타낸다는 것이다. 그러나 내가 꼭 하고 싶은 말은 이런 그들의 섬김이 원래 그렇게 하도록 되어 있는 것은 아니라는 점이다. 따라서 우리는 이런 유형의 사랑을 주는 부양자들의 몇 가지 특징을 탐구할 필요가 있다.

내가 히브리어 학자는 아니지만, 살펴보고 싶은 히브리어 단어가 있는데 바로 헤세드(chesed)다. 구약성경에서 수백 번 사용되는 이 단어는 "영원불변한 사랑"(steadfast love)으로 번역된다. 헤세드와 정확하게 일치하는 영어 단어가 없기 때문에 다른 번역은 인자(lovingkindness)라는 단어를 사용한다. 이 용어는 자신의 백성을 향한 하나님의 사랑을 언급하는 데 가장 자주 사용되며, 하나님의 친절과 자비를 나타낸다. 이것은 하나님의 백성의 안녕에 대한 그분의 충실하심과 약속을 강조한다. 우리는 가장 사랑하는 사람조차도 하나님과 동일한 수준으로 사랑할 수 없다. 놀라운 사실은 하나님께서 전혀 사랑할 만한 사람이 아님에도 불구하고 영원불변한 사랑 곧 헤세드를 부어주신다는 점이다. 이런 헤세드의 사랑이 부양자가 치매의 피해자에게 보여주는 사랑의 본이 되어야 한다. 이는 친절, 신실함, 그리고 자비라는 특징이 있다.

나는 서로 신실하게 섬기는 많은 부부를 통해 헤세드를 목격해왔다. 그런 부부를 볼 때면 나는 치매에 걸린 배우자를 돌보는 남편 혹은 아내에게 지금 이런 상황이 수십 년 전 교회 강대상 앞에 서서 "오늘부터 영원토록 즐거울 때나 슬플 때나 부유할 때나 가난할 때나 아플 때나 건강할 때나 항상 서로를 아끼고 사랑하겠습니다"라고 맹세했을 때 그들이 생각했던 것이었는지를 묻곤 한다. 결혼식 날에 치매를 떠올렸다고 인정하는 사람은 아무도 없었다. 그때 나는 그들이 약속했던 것을 지키고 있음을 축하하면서 그런 신실함을 보시고 하나님께서도 기뻐하실 것이라고 말한다.

로버트슨 맥킬킨(Robertson McQuilkin)이 쓴 『지켜진 약속』(*A Promise Kept*)이라는 제목의 훌륭한 책은 치매로 고통당하는 아내 뮤리엘을 돌보는 일을 특권으로 묘사하면서 그 일에 온전히 힘을 쏟기 위해 컬럼비아 국제대학교 총장직을 사퇴한 저자의 이야기를 그리고 있다.[2] 이 감동적인 이야기야말로 진정으로 헤세드가 무엇인지를 잘 보여준다. 나는 쇠약해가는 부모를 돌보기 위해 자녀들이 치르는 희생에도 이와 동일한 감명을 받는다. 그들은 아마도 직장을 그만두거나, 자신의 자녀 혹은 배우자와 떨어져 지내거나, 두말할 것 없이 자신이 좋아하는 여가 활동도 하지 못할 것이다. 하지만 그들은 진심으로 자기 부모를 공경한다.

지금 나는 매일같이 모든 순간에 사랑의 마음이 흘러 넘쳐야 한다고 말하는 것이 아니라, 우리의 행동이 사랑이라는 동기에서 나와야 한다고 말하는 것이다. 진정한 성경적 사랑은 책임 있는 행동과 자기희생에서 가장 온전히 표현된다는 사실을 기억하라. 지금까지 세상에 알려진 가장 위대한 사랑은 예수께서 아버지의 뜻에 복종하여 십자가를 지신 것이다.

---

[2] Robertson McQuilkin, *A Promise Kept* (Wheaton, IL. Tyndale, 1998).

사랑의 돌봄을 가능케 하시는 하나님 바라보기

치매의 단계마다 사랑의 돌봄을 제공하는 데 있어 독특한 과제가 있다. 초기 단계에서 나타나는 반복되는 질문과 건망증에서부터 이후 단계에서 보이는 의사소통의 결여와 통합적 돌봄의 필요성에 이르기까지 날마다 치러야 할 긴장과 부담이 있다. 그러나 다행스러운 것은 하나님께서 친히 부양자의 부양자가 되신다는 것이다. 하나님께서 날마다 부양자에게 힘, 지혜, 사랑, 그리고 인내를 주실 것이다. 다음의 성경 구절들을 잠시 묵상해보자.

> 내가 기도하노라. 너희 사랑을 지식과 모든 총명으로 점점 더 풍성하게 하사 너희로 지극히 선한 것을 분별하며 또 진실하여 허물 없이 그리스도의 날까지 이르고 예수 그리스도로 말미암아 의의 열매가 가득하여 하나님의 영광과 찬송이 되기를 원하노라(빌 1:9-11).

> 오직 성령의 열매는 사랑과 희락과 화평과 오래 참음과 자비와 양선과 충성과(갈 5:22).

> 또 주께서 우리가 너희를 사랑함과 같이 너희도 피차간과 모든 사람에 대한 사랑이 더욱 많아 넘치게 하사(살전 3:12).

> 하나님이 우리에게 주신 것은 두려워하는 마음이 아니요, 오직 능력과

사랑과 절제하는 마음이니(딤후 1:7).

사랑하는 자들아, 우리가 서로 사랑하자. 사랑은 하나님께 속한 것이니 사랑하는 자마다 하나님으로부터 나서 하나님을 알고 사랑하지 아니하는 자는 하나님을 알지 못하나니, 이는 하나님은 사랑이심이라. 하나님의 사랑이 우리에게 이렇게 나타난 바 되었으니 하나님이 자기의 독생자를 세상에 보내심은 그로 말미암아 우리를 살리려 하심이라. 사랑은 여기 있으니 우리가 하나님을 사랑한 것이 아니요, 하나님이 우리를 사랑하사 우리 죄를 속하기 위하여 화목제물로 그 아들을 보내셨음이라. 사랑하는 자들아, 하나님이 이같이 우리를 사랑하셨은즉 우리도 서로 사랑하는 것이 마땅하도다. 어느 때나 하나님을 본 사람이 없으되, 만일 우리가 서로 사랑하면 하나님이 우리 안에 거하시고 그의 사랑이 우리 안에 온전히 이루어지느니라.…우리가 사랑함은 그가 먼저 우리를 사랑하셨음이라(요일 4:7-12, 19).

하나님께서는 우리가 자신 안에 아직 사랑을 가지고 있지 않았을 때 우리를 부르신 목적을 이루기 위해 필요한 사랑과 힘을 주신다. 우리 가운데 많은 사람이 하나님을 의지하고 그로부터 힘을 얻는 법을 깊이 배우지 못하고 있다. J. I. 패커(J. I. Packer)는 이렇게 말한다. "우리는 더 약하다고 느끼면 느낄수록 더 강하게 하나님을 의지하게 된다. 그리고 우리는 하나님을 더 강하게 의지하면 할수록, 심지어 우리의 육체가 쇠할지라도 영적으로 더욱더 강해진다."[3] 우리가 진정으로 선한 어떤 일을 할 수 있는 것은 바로 하나님께서 공급하시기 때문이다. 바울은 다음과 같이 말한다. "하나님이 능히 모든 은혜를 너희에게 넘치게 하시나니, 이는 너희로 모든 일에 항상 모든 것이 넉넉하여 모든 착한 일을 넘치게 하게 하려 하심이라"(고후 9:8). 베드로도 바울이 말한 것과 매우 비슷하게 다음과 같이 말한다. "만일 누가 말하려면 하나님의 말씀을 하는 것 같이 하고, 누가 봉사하려면 하나님이 공급하시는 힘으로 하는 것 같이 하라. 이는 범사에 예수 그리스도로 말미암아 하나님이 영광을 받으시게 하려 함이니, 그에게 영광과 권능이 세세에 무궁하도록 있느니라. 아멘"(벧전 4:11). 그렇다! 부양자가 사랑의 돌봄을 제공하는 데 있어 늘 발견하게 되는 가장 큰 자원은 하나님의 사랑과 그분의 성령의 함께하심이다. 이 점을 반드시 간과하지 말아야 한다.

미리 계획을 세우라

치매와 관련하여 다행스러운 점 중 하나는 이 병이 일반적으로 천천히 진행된다는 것이다. 공식적으로 치매로 진단받았든지 그렇지 않든지 간에, 일단 치매가 의심되면 이에 대비할 시간이 있다. 나는 이 시기에 해야 할 몇 가지 일을 다음과 같이 제안한다.

---

[3] J. I. Packer, *God's Plans for You* (Wheaton, IL: Crossway, 2001), 154.

치매에 대해 가능한 한 많이 배우라. 부양자와 환자 모두 치매에 대해 가능한 한 많이 배워야 한다. 독자들 가운데는 그런 목적으로 이 책을 읽고 있는 사람도 있을 것이다. 이 책 외에도 뒤의 추천도서 목록에 있는 다른 책들도 읽기를 권한다. 알츠하이머 협회 웹사이트는 유용한 정보로 가득하다(http://alz.org). 혹시 집 근처에 알츠하이머 협회에 속한 후원 그룹이 있는지 알아보는 것도 도움이 된다. 어떤 경우에는 환자와 부양자를 각기 따로 후원하기도 한다. 환자를 위한 후원 그룹은 치매 초기나 경증인 경우에 가장 도움이 되는데, 이때 환자는 자신의 문제에 대한 이해를 얻게 된다.

기도하라. 부양의 역할을 시작하기 전에 하나님께서 사랑, 지혜, 그리고 힘을 채워주시기를 기도하라. 당신과 함께 그리고 당신을 위해 신실하게 기도해줄 가까운 친구들을 모집하라. 모든 분노를 없애고 기쁨으로 섬길 수 있는 마음을 주시도록, 부양할 기회를 주심에 감사하는 마음으로 하나님께 간구하라.

시간을 내서 성경을 읽으라. 성경을 읽으면서 부양자로서 당신의 역할에 영향을 줄 수 있는 아이디어를 적으라. 당신이 닮고 싶은 예수의 성품과 사역을 발견하기 원한다면 복음서부터 시작하라. 하나님께 그분의 가치를 당신에게 가르쳐달라고, 그리고 말씀으로 당신의 태도를 정화하고 변화시켜달라고 간구하라.

당신 자신의 필요를 충족시키라

나는 서론에서 공허함이나 타인으로부터의 인정과 칭찬을 찾기보다 하나님께서 주신 충만함으로 다른 사람들을 섬길 수 있기를 항상 기도했다고 언급했다. 솔직히 말해 타락한 세상에 살면서 우리가 그런 충만함을 항상 성취하고, 완벽하게 순수한 동기와 긍정적인 태도를 갖는 것은 불가능할 수 있다. 분명 우리를 지치게 만드는 일들이 생길 것이다. 그런 시기에 우리는 좀 더 나아지는 때가 올 것으로 기대하면서 최선을 다해 그런 순간들을 받아들이고 견뎌야 한다. 그런 다음에 우리는 신실하고 영원불변하며 충실하고 이타적인 헤세드 사랑을 실천할 필요가 있다. 또한 그런 시기에 우리는 어떤 도움이 가능한지를 탐색하기 시작해야 한다.

사랑이 충만한 돌봄을 통해 하나님을 영화롭게 하는 능력을 유지하기 위해 당신이 취할 수 있는 사전 대응 단계들이 있다. 그중 하나는 부양으로 인해 날로 늘어가는 압박 속에서 감정적·신체적·정신적 힘을 다 고갈시키지 않으면서 치매 환자를 돌보는 능력을 어떻게 유지할 것인지에 대한 전략들을 주의 깊게 생각하는 것이다. 당신은 실제로 얼마나 많은 자유 시간이 당신에게 필요한지, 그런 시간을 어떻게 확실히 확보할 것인지, 그리고 그 시간을 어떻게 잘 활용할 것인지 등에 대해 숙고해야 한다. 동료 그리스도인들과의 친교를 포함한 정신적·영적 휴식뿐만 아니라 운동을 위한 시간도 필요하다는 점을 기억하라. 부양에 요구되는 것이 더 많아짐에 따라 위에서 언급한 필요들을 당신이 어떻게 충족시킬 수 있을지에 대한 계획을 일찌감치 세우기 시작하라.

만일 당신이 자신의 기본적인 욕구를 충족시키지 못한다면 매우 빨리 탈진 상태에 빠지게 되어서 돌봄의 질이 나빠질 것이다. 부양자인 당신의 좌절은 곧 당신이 돌보는 사람에게 빠르게 전이될 것이다. 만일 당신이 녹초가 되어 짜증을 낸다면 환자 역시 그렇게 될 것이다. 만일 당신이 새로운 힘을 얻고 차분해져서 사랑으로 충전된다면 환자도 똑같이 그렇게 될 가능성이 높다. 치매에 걸린 누군가에게 돌봄을 제공하는 바로 그 시작 단계에서부터 이것이 단지 한 사람만의 일이 아님을 인식하라. 우리가 겸손하게 도움이 필요함을 인정하고 그것을 구할 때 하나님께서 영광을 받으실 것이다.

실제로 가능한 도움이 무엇인지 배우라

어떤 유형의 도움이 고려되어야 할까? 많은 것이 있지만, 일부를 소개하면 다음과 같다.

가정 간호 서비스 및 가정 건강 보조원. 거의 모든 지역사회는 부양자가 환자로부터 잠시 떠나 있는 동안에 환자의 건강에 필요한 것을 점검해주는 간호 방문과, 환자를 목욕시키고 음식을 먹이거나 함께 시간을 보내는 등 일상적인 일을 도와주는 가정 건강 보조원 서비스를 제공한다. 치매 환자가 가정 방문 서비스를 제공하는 이들과 신뢰 관계를 발전시키도록 하기 위해서는 병의 초기 단계에서부터 서로를 알게 하는 것이 가장 좋다. 이런 초기의 만남은 치매가 진행됨에 따라서 매우 중요한 역할을 할 것이다. 처음에는 일주일에 한 번씩 반나절 정도가 적당하며, 필요가 늘어남에 따라 점차 서비스의 수준을 늘리는 것이 좋다. 일부 주는 이런 서비스를 경제적으로 곤란한 사람들에게 무료로 혹은 할인된 비용으로 제공한다. 알츠하이머 협회의 각 지부가 적합한 개인이나 지역의 기관을 당신에게 안내해줄 수 있을 것이다.

이때 내려야 할 한 가지 어려운 결정은 독자적인 보조 부양자를 고용할 것인지, 아니면 기관의 서비스를 받을 것인지다. 독자적인 조력자는 당신의 집을 자기 집처럼 여기며 일주일에 6일, 하루에 24시간 환자를 돌볼 수도 있다. 이런 유형은 보통 비용이 덜 들고, 치매에 걸린 사람과 주요 부양자 모두에게 유익이 될 수 있으며, 긴밀한 신뢰 관계를 발전시켜나갈 수 있다. 반면에 독자적인 조력자는 상당한 시간의 감독이 필요하고, 만일 조력자가 아플 경우에 주요 부양자가 그를 대신할 도우미를 찾지 못할 수 있다. 기관을 통해 도움을 받을 경우, 기관이 감독과 대체 도우미에 대한 책임을 지기 때문에 주요 부양자가 그런 불편함을 피할 수 있다. 하지만 이런 기관 서비스의 단점은 비싸다는 것이다.

성인 데이 케어 프로그램. 많은 지역사회가 일주일에 하루에서 5일 정도 주간 돌봄을 제공하는 시설을 가지고 있다. 이런 시설들은 흔히 요양원이나 병원에 설치되어 있는데, 여가 활동, 친교 활동, 식사 및 기본적인 돌봄을 제공한다. 환자들은 이곳에서 사귄 친구들과 즐겁게 시간을 보낼 수 있다. 그리고 이런 시설들은 부양자에게 필요한 휴식을 제공하고, 필요하다면 부양자가 일하는 것도 가능하다. 환자의 집에서 시설이 있는 장소까지 교통편을 제공하는 곳도 있다. 그리고 어떤 주와 지역사회에서는 이런 프로그램을 운영하기 위한 자금도 제공한다. 일주일에 며칠은 성인 데이 케어 프로그램에 다니고 다른 날에는 전문적인 가정 간호를 받는 것은 여러 가지 활동에 참여할 수 있는 매우 좋은 조합이라고 할 수 있다. 이런 자원들을 효과적으로 활용하는 것은 치매 환자가 집에서 살 수 있는 시간을 늘려준다.

생활보조시설(Assisted living). 생활보조시설은 치매에 걸린 사람들을 돌보기 위한 최상의 선택일 수 있다. 이 시설은 보통 넓은 공동 사용 공간과 더불어 개인용 침실과 욕실을 제공한다. 음식은 식당에서 제공된다. 시설 내부 및 외부에서 여가 활동이 이루어지며 하루에 24시간, 일주일 내내 의료 치료가 가능하다. 많은 시설이 치매 환자를 위해 지정된 특별한 공간을 마련하고 있으며, 일부 시설은 전적으로 치매 돌봄만을 위한 목적으로 사용되기도 한다. 간호사와 직원들은 치매 환자들을 다루고 그들의 생활을 풍요롭게 하는 데 필요한 훈련을 잘 받은 사람들이다. 생활보조시설 비용은 의료보험 혜택을 받을 수 없으며, 아주 드물기는 하지만 주에서 운영하는 공적 보조 프로그램의 혜택을 받는 경우가 있다. 특별한 요건을 충족할 시에는 장기 건강보험이나 제대 군인 관리국(Veteran's Administration)에서 일부 비용을 지불해준다.

요양원(Nursing home). 요양원은 마지막 보호처로 흔히 간주된다. 실제로 많은 경우에 요양원은 그런 장소가 되어야 한다. 하지만 요양원의 역할이 있다. 요양원이 치매 환자에게 제공하는 돌봄의 질은 매우 다양한데, 어떤 이들에게는 최상이고 다른 사람들에게는 평균 이하에 불과한 경우도 있다. 모든 요양원은 도움이 필요한 환자에게 옷을 입히고 음식을 먹여주는 것과 같은 기본적인 간호 돌봄 서비스와 더불어 식사와 여가 활동 프로그램을 제공한다. 아쉽게도 질 높은 요양원의 경우 비용이 너무 많이 들기 때문에 대부분의 가정은 짧은 기간만 이용할 수 있다. 비록 최상의 치료에 드는 실제 비용을 모두 지불하기에는 충분하지 않지만, 주(州)의 공적 보조 프로그램("타이틀 19")이 종종 개입하여 도움을 주기도 한다. 최상의 시설과 인력을 갖춘 요양원의 경우 공적 보조로는 환자를 받지 않는 경우가 많으며, 설령 받는다고 하더라도 인력이 부족한 경우가 자주 발생한다. 나는 이런 시설 몇 곳에서 일해왔는데, 때때로 그들이 제공하는 돌봄의 범위가 안타깝지만, 제한된 자원을 가지고 최선을 다하는 직원들을 진심으로 존경한다. 요양원은 부양자에게 쉼을 주기 위해 단기간의 "임시 간호" 차원에서 치매 환자를 받아들인다. 만일 치매 환자가 호스피스에 있으면 의료보험이 비용을 부담한다.

지역 교회. 나는 그리스도인 부양자가 가장 활용을 적게 하는 자원 중 하나가 바로 지역 교회라고 확신한다. 이것은 매우 중요한 주제이기 때문에 나중에 좀 더 깊이 다룰 것이다.

언제 도움을 받아야 하는가?

하나님께서는 우리를 좋은 부양자가 되라고 부르시지만, 우리의 한계도 아신다. 시편 저자가 다음과 같이 말하는 것처럼 말이다. "아버지가 자식을 긍휼히 여김 같이 여호와께서는 자기를 경외하는 자를 긍휼히 여기시나니, 이는 그가 우리의 체질을 아시며 우리가 단지 먼지뿐임을 기억하심이로다"(시 103:13-14). 비록 하나님의 도우심이 함께하지만 부양자가 할 수 있는 것에는 한계가 있기 마련이다. 하나님은 우리가 그런 한계를 뛰어넘을 것을 기대하지 않으신다. 물론 그런 한계를 뛰어넘으라고 압박하는 유혹이 있을 수 있다. 어떤 사람은 슈퍼 영웅이 되려고 애쓰는 반면에, 다른 이는 순교자 콤플렉스에 빠지기도 한다. 스스로에게 미안한 마음을 느끼면서 그들은 자신이 제공하는 돌봄이 주는 모든 기쁨을 잃어버리고 신체적·감정적·영적으로 완전히 맥이 빠지는 것을 느끼는데도 불구하고 고집스럽게 그것을 헤쳐나가려고 한다. 그런 고갈된 상태에서도 혼자 끝까지 감당해야 한다고 주장하는 것은 하나님께 영광을 돌리지 못하며, 환자나 부양자에게도 최선의 유익을 줄 수 없다.

그러나 부양자가 도움을 요청하기를 꺼리는 합당한 이유도 있을 것이다. 예를 들면 치매 환자에 대해 많이 알거나 다정하고 세심하게 그를 돌볼 수 있는 다른 부양자를 찾기가 쉽지 않을 수 있다. 비록 이것이 그리 틀린 말은 아니라고 하더라도 모든 부양자는 자신의 돌보는 능력이나 질이 저하하기 시작할 것이라는 점을 반드시 인식해야 한다. 부양자는 자기 자신에게 거는 기대를 제한하고 필요할 때는 도움을 구해야 한다. 나이든 부양자는 자신의 체력, 신체적 건강, 질병, 또는 인지 능력 등으로 인해 한계가 있다. 좀 더 젊은 부양자는 자기 가족에 대한 부양이나 직장과 같은 어려운 책임감으로 인해 제한을 받을 수 있고, 생각보다 빨리 도움이 필요할 수도 있다.

도움을 얻는 것은 치매의 초기 단계에서부터 시작되는 점진적인 과정이어야 한다. 이 과정을 시작하기에 좋은 방법은 경험 있는 부양자들과 이야기를 나누면서 그들로부터 배우는 것이다. 나중에 필요성이 증대되면 집에서 도와줄 이가 아마도 필요할 것이다. 처음에는 일주일에 반나절로 시작하고 환자나 부양자가 필요성을 더 느끼면 시간이나 일수를 늘릴 수 있다. 그런 도움은 훈련받은 전문가나 가족 구성원 또는 사랑하는 친구로부터 구할 수 있다. 치매에 걸린 사람의 부양자로서 역할을 시작할 때는 개인이나 단체 혹은 기관으로부터 도움이 필요하다는 태도를 취하는 것이 최선이다. 이는 만일(if)이 아니라 언제(when)에 관한 문제다.

가정 돌봄만으로 충분하지 않고 요양원 간호를 받아야 하는 어려운 결정이 환자와 부양자 모두에게 최선의 유익이 되는 때가 올 것이다. 그런 시기가 왔다는 한 가지 증후는 부양자가 기쁨을 잃어버리고 영적으로 죽어 있다고 느끼며 감정적으로 고갈되고 정신적·신체적으로 지쳤을 때다. 부양자는 마음 깊은 곳에서 자신이 사랑하는 이가 필요로 하는 유형의 돌봄을 제공하지 못하고 있다는 것을 알게 되고, 환자를 돌보는 자신의 동기가 이제는 사랑이 아니라 의무감이나 아마도 어느 정도의 고집임을 의식하게 된다. 이런 경우가 가능하다면 요양원 간호를 해야 할 때다. 그것이 "선을 행하다가 낙심하지 말라"(살후 3:13)는 바울의 권고를 따르기 위해 남겨진 유일한 자원일 것이다. 요양원이나 유사한 시설로 옮기는 것은 약함이 아니라 올바른 일을 행하는 용기의 표시다.

물론 부양자 외에 이런 결정을 고려해야 하는 다른 사람은 환자 자신이다. 아마도 그는 자신이 집에 계속 머물러 있음으로 인해 발생하는 희생을 판단하지 못하는 상태에 있을지도 모른다. 환자가 새로운 환경에 적응한 후에는 집에 있을 때와 똑같이 시설에서 요양하는 것에 만족할 수 있다는 점을 부양자가 아는 것이 중요하다. 사실 환자는 실제로 주변에 다른 사람들이 있어서 집에 있을 때보다 더 행복해할지도 모른다. 요양원으로 옮기는 것이 환자보다 부양자에게 훨씬 더 어려운 일이 될 수도 있다. 그러나 만일 환자가 계속해서 집에 있기를 좋아하는 것이 분명하다면, 부양에 대한 다른 자원을 고려해야 하며, 요양원으로 옮기는 것은 다음으로 미뤄야 한다.

보호시설이나 요양원 간호에 대한 결정을 내리는 데 있어 중요한 마지막 그룹은 집에 있는 어린아이들 또는 청소년들이다. 즉 그들의 요구를 치매 환자의 바람보다 더 높은 우선순위에 놓아야 할 수도 있다.

나는 자신이 사랑하는 사람을 절대로 요양원에 두지 않겠다고 과거에 약속한 부양자의 감정적 상태에 특히 주의를 기울인다. 나는 일반적으로 부양자에게 환자의 상태가 악화되기 전에 요양원 간호를 피하겠다는 이전의 약속을 재고하는 것에 대해 환자와 합리적인 논의를 할 수 있는지를 물어본다. 질문을 받은 부양자들은 대부분 치매 환자가 그런 과거의 약속으로부터 부양자를 자유롭게 해줄 것이라고, 부양자와 다른 가족 구성원들을 위해 기꺼이 환자 자신의 즐거움을 희생할 것이라고 말한다. 치매로 인해 자신의 마지막 날이 가까이 다가오고 있었던 한 신사의 이야기를 들은 적이 있다. 평소답지 않게 의식이 비교적 또렷한 상태에서 그는 자기 아내에게 "이것이 가족을 떼어놓는 건가?"라고 물었다. 아내가 "아니요. 오히려 우리를 더 가깝게 해주는 거예요"라고 대답하자 그는

"오, 다행이네"라고 대답했다.[4]

부양자가 지쳤을 때 외에도 장기 간호 시설에 가급적 빨리 들어가야 하는 다른 상황들이 있다. 가장 빈번한 사례는 입원을 비롯한 급성 질병, 또는 환자 간호의 필요성을 급격하게 증가시키는 골절을 동반한 낙상 등이다. 요양원 간호의 필요성이 긴급하기 때문에 부양자는 상황이 악화되기 전에 어떤 선택이 가능한지 알아보고 요양 시설을 선택할 시간을 가질 필요가 있다. 미래의 악화로 인해 또 다른 시설로 옮기지 않으려면 지속적인 보호가 가능한 곳을 선택하는 것이 가장 좋다. 많은 사람들은 아마도 교회나 다른 종교 기관이 운영하는 비영리 시설이 가장 적합하다고 생각할 것이다. 덧붙여서 내가 관찰한 것에 의하면 교외에 위치한 요양원이 도시에 있는 시설보다 좀 더 질 높은 돌봄을 제공한다. 우리는 강한 메노나이트 전통의 지역사회에 있는 요양 시설에서 수년 동안 도로시의 자매가 받은 사랑의 돌봄에 깊은 인상을 받았다.

일단 환자가 장기 간호 시설로 옮기면 부양자의 생활은 극적으로 변할 것이다. 그러나 그 후에도 부양자는 요양소를 자주 방문하여 계속해서 환자를 위해 일을 처리하는 등, 사랑하는 사람의 치료에 여전히 긴밀하게 참여해야 한다. 부양자들이 일반적으로 직원들에게 불평할 필요는 없겠지만, 부양자들의 존재 자체와 환자에 대한 애정 어린 관심은 그들이 사랑하는 사람에 대한 좀 더 세심한 돌봄을 보장해준다. 이것이 치매를 통

---

[4] Jennifer Ghent-Fuller, *Thoughtful Dementia Care: Understanding the Dementia Experience* (CreateSpace Independent Publishing Platform, 2012), 169.

해 하나님께 영광을 돌리는 다른 방법이다.

일단 요양 간호 시설로의 이동이 이루어지면, 그곳이 요양원이든 생활보조시설이든 간에, 부양자는 죄책감을 느끼거나 최선을 다해 환자를 돌보았음에도 불구하고 실패했다는 느낌 때문에 힘들어할 수 있다. 이런 감정은 적절하지 않으며, 환자의 이동이 이루어진 후에 심지어 환자가 사망한 후까지 지속되는 우울증으로 이어질 수 있다.

부양에 대한 보상은 무엇인가?

매우 힘겨운 일이지만 치매의 피해자를 사랑으로 돌보는 것은 여전히 그럴 만한 값어치가 있는 일이다. 우리는 먼저 이 땅에서 주어지는 보상을 고려하고, 그다음에 영생에 대한 소망을 가진 신자로서 영원히 주어질 보상을 바라보아야 한다.

이 땅에서의 보상

옳은 일을 하고 있다는 사실을 앎. 부양자들은 선한 돌봄을 제공하는 것이 해야 할 올바른 일임을 안다. 비록 그들 중 일부는 저항하겠지만 말이다. 이제는 어찌할 도리 없이 환자의 생명이 끝났을 때 나는 종종 부양자가 "글쎄요, 힘들었지만 내가 그 일을 해내서 기뻐요"라고 말하는 것을 듣는다.

예수의 발자취를 따름. 우리의 주님이신 예수는 이타적인 섬김의 가장 위대한 본보기다. 예언자 이사야는 그를 "고난받는 종"으로 묘사한다. 예수는 자신의 소명을 아무리 큰 값을 치르더라도 섬기는 것이라고 말했다. "인자가 온 것은 섬김을 받으려 함이 아니라 도리어 섬기려 하고 자기 목숨을 많은 사람의 대속물로 주려 함이니라"(막 10:45). 부양자는 자신이 예수가 행했을 일을 하고 있음을 아는 것으로부터 큰 기쁨을 얻어야 한다.

예수는 우리에게 보상을 바라지 말고 다른 사람들을 섬겨야 한다고 가르치셨다. 우리는 치매에 걸린 사람들을 섬길 때 예수의 이런 가르침이 특히 맞는 말씀이라는 것을 깨닫게 된다. 예수의 말씀 가운데 더욱 도전이 되는 한 구절은 다음과 같다. "오직 너희는 원수를 사랑하고 선대하며 아무것도 바라지 말고 꾸어 주라. 그리하면 너희 상이 클 것이요, 또 지극히 높으신 이의 아들이 되리니, 그는 은혜를 모르는 자와 악한 자에게도 인자하시니라. 너희 아버지의 자비로우심 같이 너희도 자비로운 자가 되라"(눅 6:35-36). 나는 치매 환자가 우리의 적이라고 생각하지는 않지만(비록 치매 자체는 그럴지라도), 만일 예수의 이 말이 우리가 적을 대해야 하는 방법이라면, 우리는 심지어 이 땅에서 아무런 보상도 기대하지 않은 채로 그와 같은 사람을 얼마나 더 섬겨야 하겠는가?

하나님께서 변화시키시는 부양자의 성품. 하나님은 그분의 시간이나 우리의 시간을 허비하지 않으신다. 그분은 우리의 삶에 주신 모든 것에 목적을 가지고 계신다. 치매에 담긴 하나님의 목적 중 하나는 부양자의 성품을 정화시키는 것이다. 즉 하나님은 치매라는 질병을 사용하여 부양자로 하여금 예수를 더욱 닮아가도록 변화시키셔서 하나님께 영광을 돌리게 하신다. 이 점은 매우 중요하기 때문에 나중에 다시 다룰 것이다.

신뢰의 성장. 우리는 삶의 어려움을 극복하는 과정을 통해 그리스도인으로서 성장해가면서 우리 안에 계시는 성령을 보다 온전히 의지하는 법을 배운다. 우리는 우리를 통해 지속적으로 일하시는 성령의 사랑과 지혜를 더욱 의식하고 그를 보다 신뢰하게 된다.

환자로부터 받는 인정. 치매 말기 단계의 환자라고 할지라도 이따금씩 자신이 받고 있는 돌봄을 인식하고 감사의 표시를 보일 것이다. 내 어머니는 정신이 심하게 왔다 갔다 하는 상황에서도 가끔씩 미소를 지으시고는 "고마워" 혹은 "사랑한다"라고 부드럽게 말씀하시면서 고마움을 표시하곤 하셨다. 이런 감사의 표현이 자주 있었던 것은 아니지만, 그런 말은 들을 때마다 나에게 엄청나게 큰 의미로 다가왔다.

영원한 상급

우리가 알고 있듯이, 어려움에 처한 다른 사람을 위해 우리가 어떤 일을 했을 때 예수는 우리가 그 일을 사실상 예수님 자신을 위해 행한 것으로 여기신다. 그것이 우리에게는 특권이고, 충분한 보상이라고 할 수 있을 것이다. 사랑으로 돌봄을 제공하는 것은 하나님의 일을 하는 것이며, 영원히 기억될 것이다. 바울은 다음과 같이 썼다. "그러므로 내 사랑하는 형제들아! 견실하며 흔들리지 말고 항상 주의 일에 더욱 힘쓰는 자들이 되라. 이는 너희 수고가 주 안에서 헛되지 않은 줄 앎이라"(고전 15:58). 이 구절은 우리가 결국 죽음으로부터 부활할 것이라고 말하는 맥락에서 기록되었다. 따라서 "헛되지 않다"는 말은 영원한 결과를 가져온다는 것을 의미한다.

사랑의 돌봄의 결과는 영원토록 나타날 것이다. 즉 이 땅에서 받은 보상을 상대적으로 희미하게 만드는 하늘에서의 보상이 있을 것이다. 사랑의 돌봄을 제공하는 주요 동기가 그것으로부터 얻는 무엇이 되어서는 안 된다. 그러나 하나님은, 그의 의와 정의로, 우리가 마땅히 받아야 할 상을 받지 못하는 일이 없도록 간섭하실 것이다.

우리는 기본적으로 다음 세 가지 방식으로 시간을 보낸다. 첫째로 우리는 영원한 가치를 지닌 일을 하면서 시간을 잘 투자하며 보낼 수 있다. 둘째로 우리의 삶의 대부분 혹은 일부를 죄 속에서 보낼 수 있다. 셋째로 그 일 자체가 나쁜 것은 아니라고 할지라도 솔직히 말해 시간 낭비인 일을 하면서 보낼 수도 있다. 이 세상에서 행한 일을 심판받기 위해 우리가 하나님 앞에 서야 할 날이 올 것이다. 우리는 감사하게도 우리가 저지른 죄의 행위 때문에 심판받지는 않을 것이다. 왜냐하면 우리가 그리스도를 믿었을 때 그런 죄악들은 용서받았기 때문이다. 심판받을 것은 우리가 낭비한 시간과 비교해서 영원을 위해 선을 행하는 데 투자한 시간이다. 바울은 우리의 선한 행위를 금, 은, 그리고 보석에 비유한 반면에, 우리가 허비한 시간을 불에 타서 연기로 날아갈 나무, 풀, 그리고 짚에 비유한다.

> 만일 누구든지 금이나 은이나 보석이나 나무나 풀이나 짚으로 이 터 위에 세우면 각 사람의 공적이 나타날 터인데 그날이 공적을 밝히리니, 이

는 불로 나타내고 그 불이 각 사람의 공적이 어떠한 것을 시험할 것임이라. 만일 누구든지 그 위에 세운 공적이 그대로 있으면 상을 받고 누구든지 그 공적이 불타면 해를 받으리니, 그러나 자신은 구원을 받되 불 가운데서 받은 것 같으리라(고전 3:12-15).

의심할 여지 없이 치매로 고통받는 환자를 위해 제공되는 사랑의 돌봄은 영원토록 보상받을 금, 은, 보석이다. 부양자는 훗날 다음의 아름다운 구절을 듣는 사람들의 무리에 속할 것이다. "그 주인이 이르되 '잘하였도다. 착하고 충성된 종아, 네가 적은 일에 충성하였으매 내가 많은 것을 네게 맡기리니 네 주인의 즐거움에 참여할지어다' 하고"(마 25:23). 그렇다! 우리에게 보답할 수 없는 사람들에게 우리가 사심 없이 사랑의 돌봄을 베풀 때 하나님께서는 영광을 받으신다. 내가 좋아하는 옛날 찬송가 중 하나는 이 점을 아주 잘 말해준다.

오 주여, 인도하소서
지치고 힘든 내 영혼
내 삶을 주께 맡기니
예비하신 은혜 가득하게 하소서

내 길을 비춰주소서
환하게 비춰주소서
공허한 나의 마음을 저 하늘빛으로

가득히 채워주소서

고통 속에서 기쁨을 찾기 위하여
주님께 나아갑니다
비바람 속에서 약속의 무지개를 바라보며
주께 갑니다 믿고 갑니다
눈물이 없는 곳 주 앞에
다시 서는 날

담대히 주님 앞에 가
영광의 몸을 입으리
그 보좌 앞에 영원토록
살아가리라[5]

치매에 걸린 사람을 돌보라는 하나님의 부르심은 매우 어려운 과제이지만, 많은 측면에서 좋은 기회이기도 하다. 우리가 그 일을 스스로 할 수 없다는 것을 깨닫기 위해서는 진지한 겸손이 필요하다. 그러나 하나님 덕분에 도움을 받을 수 있기에, 우리는 필요할 때 도움을 구해야 한다.

---

5 George Matheson, "O Love That Wilt Not Let Me Go," 1882.

기도

하늘에 계신 아버지, 저는 하나님께서 때때로 매우 어려운 일을 하라고 우리를 부르신다는 것을 알고 있습니다. 당신의 목적이 단지 저에게 행복하고 안전한 삶을 주시는 것만이 아니라는 사실에 감사드립니다. 당신의 목적은 제 영혼을 변화시킴으로써 당신께서 영광을 받으시는 것입니다. 제 삶을 당신께 산 제물로 바치오니 당신의 이름을 영화롭게 하는 데 사용해주소서. 당신께서 바라시는 방식이 무엇이든지 간에 옳은 일을 행하고 당신의 사랑을 다른 이들과 나눌 수 있는 힘을 저에게 주옵소서. 저를 위해 그리고 하나님의 영광을 위해 기도드립니다. 아멘.

Finding Grace in the Face

8장

치매를 통해
어떻게 하나님께 영광을
돌릴 수 있을까?

of Dementia

이제 우리는 이 책의 핵심 부분에 와 있다. 즉 치매라는 비극 속에서 그리고 그 질병을 통해 하나님께 영광을 돌리는 문제를 다루고자 한다. 우리는 지금까지 성경적인 기초를 생각해보았고, 치매의 진단 및 치료, 치매 환자와 부양자가 치매를 경험하며 느끼는 감정 등 치매에 대해 우리가 알아야 할 사항을 점검해보았다. 다음으로 우리가 물어야 할 주요 질문은 만일 하나님의 목적이 모든 것을 통해 경배와 영광을 받는 것이라면 치매와 같은 비극이 어떻게 하나님의 더 크신 계획과 조화를 이루는가다. 그다음 질문은 치매를 통해 하나님의 계획의 일부가 되고 그분께 영광을 돌리기 위해서 우리는 어떤 단계를 밟아야 하는가다. 우리는 여기에 많은 방법이 있음을 알게 될 것이다. 하나님께서는 우리가 다음과 같은 일을 행할 때 영광을 받으신다.

- 성경적 가치 붙잡기
- 치매에 걸린 사람의 존엄성 존중하기
- 치매 환자의 욕구 채워주기
- 사랑으로 돌보기
- 교회에 참여하기
- 경험을 통해 성장하기
- 기도하고, 신뢰하며, 그리스도 안에 우리의 희망 두기

- 삶의 마지막을 잘 맞이하기

하나님께서 귀하게 여기시는 것을 가치 있게 여기기

데이브와 데니스의 이야기로 돌아가보자. 데이브의 치매는 천천히 진행되고 있었다. 데이브가 데니스에게 긍정적인 반응을 보이는 횟수는 점점 더 줄어들었다. 그는 여전히 아내와 함께 있기를 원했지만 좀처럼 그녀를 안고 싶어 하지 않았고, 때로는 그녀의 이름도 부를 수 없었다. 그는 그녀를 다정한 낯선 사람으로 여기는 것 같았다. 그는 하루 동안 무엇을 했는지 기억하지 못했고 좀처럼 집을 떠나려고 하지 않았다. 데니스는 자신의 가장 친한 친구를 잃어버렸다고 느꼈다. 그녀는 남편이자 연인이었던 데이브를 아쉬워했을 뿐만 아니라 동반자로서의 데이브도 잃어버리고 있다고 느꼈다. 데니스가 데이브에게 책을 읽어주려고 하면, 그는 그녀가 읽어주는 것을 따라가지 못했고 종종 그녀에게 그만두라고 거칠게 말하기도 했다. 그가 여전히 음악을 듣는 것을 좋아한다는 사실을 알게 된 후에, 그녀는 그가 가장 좋아하는 음악, 특히 오래된 찬송가 음반을 틀어주었다. 그녀는 그에게 아이스크림을 한 그릇이나 주는 등, 그를 즐겁게 해줄 다른 방법들을 찾았다. 그가 울기 시작하면 그녀는 하던 일을 멈추고 그의 곁에 앉아 그의 손을 잡아주어야 한다는 것을 알았다. 비록 데이브가 예전의 그가 아닌 것처럼 보이긴 했지만, 그녀는 그가 여전히 그녀의 사랑을 받을 자격이 있는 사람이라고 내게 말했다. 데니스는 자신이 데이브를 사랑하는 것만큼 하나님께서 그를 본향으로 데려가시는 것에 대한 준비가 되어 있다고 고백했다. 그녀는 그가 치유받고 그들이 함께 예수와 영원한 삶을 누릴 날을 고대하고 있었다. 데니스는 하나님께서 귀하게 여기시는 것을 가치 있게 여기는 법을 배우고 있었던 것이다.

만일 우리가 치매를 통해 하나님께 영광을 돌리고자 한다면 먼저 하나님을 친밀하게 알 필요가 있다. 우리는 하나님께서 생각하시는 방식으로 생각하고, 삶의 상황들에 그분이 대응하시는 방식으로 대처하며, 그분이 사랑하시는 것을 사랑하고, 그분이 귀하게 여기시는 것을 가치 있게 여겨야 한다. 이런 방식으로 하나님을 알아갈 때 우리는 하나님께서 반응하시는 방식으로 치매에 반응할 수 있다.

우리는 치매가 하나님께서 본래 의도하신 선한 창조의 일부분이 아니라 죄의 결과로서 나왔다는 사실을 인식할 필요성을 이미 살펴보았다. 우리는 하나님께서 치매를 포함하여 자신이 허락하고 행하시는 모든 일을 통제하시며, 그 모든 일에 목적을 가지고 계신다는 것을 이해할 필요가 있다. 감사하게도 우리는 그리스도의 십자가와 구원을 통해 하나님께서 어떻게 나쁜 일을 취하여 선하게 전환시키시는지를 본다. 비록 받아들이기는 힘들지만 치매의 경우에도 하나님은 동일하게 역사하실 수 있다. 끝으로 우리는 우리의 영원한 집이 모든 어려움과 죄로 가득한 이 세상이 아니라는 사실을 안다. 우리의 운명은 하나님과 함께 거하는 것이다. 이는 치매로 고통당하는 사람들과 그들을 돌보는 모든 사람을 포함한다. 우리의 시련은 끝날 것이고, 우리는 하나님의 임재 안에서 평화, 안식, 그리고 점점 더 많은 성취를 발견할 것이다.

우리의 삶에 진정으로 가치를 주는 것은 무엇일까? 스티븐 포스트 (Stephen Post)는 통찰력 있게 다음과 같이 썼다.

> 우리는 합리주의와 자본주의가 탄생시킨 문화에서 살고 있기 때문에, 정신의 명확성과 경제적인 생산성이 인간의 삶의 가치를 결정한다. "나는 생각한다. 고로 나는 존재한다"라는 격언은 "나는 건망증으로 인해 이전의 내 자아로부터 분리된 채 생각하고 느끼며 관계를 맺을 것이다. 그러나 나는 존재한다"라는 말로 쉽게 대체되지 않는다.…인간은 날카로운 지성, 놀라운 기억력, 그리고 경제적인 성공 그 이상의 의미를 지닌 존재다.[1]

우리의 지력과 능력이 우리의 가치를 규정한다는 거짓 메시지를 받아들일 때 우리는 두 가지 오류를 범하게 된다. 첫째, 우리의 개인적 가치에 대한 잘못된 이해를 받아들이게 된다. 둘째, 그런 능력이 부족한 사람의 가치를 폄하하게 된다. 이는 우리가 하나님의 형상으로 창조된 사람의 가치를 폄하하게 된다는 의미에서 하나님 자신을 모독하는 것이나 다름없다. 이런 행위는 우리가 사랑하는 사람의 사진에 오물을 끼얹는 것과 같다. 우리는 치매가 질병이라는 점을 항상 유념해야 한다. 사람들이 폐렴으로 고통당할 때 우리는 그들이 건강할 때 했던 일을 수행할 수 없을

---

1 Stephen Post, *The Moral Challenge of Alzheimer Disease* (Baltimore, MD: Johns Hopkins University Press, 1995), 3.

것이라고 생각하지 않으며, 그들의 가치에 대해서도 의심하지 않는다. 이것은 치매로 고통당하는 경우에도 동일하게 적용되어야 한다.

우리가 다루어야 하는 몇 가지 질문이 있다.

치매에 걸린 사람은 여전히 전인적인 인간인가? 나는 앞에서 사람은 본래 몸과 영혼이 연합된 존재라고 말했다. 여기서 나는 사람이 전인적인 인간이 되기 위해 몸과 영혼이 모두 완벽할 필요는 없다는 점을 강조하고 싶다. 나는 건강한 사람들이 치매에 걸린 사람을 가리켜 "반쪽 인간"이라고 말하거나, "정신이 죽은 후에도 몸은 여전히 살아 있다"라고 말하는 것을 너무 자주 들어왔다. 치매가 성격의 많은 부분을 바꾸는 것은 맞지만, 그들이 하나의 인격체라는 사실까지 바꾸는 것은 아니다. 그들은 이전과 다르게 행동할지 모르지만 여전히 전인적인 인간이다. 인간인 부모에게서 태어난 모든 사람은 하나님의 형상으로 만들어진 인간이다. 우리는 그들을 물건이 아니라 인격체로서 대해야 한다. 철학자 마르틴 부버(Martin Buber)의 용어를 사용하면, 우리는 "나-그것"이 아니라 "나-너"의 측면에서 그들과 관계를 맺어야 한다. 치매는 자아에 대한 인식을 손상시킬 수는 있지만, 자아 자체의 가치를 떨어뜨릴 수는 없다.

하나님은 치매에 걸린 사람들을 사랑하고 귀하게 여기실까? 앞에서 살펴보았듯이 하나님은 분명히 그렇게 하신다. 하나님은 "모든 영혼이 다 내게 속한지라"(겔 18:4)고 말씀하셨다. 이 말씀은 치매에 걸린 사람들과 그 밖의 다른 사람들 사이에 아무런 구별도 하지 않으신다는 포괄적인 진술이다. 왜냐하면 모든 사람이 영혼이기 때문이다. 성경에서 가장 잘 알려진 구절 가운데 하나인 요한복음 3:16에서 "하나님이 세상을 이처럼 사랑하사"라는 말씀은 하나님이 모든 사람을 사랑하신다는 것을 의미한다. 하나님은 우리 모두를 깨어져 그분의 사랑이 필요한 존재로 여기신다. 우리가 얼마나 깨어졌는가는 중요하지 않다.

하나님은 우리의 지력을 얼마나 귀하게 여기실까? 이 질문에 대한 답은 우리가 알고 있는 것처럼 그렇게 크지 않다는 것이다. 아마도 사도 바울이 이에 대한 가장 좋은 답변을 제시해주고 있을 것이다.

> 형제들아, 너희를 부르심을 보라. 육체를 따라 지혜로운 자가 많지 아니하며 능한 자가 많지 아니하며 문벌 좋은 자가 많지 아니하도다. 그러나 하나님께서 세상의 미련한 것들을 택하사 지혜 있는 자들을 부끄럽게 하려 하시고 세상의 약한 것들을 택하사 강한 것들을 부끄럽게 하려 하시며, 하나님께서 세상의 천한 것들과 멸시받는 것들과 없는 것들을 택하사 있는 것들을 폐하려 하시나니, 이는 아무 육체도 하나님 앞에서 자랑하지 못하게 하려 하심이라. 너희는 하나님으로부터 나서 그리스도 예수 안에 있고, 예수는 하나님으로부터 나와서 우리에게 지혜와 의로움과 거룩함과 구원함이 되셨으니, 기록된 바 "자랑하는 자는 주 안에서 자랑하라" 함과 같게 하려 함이라(고전 1:26-31).

예언자 예레미야의 말도 바울의 말과 일치한다.

> 여호와께서 이와 같이 말씀하시되 "지혜로운 자는 그의 지혜를 자랑하지 말라. 용사는 그의 용맹을 자랑하지 말라. 부자는 그의 부함을 자랑

하지 말라. 자랑하는 자는 이것으로 자랑할지니 곧 명철하여 나를 아는 것과 나 여호와는 사랑과 정의와 공의를 땅에 행하는 자인 줄 깨닫는 것이라. 나는 이 일을 기뻐하노라. 여호와의 말씀이니라"(렘 9:23-24).

우리는 우리의 지력을 높이 평가하기를 원하지만 하나님은 그렇지 않다. 예수가 다음과 같이 가르친 것을 잘 기억하자. "이와 같이 나중 된 자로서 먼저 되고 먼저 된 자로서 나중 되리라"(마 20:16). 결론을 다음과 같이 내리는 것이 합당할 것이다. 하나님께서는 치매에 걸린 사람들을 귀하게 여기시며 우리도 그렇게 해야 한다.

하나님은 감정, 느낌, 그리고 관계를 귀하게 여기신다

하나님은 우리의 감정을 귀하게 여기시는데, 그 이유는 하나님 역시 감정을 느끼시기 때문이다. 우리는 하나님께서 기뻐하시고(사 62:5), 사랑하시며(시 103:17; 사 54:8), 탄식하시고(시 78:40; 엡 4:30), 분노하시며(출 32:10), 불쌍히 여기신다는(시 103:13) 것을 성경에서 읽는다. 하나님은 우리가 어떻게 생각하는지에 대해서뿐만 아니라 어떻게 느끼는지에 대해서도 관심을 가지신다. 하나님은 기쁨, 사랑, 즐거움을 경험하도록 우리를 창조하셨지만, 분노, 우울, 낙담 등의 감정을 느낄 수 있는 능력도 우리에게 주셨다. 이런 감정들은 우리의 인지 능력만큼이나 우리의 전인적 존재의 일부다.

감정을 느끼시는 것에 덧붙여서 하나님은 즐거운 기분에 반응하신다. 성경에서 하나님은 들으시고, 냄새를 맡으시며, 아름다움을 음미하시는 분으로 묘사된다. 천국에 대한 아름다운 이미지 가운데 하나는 예수께서 신부와 함께 잔치 자리에 앉아 계시는 모습이다. 잔치는 보고, 듣고, 맛보고, 냄새를 맡고, 느끼는 우리의 모든 감각이 동원되는 축제다. 하나님께서는 모든 감각을 즐기도록 우리를 창조하셨다. 느낄 수 있는 우리의 감정과 능력은 우리의 지력과 마찬가지로 우리의 온전한 인격의 한 부분이다. 감정적·감각적 즐거움은 치매가 진행된다고 하더라도 상실되지 않는다.

끝으로 하나님은 관계적이시다. 창세 전부터 하나님은 삼위일체의 하나님으로 존재하셨다. 인간을 창조하실 때 하나님은 "우리의 형상을 따라 우리의 모양대로 우리가 사람을 만들자"라고 말씀하셨다(창 1:26, 여기서 복수가 사용되고 있음을 주목하라). 하와를 만드시기 전에 하나님은 "사람이 혼자 사는 것이 좋지 아니하니"라고 말씀하셨다(창 2:18). 이 말씀이 결혼이라는 맥락에서 나온 것이라고 할지라도, 그것을 반드시 결혼 관계에만 국한할 필요는 없다. 하나님은 우리를 다른 사람과의 관계가 필요한 사회적 존재로서 창조하셨다.

하나님께서 인간의 독특한 특징으로서 감정, 감각적 즐거움, 그리고 사회적 관계를 심어주셨기 때문에, 우리는 비록 인지 능력이 부족하다고 할지라도 여전히 감정을 경험하고 느낌을 즐기며 다른 사람과 함께하면서 유익을 얻을 수 있는 사람의 가치를 폄하하지 말아야 한다.

하나님은 지금 이 순간을 귀하게 여기신다

인간인 우리가 하나님과 다른 한 가지는 시간과의 관계다. 우리는 현재의 순간에 제한된다. 우리는 지금 이 순간을 경험하지만, 그 순간은 곧 지나가며 다시는 붙잡을 수 없고 단지 우리의 기억 속에만 남을 뿐이다. 우리는 미래가 어떤 모습일까 궁금해하지만 흔히 "하나님만이 아신다"라고 말한다. 맞는 말이다. 하나님은 시간 속으로 들어오셔서 우리와 함께 시간을 통해 여행하실 수 있고(성육신하신 예수께서 그렇게 하신 것처럼), 모든 시간을 현재 시제로 사실 수 있다. 만일 모든 인류의 역사를 시간선상에 놓는다면 하나님은 역사 전체의 시간에 동시에 존재하실 것이다. 당신은 그것이 어떻게 가능한지 이해가 잘 되지 않을 것이다. 나 역시 그렇다. 그러나 다음 구절들을 생각해보자.

하나님이 모세에게 이르시되 "나는 스스로 있는 자이니라"(출 3:14).

산이 생기기 전, 땅과 세계도 주께서 조성하시기 전 곧 영원부터 영원까지 주는 하나님이시니이다(시 90:2).

예수께서 이르시되 "진실로 진실로 너희에게 이르노니 아브라함이 나기 전부터 내가 있느니라" 하시니(요 8:58).

지극히 존귀하며 영원히 거하시며 거룩하다 이름하는 이가 이와 같이 말씀하시되…(사 57:15).

나는 이사야가 하나님은 "영원히 거하신다"라고 말한 표현을 무척 좋아한다. 하나님께서 "나는 스스로 있는 자이니라"라고 말씀하실 때 현재 시제(I AM)를 사용하시는 것은 창세 이전부터 지금까지 영원토록 항상 현존하신다는 것을 나타낸다.

나는 단순하게 현재의 순간을 즐기는 것을 좋아하는 때가 있다. 즉 과거로부터 벗어나고 미래에 대한 생각을 멈추고 현재에만 몰두하는 것이다. 도로시와 나는 해 질 무렵 그 순간의 아름다움을 만끽하면서 걷는 것을 좋아한다. 그 순간 그 밖의 다른 것은 아무것도 중요하지 않고 우리는 현재를 즐긴다. 아마도 이것은 하나님과 다소 비슷할 것이다. 왜냐하면 하나님께서도 현재를 귀하게 여기시기 때문이다. 치매의 피해자들 역시 현재를 즐길 수 있는데, 치매가 심해지고 있을 경우에는 특히 그렇다. 그들은 더 이상 미래에 대해 걱정하지 않으며 과거를 점점 덜 의식하게 된다. 현재의 평화와 기쁨을 발견함으로써 그들은 기억이나 다른 능력의 상실에 대해 염려하지 않는다.

성경과 기억

치매의 많은 부분이 기억과 관련되기 때문에 성경이 기억 능력을 어떻게 여기는지를 생각해볼 필요가 있다. 신명기만 보더라도 "기억하다"라는 단어가 14번 나오고, 성경 전체에는 기억하다, 기념, 기억, 혹은 잊지 말라 등의 표현이 총 226번 등장한다. 예를 들어 시편 103:2은 "내 영혼아, 여호와를 송축하며 그의 모든 은택을 잊지 말지어다"라고 말하고, 신명기 32:7은 다음과 같이 이야기한다. "옛날을 기억하라. 역대의 연대를 생각하라. 네 아버지에게 물으라. 그가 네게 설명할 것이요. 네 어른들에게 물으라. 그들이 네게 말하리로다." 우리의 기억 능력이 성경 전체를 통해 반복적으로 나타나는 주제라는 것은 의심할 여지가 없다. 기억은 하나님의 설계에 의해 우리에게 주어진 놀라운 능력이다. 하나님께서 기억을 귀하게 여기시므로 우리도 마땅히 그렇게 여겨야 한다. 그래서 기억의 상실은 비통할 만한 일이다.

기억은 커다란 기쁨의 원천이 될 수 있다. 우리는 하나님께서 과거에 우리에게 주신 축복을 기억하고 기뻐하며 하나님께 감사하고 그에게 영광을 돌린다. 기억은 현재 섬김과 희생의 행위를 하도록 우리에게 동기를 부여한다. 지혜는 우리가 과거의 여러 기억을 종합하여 그것들로부터 배울 때 종종 생긴다. 기억은 우리가 보다 예리한 관점에서 현재의 삶을 볼 수 있도록 해준다. 우리는 힘겨운 시간을 겪고 있을 수 있지만, 그런 시간을 좀 더 인내할 수 있게 해주는 기억이 떠오를 것이다. 도움을 구하기 위해 하나님을 의지해야 하는지 의심을 품고 갈등할 때 우리는 주님이 우리를 위해 십자가에서 행하신 일을 기억할 필요가 있다. 그 일을 기억하면서 우리는 현재 우리가 필요로 하는 것에 대한 그의 도움을 확신할 수 있다. 구약에서 우리는 곤고한 상황에 둘러싸여 있음에도 불구하고 영원불변한 하나님의 사랑과 신실함을 기억함으로써 용기를 내는 예언자 예레미야를 본다.

> 내 고초와 재난 곧 쑥과 담즙을 기억하소서.
> 내 마음이 그것을 기억하고 내가 낙심이 되오나
> 이것을 내가 내 마음에 담아 두었더니
> 그것이 오히려 나의 소망이 되었사옴은
> 여호와의 인자와 긍휼이 무궁하시므로
> 우리가 진멸되지 아니함이니이다.
> 이것들이 아침마다 새로우니
> 주의 성실하심이 크시도소이다(애 3:19-23).

하나님께서는 우리가 잘 잊어버린다는 것을 알고 계시며 기억하도록 우리를 도와주는 방법을 처방해주셨다. 하나님이 안식일을 제정하신 것은 여러 가지 이유가 있는데, 그중 하나는 이스라엘 백성들로 하여금 그들이 한때는 이집트에서 종이었다는 사실을 기억하게 하시려는 것이었다(신 5:13-15). 유대인들은 자신들이 이집트인의 압제에서 구원받은 사실을 잊지 않기 위해 해마다 유월절을 기념하라는 명령을 받았다. 역사를 통해 하나님께서는 그분의 백성이 특정 사건을 기억하도록 하시기 위해 다양한 기념비를 만들 것을 명령하셨다(돌을 쌓는 등). 우리의 기억을 일깨우는 이런 관습은 신약성경에서도 계속 이어졌다. 우리 주님은 성찬을 제정하실 때, 제자들에게 "나를 기념하라"고 하시면서 성찬식의 요소들을 말씀하셨다(눅 22:19). 하나님께서는 죄로 인한 많은 결과에 대해 슬퍼하시는 것과 마찬가지로 치매로 인해 그분의 백성이 기억을 잃어버릴 때 슬퍼하실 것이다.

우리의 빈약한 기억력을 돕기 위해 하나님께서 행하신 가장 큰 일 중 하나는 바로 우리에게 성령을 보내주신 것이다. 예수는 이에 대해 다음과 같이 말한다. "보혜사 곧 아버지께서 내 이름으로 보내실 성령 그가 너희에게 모든 것을 가르치고 내가 너희에게 말한 모든 것을 생각나게 하리라"(요 14:26). 예수는 성령이 생각나게끔 하는 것이 우리에게 가져다줄 것, 즉 두려움으로부터의 평화와 자유를 계속해서 묘사한다.

그러나 너무 많은 것을 기억하고 있을 때가 있다. 만일 우리가 과거에 경험했던 시시콜콜한 것까지도 모두 기억한다면, 우리는 기억에 압도되어 그 많은 정보 속에서 필요한 것을 골라낼 수가 없게 될 것이다. 하나님의 섭리 안에서 우리는 혼란스러운 과거의 많은 것을 잊어버리고 현재 지혜로운 선택을 하는 데 필요한 것만을 기억한다. 바울이 과거에 대해 잊어버려야 할 것들은 기꺼이 잊어버렸다는 점에 주목하라. "형제들아, 나는 아직 내가 잡은 줄로 여기지 아니하고 오직 한 일 즉 뒤에 있는 것은 잊어버리고 앞에 있는 것을 잡으려고 푯대를 향하여 그리스도 예수 안에서 하나님이 위에서 부르신 부름의 상을 위하여 달려가노라"(빌 3:13-14). 바울은 만일 그가 그리스도 안에서 삶의 목표에 도달해야 한다면 과거의 어려움과 영광을 모두 잊어버리고 앞으로 계속 달려나가야 한다는 것을 인식했다.

우리는 우리의 기억력이 아무리 좋다고 하더라도 자주 형편없어진다는 점을 깨달아야 한다. 아내와 내가 젊은 커플들과 친하게 지냈을 때, 내가 그들에게 그들의 첫 만남에 대해 물으면 종종 두 가지 다른 이야기를 듣게 되는 것이 흥미로웠다. 여자가 자신이 소중히 여기는 기억을 꺼내면 남자는 끼어들면서 "자, 이제 내가 기억하는 이야기를 좀 들어 보세요"라고 말한다. 게다가 우리의 기억은 어느 정도 변덕스럽고, 자신에게 유리하도록 왜곡되는 경향이 있다. 우리는 실제로 일어난 일보다 조금이라도 더 나은 모습으로 자신을 돋보이게 하는 이야기를 얼마나 자주 하는가? 우리가 기억하는 것은 사실 실제로 발생한 일이 아니라, 그랬으면 하고 우리가 바라는 것일 경우가 많다. 우리는 부분적으로 죄의 본성으로 인해 자신을 영웅으로 생각하거나 실제 모습보다 더 낫게 자신을 묘사하기를 좋아한다.

우리는 우리의 기억이 고장 날 수 있다는 것을 인식하지만, 한 가지 위로가 되는 사실은 하나님께서 완벽하게 기억하신다는 것이다. 그로 인한 놀라운 결과는 하나님께서 우리를 결코 잊지 않으신다는 사실이다. 우리는 대부분 다음에 나오는 약속에 큰 위로를 받는다.

> 여인이 어찌 그 젖 먹는 자식을 잊겠으며
> 자기 태에서 난 아들을 긍휼히 여기지 않겠느냐?
> 그들은 혹시 잊을지라도
> 나는 너를 잊지 아니할 것이라.
> 내가 너를 내 손바닥에 새겼고
> 너의 성벽이 항상 내 앞에 있나니(사 49:15-16).

우리는 하나님께서 완벽하게 기억하신다는 사실에 위안을 얻지만, 하나님께서 종종 잊어버리기를 선택하신다는 사실에도 위로를 받는다. 일단 우리가 예수를 믿고 거듭나면, 하나님께서는 우리의 죄를 위해 예수께서 지불하신 것을 완전히 받아들이시고 우리의 죄과를 기억하지 않으신다. "나 곧 나는 나를 위하여 네 허물을 도말하는 자니 네 죄를 기억하지 아니하리라"(사 43:25).

기억과 치매

기억은 매우 중요하며 하나님께서 기억을 매우 귀하게 여기시기 때문에 우리는 치매에 걸린 사람들의 기억을 보존하기 위해 할 수 있는 일은 무엇이든지 해야 한다. 그들의 삶의 이야기를 그들에게 되풀이해서 말해주는 것도 한 가지 방법이 될 수 있다. 우리는 하나님께서 그분의 은혜로 치매에 걸린 이들을 그에게 인도하시고 그들 안에서 그리고 그들을 통해 어떻게 일하시는지를 강조해야 한다. 그들은 주일학교 시절부터 자신이 알았던 성경 이야기를 듣는 일에 절대로 싫증 내지 않을 것이다. 우리는 하나님께서 그들을 사랑하시며 예수께서 그들을 위해 죽으셨다는 사실을 반복해서 들려줄 필요가 있다. 우리는 찬송을 부르거나 들려줄 수 있는데, 그렇게 할 때 그 찬송이 그들의 감정적 기억을 건드릴 것이다.[2] 또

---

2   알츠하이머 협회는 "두뇌를 위해 노래하기"(Singing for the Brain)라는 제목의 웹사

한 우리는 지속적으로 우리가 얼마나 그들을 사랑하는지를 그들에게 상기시켜주어야 한다.

요약하면 우리가 하나님의 가치들을 받아들일 때 그 가치들이 치매에 대한 우리의 태도를 변화시키기 시작하고 하나님께서 영광을 받으실 것이다.

기도

하늘에 계신 아버지, 저는 저 자신의 지적 능력과 제가 지금까지 성취한 것들에 대해 너무 큰 자부심을 가지고 있었습니다. 그러나 이런 생각들이 죄라는 것을 깨달았습니다. 하나님은 너무나 크시기에 제가 내세우는 이런 것들이 당신께는 그렇게 중요하지 않다는 것도 알게 되었습니다. 저의 진정한 가치는 당신께서 저를 당신의 형상으로 만드셨고 구세주의 피로써 저를 사셨다는 사실에 있다는 것을 마음 깊이 깨달았습니다. 계속해서 이 사실에 초점을 맞출 수 있도록 저를 도와주소서. 당신께서 제가 무엇

이트를 가지고 있다. 이 사이트에는 다음과 같은 글이 나온다. "노래를 부르는 것은 즐거운 활동일 뿐만 아니라 치매에 걸린 사람들이 그들을 돌보는 사람들과 더불어 자신을 표현하고, 재미있고 힘을 주는 그룹 안에서 다른 사람들과 관계를 맺는 방법도 제공해준다. 그 재미 안에 숨겨진 것은 뇌 속에 저장되어 있던 노래와 음악에 대한 친숙한 기억을 바탕으로 한 활동들이다. 심지어 많은 기억을 되찾기가 어려울 때조차도 음악은 특별히 생각해내기가 쉽다. 2015년 12월 23일 다음 사이트를 참조함. https://www.alzheimers.org.uk/site/scripts/documents_info.php?documentID=760.

을 기억하기를 원하시는지, 그리고 당신의 지혜와 감사의 영을 얻기 위해 제 기억을 어떻게 사용하기를 원하시는지 기억하도록 도와주소서. 제가 혹시 당신을 잊어버린다 해도 당신은 절대로 저를 잊지 않으신다는 것에 감사합니다. 저를 위해 그리고 당신의 영광을 위해 기도드립니다. 아멘.

Finding Grace in the Face

9장

치매에 걸린 사람들의
존엄성 존중하기

of Dementia

나는 병원에서 제레드와의 약속 시간을 항상 고대했다. 결혼한 지 63년이 된 제레드와 제인은 서로 깊이 사랑하고 있었다. 제레드는 중간 단계의 치매로 고통당하고 있었지만, 여전히 항상 유쾌했고 웃음을 잃지 않았으며 상냥했다. 제인과 그의 관계를 지켜보는 것은 커다란 즐거움이었다. 내가 진료실로 들어갔을 때 제인은 제레드의 손을 꼭 잡고 그의 웃음에 맞춰 콧노래를 부르고 있었다. 내가 제레드에게 질문할 때면 그는 제인에게 고개를 끄덕였으며, 그녀는 항상 자기 자신만을 위해 말하지 않고 복수를 사용하여 대답하곤 했다. 제레드는 언제나 자신이 대화의 일부라고 느꼈으며 결정을 하는 데 있어서도 어느 정도의 역할을 담당했다. 제레드가 치매를 겪고 있는 상황에서도 제인은 하나님께서 주신 그의 존엄성을 분명히 존중했다. 그녀는 그가 하나님의 형상으로 창조되었다는 것을 알고 있었기에 그를 존중했던 것이다.

치매 환자의 존엄성을 존중하는 것은 성경적 가치와도 일치한다. 이는 치매 환자들이 쇠약해져가는 상태에서도 그들의 삶의 질을 크게 향상시킨다. 최근에 나는 한 그룹의 노인들에게 치매에 관해 강연한 적이 있었다. 앞줄에 앉아 있던 한 여성이 조용히 울기 시작했다. 모임이 끝날 무렵 고맙게도 그녀가 나에게 와서 말을 걸었다. 그녀는 내게 수년 동안 치매로 고생하다가 최근에 죽은 자기 남편에 대해 말했다. 그녀는 남편이 치매로 고생하는 동안에 그가 가지고 있는 존엄성에 대해 전혀 생각해보지 않았으며, 자신은 그를 정신은 없고 몸만 남은 비인간으로 여겼다고 털어놓았다. 그녀는 "만약 내가 남편이 여전히 인간으로서 존엄성을 가지고 있다는 것을 인지했었더라면 우리 두 사람 모두 훨씬 더 나은 시간을 보낼 수 있었을 텐데요"라며 말을 끝맺었다.

우리가 치매에 걸린 누군가의 존엄성을 존중하고자 할 때 일정한 규칙이나 정해진 순서가 있는 것은 아니다. 개인이 경험하는 치매의 각 단계에서 다루어야 할 독특한 과제가 존재할 뿐이다. 그리스도인으로서 우리는 치매에 걸린 사랑하는 사람에게 존중을 표현할 수 있도록 성령의 도움을 구하며 하나님을 의지해야 한다. 이를 위해 우리가 따를 수 있는 유용한 지침들을 살펴보도록 하자.

예수로부터 배우기

우리에게는 예수가 치매로 고통당하는 사람과 교류한 것에 대한 기록이 없다. 그럼에도 불구하고 우리는 예수에게서 많은 것을 배울 수 있는데, 그 이유는 예수가 "두루 다니시며 선한 일을 행하시고…모든 사람을 고치신"(행 10:38) 위대한 의사였기 때문이다(지금도 여전히 그렇다). 예수는 온갖 종류의 신체적·정신적·영적 질병을 고치셨다. 그는 사람들이 질병으로 죽을 고생을 하는 것에 대해 긍휼의 마음을 품고 각 개인을 대하셨다. 예수는 그들과 함께 시간을 보냈고, 그들에게 직접 이야기했으며, 질문을 던졌고, 그들을 만졌으며, 사심 없이 자기 자신을 내어주셨다. 그는 그들을 존중했으며 그들이 그에게 준 고통에 대해 그들을 비난하지도 않았다. 심지어 예수는 자신이 배가 고플 때 음식을 먹을 시간도 없이 사람들을 섬기셨다. 신체적인 피곤함과 수면 부족조차도 도움이 필요한 사람들을 돌보는 그의 사역을 막지는 못했다. 예수는 사회에서 존경받는 자로부터 무시당하고 버림받은 자까지, 많이 배운 자로부터 배우지 못한 자까지, 의로운 일을 행하는 자로부터 죄로 인해 갇힌 자까지 모든 부류의 사람들을 도와주셨다. 그는 그들을 사랑했기 때문에 이 모든 일을 할 수 있었다. 우리가 추측하기로 그가 그들의 존엄성을 존중한 것은 그들이 하나님의 형상으로 창조되었기 때문이다.

내가 좋아하는 예수의 이야기 중 하나는 마가복음 10장에 기록된 맹인 바디매오를 고쳐준 일이다. 바디매오는 당시 문화적 기준에서 볼 때 배척되고 소외당하는 사람이었다. 예수를 따르는 무리는 바디매오가 도움을 받을 만한 가치가 있다고 믿지 않았기 때문에 그가 큰소리를 지르며 도움을 구할 때 조용히 하라고 다그쳤다. 그러나 예수는 멈추어 서서 바디매오를 부르라고 하셨다. 예수는 그를 문제가 있는 사람이나 발달장애인으로 다루지 않았으며 시간을 내어 그와 대화를 나누셨다. 그는 먼저 바디매오의 존엄성을 존중했고, 그다음에 그를 치유하셨다. 이는 우리가 따라야 할 본보기가 아닌가! 우리는 단지 편리할 때에만 예수를 우리의 본보기로 삼아서는 안 된다. 그는 불편할 때에도 그렇게 하라고 우리에게 명령하셨다. 강도를 만나 도움이 시급한 상황에 있었던 이를 도와준 사마리아인의 이야기를 하면서 예수는 자신의 이야기를 듣고 있던 자들에게 "가서 너도 이와 같이 하라"고 말씀하셨다(눅 10:37). 우리 역시 치매에 걸린 사람들을 포함해서 모든 사람을 존중해야 한다. 예수는 우리가 어려움에 처한 이들을 돌볼 때 실제로 예수를 섬기는 것이라고 가르치셨다(마 25:40). 이 얼마나 큰 영광인가!

시간이라는 선물 나누기

하나님은 우리를 사회적인 사람들로 만드셨다. 즉 우리는 관계라는 틀 속에서 번창한다. 치매에 걸린 사람들도 대부분 마찬가지다. 그들은 필사적으로 사람들과의 관계를 갈망하며 외로움에서 벗어나려고 한다. 치매에 걸린 사람들이 자신이 사랑하는 사람들을 포함하여 다른 이들에게 무시당하는 것은 너무나 흔한 일이다. 그들의 외로움은 치매로 인해 더욱 심해지는데, 왜냐하면 그들은 누군가가 그들과 함께 시간을 보낸다고 하더라도 금방 그 사실을 잊어버리기 때문이다. 나는 장모님이 내가 그녀를 보려고 온 적이 한 번도 없기 때문에 내가 더 이상 그녀를 사랑하지 않는다고 아내에게 말했던 것을 똑똑히 기억한다. 장모님의 입장에서 그녀의 결론은 타당했다. 그러나 사실 나는 장모님을 날마다 방문했고, 그녀가 그 사실을 잊어버린 것이었다. 비록 장모님이 내가 방문한 사실을 잊어버리곤 했지만, 그녀가 그 시간을 즐거워했기 때문에 나는 시간 낭비를 한 것이 아니다.

 우리가 생각하는 것과 달리 함께 있어주는 선물은 아마도 치매 말기 단계에서 가장 중요할 것이다. 이 시기에 치매 환자 주변의 사랑하는 사람들은 자신이 애써 방문한 것이 아무런 의미도 없는 것 같다는 느낌을 자주 받곤 한다. 그들은 치매 환자가 자신을 알아보지 못하거나 자신의 방문을 기억하지 못할 것이라고 추측한다. 이는 정확히 잘못된 결론이다. 치매 말기에 있는 이들은 종종 3개월밖에 안 된 아기와 같다. 아기는 "엄마, 사랑해요. 엄마가 여기에 있어서 너무나 좋아요"라고 말하지 않지만, 엄마가 함께 있다는 것을 의식하고는 편안하고 안전하다고 느낀다. 물론 치매에 걸린 성인은 어린아이가 아니며 어린아이처럼 취급당해서도 안 된다.

사람에 초점 맞추기

치매 환자를 대할 때 그들이 욕구, 능력, 잠재력 등을 지닌 독특한 존재라는 사실을 잊기 쉽다. 우리는 그들이 여전히 감정을 느끼고 있으며 인간관계가 필요하다는 점을 살펴보았다. 우리는 그들을 고쳐야 하는 문제로 여겨서는 안 된다. 나는 수년 전에 만났던 환자인 엘리자베스로부터 많은 것을 배웠다. 그녀는 자매인 프란세스와 함께 병원에 왔다. 프란세스는 엘리자베스가 밤에 거리를 헤매고 다녔고 경찰이 그녀를 발견해서 집으로 데려왔다고 말했다. 프란세스는 그 사건을 이야기할 때 눈물을 글썽거렸으며 더 나쁜 일이 일어날까 봐 두려워했다. 엘리자베스는 시무룩하게 앉아 있었는데, 배가 고파서 먹을 것을 사러 밖에 나가고 싶었다고 다소 화난 말투로 설명했다. 그다음에 그녀는 "아무도 내 말을 듣지 않네!

나는 중요하지도 않다는 거야?"라고 말했다. 나는 놀라 당황했으며 미안한 마음이 들었다. 비록 프란세스가 말한 것이 사실이라고 하더라도 엘리자베스는 우리의 대화에 함께할 권리가 있었다. 그리고 그녀의 존엄성을 존중한다면 나는 프란세스와의 대화를 중단하고 애초에 엘리자베스에게 그녀의 염려가 무엇인지 물어보았어야 했다는 것을 깨달았다.

치매에 걸린 사람들의 욕구나 감정이 무시되는 일은 의료계뿐만 아니라 가족 안에서도 너무 자주 일어난다. 나는 다음과 같이 말하는 것을 얼마나 자주 들었는지 모른다. "존스씨는 오늘 오후에 머리가 아프다고 호소했지만, 그는 치매에 걸렸거든요. 그러니 그가 실제로 무엇을 느끼는지를 누가 알겠어요?" 이런 반응은 나쁜 처방일 뿐만 아니라 존스씨의 고유한 가치를 부인하는 것이기도 하다. 이는 그의 질병에만 초점을 맞출 뿐 그의 존재를 보지 않는 것이다. 존스씨가 자신의 통증을 부정확하게 설명했을 수도 있지만, 그렇다고 해서 그의 말을 깎아내려서는 안 된다.

의사소통 방법 배우기

사람들의 존엄성을 인정하는 일은 그들이 의도하는 것이 무엇인지 이해하고자 하는 열망과 더불어 가능한 한 그들에게 우리를 이해시키려는 노력을 요구한다. 앞에서 살펴본 것처럼 효과적인 의사소통은 말하는 이와 듣는 이 모두에게 많은 인내를 요구한다. 치매에 걸린 사람들은 적절한 단어를 선택하기가 어려울 때 누군가 도와주는 것에 대해 고마움을 느낄 수도 있고 때로는 그것을 모욕이라고 여길 수도 있다. 그들의 존엄성을 존중하려고 노력할 때 우리는 그들이 느끼는 기분을 매우 민감하게 다루는 것이 필요하다.

　치매 말기에는 제한된 인지 능력으로 인해 언어적 의사소통이 많이 축소될 수 있다. 사실 이 시점에 일반적으로 나타나는 여러 이상한 행동은 의사소통을 하려는 노력의 일환일 수 있다. 그들의 특정한 행동을 이해하고자 하는 사람들은 그런 행동이 무엇을 말하려고 하는 것인지를 이해하려고 기꺼이 씨름해야 한다. 음식을 뱉는 행동은 "나는 당신이 내게 준 이 음식을 정말로 좋아하지 않아. 다른 것을 줄 수 있을까?"라고 말하는 방식일 수 있다. 다른 사람들 앞에서 옷을 벗는 행동은 "화장실에 가고 싶다", 아니면 "너무 더워"라는 뜻일 수 있다. 여기저기 방황하는 행동은 "나는 따분해서 무엇인가 할 일을 찾고 있어"라는 의미일 수 있다. 나는 치매 환자들이 반복해서 "제발 집에 데려다줘"라고 말하는 것을 듣는다. 이 말은 보통 "무슨 일이 벌어지고 있는지 내가 알고 이해했던 세상으로 돌아갈 수 없나?"라는 의미다.

　이런 경우에 우리는 치매 환자들이 말하는 것의 의미를 분명히 하고 그것이 맞는지를 그들에게 물어볼 수 있다. 그들이 우리에게 대답해줄 수도 있을 것이다. 만일 그들이 음식을 뱉으면, 우리는 그들이 다른 음식을 먹고 싶다는 것인지 물어볼 수 있다. 그들은 종종 적절하게 반응할 수 없을지도 모른다. 만약에 그들이 울면서 특별한 고통을 말하려고 한다는 생각이 들면, 우리는 그들에게 아픈 곳이 있는지, 만일 그렇다면 어디가 아픈지를 가리키라고 요청할 수 있다. 그들의 공격적인 행동이 실제로는 의사를 전달하려는 노력이라는 사실을 인지하지 못하면 우리는 그냥 화를 내게 될지도 모른다. 그러나 의사소통을 하려는 그들의 노력을 정확하게 해석하고자 노력한다면, 우리는 그들의 존엄성을 존중하고 있는 것이다.

효과적인 의사소통은 치매 환자를 이해하려는 노력뿐만 아니라 환자가 우리를 이해할 수 있도록 하는 능력도 필요하다. 짧은 문장과 간단한 어휘를 사용하고 한 번에 하나의 생각만을 이야기하면서 천천히 말하는 게 도움이 될 것이다. 환자가 보청기와 안경을 끼고 있는지를 확인하여 그들이 당신의 입술을 읽을 수 있게 하라. 말을 할 때에는 그들의 얼굴을 쳐다보고 단어를 반복하라. 당신이 말하고자 하는 메시지가 환자에게 전달되었는지를 확인하기 위해 손짓이나 몸동작을 사용하는 것도 도움이 될 수 있다.

치매 환자의 자율성 존중하기

내가 제레드에 대해 질문했을 때 제인이 항상 제레드를 대화에 포함시키는 방식으로 반응했던 것을 기억하라. 그녀는 그렇게 함으로써 자신의 삶을 제어하길 원하는 제레드의 갈망, 즉 그의 자율성에 대한 존중을 보여주었다. 그녀는 모든 일을 제레드에게 묻지 않고 좌지우지할 수 있었지만, 결정을 내리기 전에 계속해서 그의 의견을 물어보았다. 비록 결과적으로는 그녀가 결정을 내렸지만, 제레드는 한 번도 자기가 의사결정 과정에서 배제되었다고 느끼지 않았다. 해야 할 일을 누군가에게 항상 지시받고 싶어 하는 사람은 아무도 없다. 이는 치매에 걸린 사람들도 마찬가지다.

치매 초기 단계에서 환자들은 그들 스스로 많은 결정을 내릴 수 있는 능력이 있다. 그런 경우에 우리는 그들의 바람을 따라야 한다. 치매가 진행되면 그들은 몇 가지 선택지 사이에서는 고를 수 있는 능력이 여전히 있을 수 있지만, 좀 더 복잡한 문제에 직면하게 되면 현명한 결정을 할 수 없다. 그럴 경우에 예를 들어 만일 아이스크림을 사려고 밖에 나갔다면 그에게 좋아하는 두 가지 종류 중에서만 선택하게 하라. 모든 아이스크림 종류 중에서 선택하게 하는 것은 바람직하지 않다. 결정해야 할 사항이 보다 복잡하고 그 결정의 영향이 좀 더 중대한 경우에는 환자에게 결정하라고 물어보기 전에 과연 그가 결정의 복잡성을 이해하고 있는지를 평가하는 것이 필요하다. 아이스크림에 대해 결정을 내릴 수 있는 환자가 개심 수술(open-heart surgery)을 받을 것인지를 결정하는 데 포함되는 많은 문제를 이해할 수는 없을 것이다. 그럼에도 가능한 한 환자가 그들의 선택에 대해 상당한 통제력을 가지고 있다고 더 많이 느끼게 하면 할수록, 우리는 그들의 고유한 존엄성을 우리가 존중하고 있음을 더 많이 보여주는 것이다.

자율성을 존중하는 일이 항상 쉬운 것은 아니다. 나는 자립을 주요 가치로 여기는 경증에서 중간 단계의 치매 환자와 무엇보다도 환자의 안전을 최우선으로 두는 가족 사이의 갈등을 보았다. 중간 단계의 치매 환자였던 에드와르도의 사례를 기억한다. 그는 사랑하는 여동생과 처남으로부터 어떤 도움도 받기를 거절했다. 그는 독립적으로 살고 스스로 자기가 먹을 음식을 요리하며 자신의 아파트를 관리하겠다고 주장했다. 그 결과 그는 더러운 환경에서 살게 되었고 영양부족이 되었으며 건강이 급격히 나빠졌다. 적어도 그의 자립은 누구에게도 피해를 주지 않았다. 그러나 그의 가족뿐만 아니라 그의 주치의인 나 역시 그를 그렇게 살도록 내버려두는 것이 너무나 힘들었다. 다른 상황으로 옮기면 그가 매우 비참해질 것을 알기에 우리는 요양원 치료가 필요한 위기가 발생하기 전까지 계속해서 그가 그렇게 하도록 내버려두었다.

치매 환자의 존엄성 보호하기

치매 환자의 존엄성을 존중하는 한 방법으로서 그들의 자율성을 보호하는 것은 중요하지만, 그것이 우리가 고려해야 하는 유일한 방법은 아니다. 때때로 우리는 치매에 걸린 사람들이 자신의 존엄성과 명성에 흠집을 내는 실수를 저지르는 것으로부터 그들을 보호해야 한다. 이것은 치매가 종종 모자란 판단력, 비논리적인 사고, 부족한 억제력 등을 초래하여 자신이 문제가 있음을 인식하지 못하도록 만들기 때문에 반드시 필요하다. 이런 증세는 닉과 수잔이 힘겹게 싸웠던 치매 유형인 전두측두엽 퇴행일 경우에 특히 두드러지게 나타난다. 닉은 여전히 적절한 대화를 할 수 있었고 기억력이 상당히 좋았기 때문에 치매와 연결시키는 것이 쉽지 않았다.

그를 처음 만나면 아무도 그가 치매에 걸렸다고 생각할 수 없었다.

그럼에도 불구하고 그의 사회적 기술 및 판단력은 치매의 영향을 크게 받고 있었으며 어떤 일을 맡아 완수하는 그의 능력(실행 기능) 역시 매우 제한되었다. 가장 가슴 아픈 것은 그에게 무엇이 잘못된 것인지를 인식하는 통찰력이 부족하다는 점이었다. 닉은 자신의 직업을 계속 감당할 수 있다고 주장했는데, 많은 사람이 자신들의 건강과 생계를 그에게 의지하고 있었다. 그러나 닉을 제외한 모든 사람은 그가 그의 일을 할 수 없다고 판단했다. 일을 하지 못한다는 사실에 직면했을 때 닉은 당황스러워하며 화를 냈다. 수잔은 닉이 치매로 진단받았다는 사실을 그의 친구들과 고용주에게 알려서 그를 당황하게 만들고 싶지 않았다. 하지만 동시에 무엇이든 조치를 취해야 했는데, 그렇지 않으면 다른 사람들이 상처를 받고 닉의 좋은 평판이 손상을 입게 될 상황이었다. 마침내 수잔은 닉이 모르게 나서야 했고 닉이 그의 책임을 내려놓을 수 있도록 조정했다. 이 경우에 닉의 좋은 평판을 보호하고 그가 다른 사람에게 해를 입히지 않도록 해야 할 필요성이 자율성과 존엄성에 대한 존중보다 우선되어야 했다. 그렇게 함으로써 하나님께서 영광을 받으셨다.

운전도 위의 사례와 유사한 경우라고 할 수 있다. 부적절한 사람에게 계속 운전을 하도록 허용하는 것은 그의 존엄성을 지지해주는 것이 아니며, 다른 사람들을 위험에 처하게 할 것이다.

잠재력을 최대한 찾을 수 있도록 도와주기

나는 릭 펠프스(Rick Phelps)가 지은 『내가 아직도 할 수 있을 때』(*While I Still Can*)를 좋아한다.[1] 아직 초기 단계지만 천천히 진행 중인 치매의 피해자인 릭은 읽는 이의 가슴을 뭉클하게 하고 용기를 북돋는 문체로 자신의 이야기를 글로 써 내려갔다. 그는 치매가 자신으로 하여금 다른 사람들이 인생의 의미와 가치를 발견하도록 돕지 못하게 하는 것을 용납하지 않았다. 그는 치매와 싸우는 와중에 치매로 고통당하는 이들을 위한 인터넷 지지 그룹인 메모리 피플(Memory People)을 만들었다. 그는 그들의 욕구를 인식했으며 그것을 채워주기 위해 자신이 할 수 있는 일을 했다.

우리는 치매로 고통당하는 이들이 자신이 할 수 없는 일이 아니라 여전히 할 수 있는 일에 가능한 한 많이 초점을 맞추도록 이끌어야 한다. 가능하다면 우리는 그들과 함께 더 많은 일을 하고 그들에 대해 혹은 그들을 위해서는 덜 일할 필요가 있다. 이런 노력을 기울이는 것은 시간이 걸리고 어느 정도의 좌절도 있겠지만, 그들의 삶의 질을 상당히 향상시킬 것이다. 이 목적을 이루기 위해 그들이 성공적으로 해낼 수 있는 활동을 위한 기회를 구하는 것이 중요하다. 이와 마찬가지로 그들이 할 수 없을 것 같은 활동은 하지 않게 하는 것이 도움이 된다.

이에 덧붙여 그들은 자신의 절차적 기억을 통해 일상생활에서 반

---

1   Rick Phelps and Gary Joseph LeBlanc, *While I Still Can: One Man's Journey through Early-Onset Alzheimer's Disease* (Bloomington, IN: Xlibris, 2012).

복되는 행위를 수행할 수 있다. 비록 그들은 그 일을 하도록 자극받을 필요가 있겠지만 말이다. 만일 당신이 "아빠, 옷 입으실 시간이에요"라고 말하면, 그는 어디서부터 시작해야 할지 모를 수 있고, 당신은 그가 그 일을 혼자서 할 수 없다고 추정해버릴 수 있다. 그러나 만일 당신이 "속옷을 먼저 입으세요"라고 말한다면, 그는 그 일부터 수행할 수 있을 것이다. 그런 경우에 그는 누군가를 전적으로 의존해야 할 정도는 아니다. 그가 일을 잘 해낸 것을 인정해주고 아낌없는 칭찬을 해주는 것 역시 도움이 된다. 그가 옷을 입고 있을 때 계속해서 지켜보고 있다가 "아빠, 아주 잘 하셨어요" 또는 "아빠가 이 모든 일을 스스로 하시니 고마워요. 저에게 많은 도움이 된답니다"라고 말하면서 그를 격려할 수도 있다. 그런 격려는 치매 환자의 기분을 좋게 해주고 기능을 잘 수행할 수 있도록 하며 계속해서 그의 존엄성을 유지하게 한다.

다양한 일을 수행하는 치매 환자의 능력은 급격히 달라지기 때문에 반드시 날마다 세심하게 측정해야 한다. 현실적인 능력의 기대치를 설정하는 것 역시 중요하다. 바울은 동료 그리스도인들에게 그들의 능력에 부합하는 방식으로 다른 사람들을 대하라고 권고한다. "또 형제들아, 너희를 권면하노니 게으른 자들을 권계하며 마음이 약한 자들을 격려하고 힘이 없는 자들을 붙들어 주며 모든 사람에게 오래 참으라"(살전 5:14). 우리가 그들에게 인내심을 보여줄 때에는 대부분의 치매 환자들이 제대로 행동하기 위해 최선을 다하기 때문에 치매의 상황에서는 드물게 나타나는 게으른 환자들과, 낙심하여 격려가 필요하고 약하며 우리의 도움이 필요한 이들을 구별해야 한다. 부양자들은 환자의 현재 정신적·신체적 능력에 자신의 반응을 일치시키는 것이 좋다.

의미 찾도록 도와주기

남자와 여자가 창조되었을 때 그들은 즉시 해야 할 일을 부여받았다. 하나님은 그들에게 이 땅을 다스리라고 말씀하셨는데, 이는 그들의 일상생활에 의미를 제공하고 그들로 하여금 자신이 유용하다고 느끼도록 만들어주는 과제였다. 그들은 시간을 허비하거나 단지 자기 자신만을 즐겁게 하려고 하지 말아야 했다. 치매에 걸린 사람들은 가치 있는 일을 수행하는 능력에 한계가 있을 수 있지만, 그럼에도 그들이 할 수 있는 일이 있다. 나는 중간 단계의 치매로 고통받았던 90세의 우리 할머니를 기억한다. 할머니는 일주일에 한 번 우리 집에 오셔서 어머니와 함께 빨래를 개셨다. 그것은 대단한 일이 아니었지만 할머니로 하여금 자신이 무엇인가 가치 있는 일을 하고 있다고 느끼도록 해주었다.

 그러나 의미는 단지 우리가 무엇을 했느냐에서만 나오지 않는다. 때때로 그것은 우리가 누구인지 그리고 어떻게 느끼는지에서 나온다. 우리는 치매에 걸린 사람들에게 그들이 우리에게 얼마나 큰 의미가 있는지, 그리고 그들이 있음으로 인해 우리가 얼마나 기쁜지를 계속 확인시켜줌으로써 의미를 발견하도록 도울 수 있다. 그들이 웃을 때 우리는 그들의 웃음이 우리를 얼마나 기분 좋게 하는지를 말해주어야 한다. 우리는 과거에 그들이 우리를 위해 해준 모든 일에 대해 고맙다고 말할 수 있다.

레이는 내가 무척 좋아했던 환자 중 하나다. 그는 나와 나이가 비슷하고 타고난 재능을 가진 음악가이자 목사다. 그는 나를 만나기 수년 전인 20대 말에 심정지로 인해 심각한 뇌손상을 입었다. 그는 그 일이 발생하기 전에 있었던 일들을 여전히 기억했지만, 그 후에 일어난 일은 어떤 것도 기억할 수 없었다. 특히 그는 어린 시절 주일학교에서 배웠던 노래를 기억하고 계속해서 불렀다. 나는 그의 노래에 감동받은 사람들의 반복되는 증언에 놀랐다. 각자의 삶 속에서 특별한 문제로 힘겨워하던 많은 사람이 레이의 노래야말로 자신이 듣고 싶었던 바로 그 노래라고 말하곤 했다. 치매에도 불구하고 하나님께서는 도움이 필요한 많은 사람의 영혼 깊은 곳을 만져주시려고 레이를 사용하셨다. 노래는 레이가 의미를 발견하도록 도와주었으며, 그는 치매 한가운데서도 계속해서 기쁨을 증언했다.

때때로 누군가가 의미를 발견하도록 돕고자 하는 우리의 노력이 역효과를 낳을 수도 있다. 나는 중증 치매로 고통당하던 프레드 존스(가명)라는 뛰어난 의사의 이야기를 들었다. 그는 어느 의과대학의 명예교수이자 학장이었으나 다른 치매 환자들과 함께 요양원에서 살고 있었다. 그는 자신의 삶 전체를 타인을 돌보는 데 헌신했는데, 이런 그를 기리기 위해 요양원 직원들은 벽에 그의 학위증을 걸어놓았다. 게다가 그의 방문에는 "존스 박사"라고 붙였고 존경의 의미로 그를 "존스 박사님"이라고 불렀다. 그런데 문제가 생겼다. 의미를 찾고자 원했던 그가 계속해서 진료를 보고 그의 동료 레지던트들을 돕기를 원했던 것이다. 이 일은 곧 위기가 되었는데, 그의 전문 분야가 부인과였기 때문에 말할 것도 없이 그와 같은 층에 살고 있는 여성들이 그의 봉사를 반기지 않았다. 요양원 직원들은 지혜롭게 반응하여 그의 학위증을 없애고 문에 걸린 명패를 바꾸고 그를 "존스 박사님"이라고 부르던 것도 그만두었다. 거의 동시에 그는 자신의 과도한 행동을 멈추었고 다른 방법으로 의미를 찾게 되었다.

치매 환자의 세계로 들어가기

치매 말기로 치닫고 있는 사람들이 그들만의 작은 세계 안에서 사는 것은 흔히 있는 일이다. 이런 현상은 그들과 관계를 맺고 있는 사람들이 그들의 세계가 어떤 모습인지 이해하려는 노력을 중요한 것으로 만든다. 이는 흥미롭게도 그리스도께서 하신 일과 같다. 예수는 "오히려 자기를 비워 종의 형체를 가지사 사람들과 같이 되셨고 사람의 모양으로 나타나사 자기를 낮추시고 죽기까지 복종하셨으니 곧 십자가에 죽으심이라"(빌 2:7-8). 예수는 우리를 효과적으로 섬기기 위해 우리의 세계로 들어오셨다. 그러므로 우리도 치매로 고통당하는 사람들을 효과적으로 섬기고 그들에게 반응하기 위해 그들의 세계로 들어가야 한다.

치매 초기에 "현실 인식 훈련"(reality orientation)을 연습하는 것은 혼란에 대처하는 효과적인 방법일 수 있다. 내 어머니께서 나를 다른 누군가로 생각하기 시작했을 때 나는 "아니에요, 어머니, 나는 당신의 아들 존이에요"라고 부드럽게 말하며 내가 누구인지를 상기시켜드렸다. 그 이후로 어머니를 만날 때마다 나는 먼저 "안녕하세요, 어머니, 존이에요"라고 말하곤 했다. 어머니는 한동안 내 말에 적절하게 반응하셨지만 병이 더욱 악화되면서 현실 인식 훈련은 더 이상 도움이 되지 않았다. 나중에 어머니께서 나를 아버지라고 굳게 믿게 되었을 때 사실을 말하려는 나의 노력은 단지 그녀를 실망시킬 뿐이었고 어머니는 내가 자신을 속이려 한다고 생각하셨다. 그 시기는 그녀의 세계로 들어가서 그녀의 생각과 함께하기 위해 "인정 치료"(validation)를 실행할 때였다. 그래서 나는 내가 그녀를 얼마나 사랑하는지 그녀에게 말하고 과거에 우리가 즐겁게 보냈던 가족 시간의 일부를 회상하면서 반응했다. 나는 그녀에게 거짓말하지 않았고, 그녀의 말을 고치려고도 하지 않았으며, 다만 아이 같은 그녀의 상상의 세계로 가능한 한 많이 들어가려고 했다. 나는 우리 큰아들이 세 살이었을 때 인정 치료를 연습했던 것을 기억한다. 몇 주 동안 아들은 자신이 개구리라고 확신했다. 무엇을 먹든지 간에 그는 그것이 모기라고 말했다. 잠자리에 드는 시간에 그는 자기의 "백합 패드"에 누워서 "개굴개굴" 소리를 내고는 꿈나라로 빠져들었다. 그 모습이 너무 우스꽝스러워서 배꼽을 잡았는데, 우리는 그가 개구리가 아니라고 주장함으로써 "현실 인식 훈련"을 실행해야 할 의무감을 전혀 느끼지 않았다.

 우리가 치매에 걸린 사람들의 세계로 들어감으로써 그들의 존엄성을 존중할 수 있는 실제적인 방법이 많이 있다. 몇 가지 예를 들면 다음과 같다.

1. 만일 당신이 그들이 살아온 과거의 내력에 익숙하지 않다면 그것에 대해 알아보라. 그들이 여전히 가지고 있는 기억을 즐기도록

그들의 과거에 대해 그들에게 이야기하라. 그림책을 편집하여 그 안에 있는 그림들을 설명해주면 도움이 될 것이다.

2. 재미있는 이야기를 나누라. 그들이 그 이야기를 이해하지 못할지도 모르지만, 만일 당신이 웃는다면 그들도 당신을 따라 웃는 것을 즐길 수 있을 것이다.

3. 그들이 무엇으로 불리기를 원하는지 알아내서 그들과 이야기할 때 이용하라. 그것은 아마도 그들이 어린아이였을 때의 별명일 수 있다.

4. 그들이 삶에서 이전부터 좋아하거나 싫어하던 것들에 대해 알아보라. 그들이 한때 즐기던 장소로 그들을 데리고 가서 좋아하던 음식을 먹게 해줄 수도 있다. 그들의 건망증으로 인해 당신이 이 일을 반복해서 해야 할 수도 있을 것이다. 만약 그들이 맥도널드 햄버거와 치즈를 좋아했다면, 그들은 날마다 그것을 먹어도 좋을 수 있다.

5. 그들이 좋아했던 음악을 연주하거나 노래를 불러라.

6. 그들과 함께 무엇을 하든지 간에 시간을 두고 천천히 하라. 치매에 걸린 사람들의 삶은 천천히 움직인다. 그들은 급하게 서두른다는 느낌을 받으면 당황하거나 심지어 붕괴로까지 이어질 수도 있다.

7. 치매가 야기하는 한계 상황을 인정하라. 치매가 진행되면서 환자는 과거와 미래에 대한 관심은 줄어들고 현재에 좀 더 초점을 맞출 것이다. 그들은 바깥세상의 뉴스에 그다지 관심이 없고 집이나

방이 주는 편안함에서 떠나려고 하지 않을 것이다. 다른 사람들의 삶에서 일어나는 일이 그들에게는 중요하지 않을 것이다. 결국 그들은 지금 여기서 자신이 어떻게 느끼는지에 대해서만 관심을 가질 것이다. 그들의 존엄성을 존중하기 위해 그들 주변의 사람들은 그들과 함께 현재를 즐기는 법을 배워야 한다. 때때로 그들은 그저 만져주고 안아주는 것만을 원할지도 모른다. 부양자에 비해 환자들에게는 활동에 대한 필요성이 그리 크지 않을 수 있다.

8. 변화에 대한 그들의 저항을 존중하라. 그들이 편안하다고 느끼는 일상적인 계획을 세우라. 동일한 시간에 식사하고 일정한 시간에 잠자리에 들고 일어나는 것이 가장 좋다. 그들이 사는 세상은 많은 변화가 필요하지 않다.

9. 만일 그들이 당신이 무엇인가를 잘못했다고 느끼고 그것 때문에 화를 낸다면, 발생한 일에 대한 그들의 이해는 당신의 것과 완전히 다르다는 것을 수용하라. 변명을 늘어놓지 말고 충분히 사과하라. 그런 행동이 그들을 긍정하고, 논쟁을 피하며, 그들의 기분을 좀 더 나아지게 해줄 것이다.

기도

하늘에 계신 아버지, 다른 사람들의 존엄성을 존중하는 것은 매우 어려운 일이기에 저는 배워야 할 것이 많습니다. 예수께서 보여주신 본을 따르며 그가 하신 것처럼 다른 사람을 섬기기 위해 필요한 지혜와 창의력을 허락해주소서. 치매에 걸린 이들에 대한 저의 관점을 바꾸어주시고, 그들 안에 있는 예수를 보게 하시며, 주님 안에서 제가 보는 것과 동일한 존엄성으로 그들을 대하게 하소서. 저 자신과 제가 알고 있는 치매에 걸린 사람들과 하나님의 영광을 위해 기도드립니다. 아멘.

Finding Grace in the Face

10장

**치매에 걸린 사람들의
욕구 채워주기**

of Dementia

치매에 걸린 사람들을 딱한 사람들이라고 말하는 것은 그들을 매우 폄하하는 말이다. 부양자가 치매 환자의 욕구가 무엇인지를 모르면 환자의 필요를 다루는 어려움이 훨씬 더 증가하게 된다. 환자는 심지어 자신이 무엇을 필요로 하는지를 이해하지 못할 수도 있다. 그들은 단지 자신이 불편하다는 것과 다른 사람들에게 그 불편에 대해 전할 수가 없다는 것만을 알 뿐이다. 이런 욕구를 알아내는 것은 이제 갓 3개월 된 우는 아기를 어떻게 달래야 하는지를 알아내는 것과 똑같은 유형의 탐지 작업을 필요로 한다. 아기의 부모는 아기가 안아달라는 것인지, 기저귀를 갈아달라는 것인지, 혹은 배가 고픈 것인지, 아니면 어디가 아픈 것인지를 알아차려야 한다. 병원에서 치매 환자들은 대부분 그저 기분이 안 좋다고 말한다. 좀 더 설명해달라고 부탁하면 그들은 보통 "알잖아요, 그냥 기분이 안 좋아요"라고 말한다. 그런 애매모호한 불평은 의사로서의 내 일을 정말로 힘들게 만드는데, 이는 많은 시간과 조사가 필요하기 때문이다. 그들의 불평의 원인이 신체적·감정적인 것인가, 아니면 영적인 것인가? 아니면 세 가지 모두가 결합된 것인가? 어렵긴 하지만 이 일은 내가 힘든 과제를 수용하고 그들을 도울 수 있는 모든 방법을 동원할 만한 가치가 있는데, 왜냐하면 이것이 치매를 통해 하나님께서 영광을 받으시는 한 방법이기 때문이다.

데니스는 데이브로 인해 좌절감을 겪을 때 난감해할 수도 있었다. 한

번은 그녀가 그를 내 진료실로 데리고 와서는 그가 며칠 동안 "기분이 별로 안 좋아. 그냥 기분이 별로야. 제발 날 좀 도와줘"라고 불평했다고 내게 말했다. 첫날에 그는 자신의 복부를 가리켰지만, 나중에는 머리를 가리켰고, 다른 날에는 그저 울기만 했다는 것이다. 데이브는 열이 없었고, 식사도 잘했으며, 소화기관에도 문제가 없었고, 딱히 통증이 있는 것 같지도 않았다. 명확한 진단은 없었지만, 다행히 그의 소변에서 요로 감염이 발견되었고, 우리는 이 증상을 치료할 수 있었다. 또 다른 경우에 그는 이전과 상당히 비슷한 증세를 가지고 왔는데, 우리는 아무것도 발견하지 못했다. 다행히도 그 증상은, 그것이 무엇이었든지 간에, 이틀 뒤에 사라졌다. 다른 날 그는 열 살 때 죽은 자기 형에 대해 계속 이야기했는데, 우울증인 것 같았다. 항우울증제를 바꾼 뒤에 그는 기분이 좀 나아졌다. 데이브가 어떻게 느끼든지 간에 데니스는 그의 필요를 이해하고자 애썼으며, 만일 무엇이 그를 괴롭히는지를 자신이 알아낼 수 없으면 그를 나에게 데려왔다. 그녀는 그의 고통의 원인이 치료될 수 있는 것이라면 어떤 것이든 간과하길 결코 원치 않았다. 그러나 그녀가 언제 그를 나에게 데리고 와야 하는지, 언제 그냥 지켜보는 것이 더 안전한지에 대해 그녀에게 조언해주는 것은 어려운 일이었다. 내가 해줄 수 있는 최선의 권고는 데이브의 말을 듣기보다 그를 지켜보라는 것이었다. 만일 그가 고통스러워 보이면, 설령 그가 문제를 부인하더라도 나에게 데리고 올 필요가 있었다. 이와 유사하게 만일 그가 무엇인가에 대해 불평하긴 하지만 건강해 보이면, 집에서 안전하게 지켜봐도 되는 상황이었다. 만약 그의 문제의 근원을 이해하려는 모든 노력이 성공하지 못했다면, 그녀는 앉아서 그를 안아주었을 것이고 함께 울었을 것이다. 그다음에 그녀는 그와 함께 기도했을 것이다. 그녀의 좌절감에도 불구하고 데이브를 향한 그녀의 변함없는 사랑과, 그가 좀 더 나은 기분을 느끼게 해주려고 그녀가 시도한 다양한 방법은 나를 감동시켰다.

치매 환자의 신체적 욕구에 주의 기울이기

치매 환자의 신체적 욕구에 대해 생각해보자. 먼저 우리는 치매에 걸린 사람들이 다른 사람들처럼 아플 수 있고 만성 질환이 심해질 수 있다는 것을 기억해야 한다. 너무 멀리 걸으면 그들의 관절이 손상을 입는다. 그들은 자신의 상태를 말할 수 없을지도 모르지만, 그 대신에 그냥 계속 걷기를 거절할 것이다. 어떤 경우이든지 간에 그들의 문제는 무시되지 않아야 한다. 그들은 여러 활동을 하면 호흡 곤란을 보일 수 있다. 그들이 그런 증상을 보이면 적절한 진단과 치료를 위해 그들을 의사에게 데려가야 한다. 치매가 있다고 해서 기본적인 신체적 욕구를 무시하는 것은 결코 정당화될 수 없다.

우리와 마찬가지로 치매 환자들도 삶의 기본적 편안함이 필요하다. 그들은 열에 더위를 느끼고 추우면 추위를 느낀다. 그들이 자신의 불편함을 제대로 전달하지 못할 수 있기 때문에 부양자들은 경험과 섬세함이 필요하다.

치매에 걸린 사람들은 운동을 통해 유익을 얻을 수 있다. 밖에 나가서 걷는 것은 근육의 긴장을 풀어주고 체중을 조절하며 수면의 질을 높여주고 우울증을 예방하는 데 도움이 된다. 환자가 적절한 근력을 유지하고 체중을 조절하도록 돕는 것은 특히 그들이 치매 말기에 들어서고 타인에 대한 의존도가 더 높아질 때 그들을 좀 더 수월하게 돌볼 수 있도록 해줄 것이다.

게다가 그들은 여전히 음식에 대한 선호도를 가지고 있다. 여기에는 음식의 맛뿐만 아니라 질감도 포함된다. 씹는 것은 자연스러운 현상이다. 그들이 항상 원하는 특정 음식이 있을 것이다. 그들은 어제 자신이 무슨 음식을 먹었는지 기억하지 못하기 때문에 날마다 똑같은 음식을 주어도 괜찮다. 환자는 더 이상 스스로 음식을 먹지 못하게 될 때 음식을 먹여주는 이와 갖게 되는 인간관계가 하루 중 가장 기다려지는 시간이 될 것이다. 어떤 사람들은 식욕을 잃을 수도 있는데, 그럴 경우에 인슈어(Ensure)와 같은 일일 영양보충제가 도움이 될 수 있다. 적절하고 균형 잡힌 영양 섭취는 늘 도움이 되지만, 싸울 일은 아니다.

치매에 걸린 이들 중 많은 사람이 자신의 외모에 여전히 신경을 쓴다. 여성의 경우 정기적으로 머리를 다듬고 화장을 하며 매력적인 스타일의 옷을 입기 원할 수 있다(30년 전의 스타일과 그때 입었던 옷을 선호할 수도 있지만 말이다). 남자는 면도하길 원할 수 있고, 만일 이제껏 그렇게 해왔다면 사무실에 출근할 때 입었던 양복을 입고 넥타이를 매기 원할 수도 있다. 치매에 걸린 사람은 자기 외모에 대해 칭찬을 받으면 무척 고마워한다. 한마디 덧붙이자면 그들은 가족이나 친구가 그들 앞에 나타날 때의 옷차림을 평가할 수도 있다. 우리가 사람들을 존중하는 한 가지 방법은 그들을 위해 단정하게 옷을 입는 것이다.

치매는 즐거움을 경험하는 우리의 능력을 바꾸지 않는다. 치매 환자들은 기분을 좋게 해주는 향기를 즐기고 불쾌감을 주는 향은 피할 것이다. 그들은 훌륭한 음악을 즐길 수 있고, 아름다운 광경이나 그림을 보며 감탄할 수도 있다. 나는 치매에 걸린 사람들이 오랫동안 앉아 그림을 감상하면서 이따금씩 자신에게 깊은 인상을 준 점에 대해 의견을 말하는 것을 보아왔다. 그들은 사람이 만져주는 것을 좋아한다. 그들은 사랑하는 사람이 손을 잡아주거나 어깨동무를 해주기를 바라는데, 등이나 목을 가볍게 쓰다듬어주면 아마도 하루 중 가장 짜릿한 순간이 될 것이다. 키스 역시 고맙게 느낄 것이다.

치매 환자의 사회적 욕구에 주의 기울이기

우리는 치매에 걸린 사람들도 여전히 사회적 존재라는 것을 살펴보았다. 우리가 그들에게 해줄 수 있는 가장 큰 선물 중 하나는 함께 있어주는 것임을, 곧 단순히 그들과 함께 시간을 보내는 것임을 논의했다. 하지만 그들의 사회적 욕구는 부양자 및 가장 가까운 가족과의 접촉을 뛰어넘을 수 있다. 그렇지만 그때 그들은 함께 시간을 보내는 사람에게 까다롭게 굴지도 모른다. 게다가 그들은 일대일로 관계를 가지는 상황에서는 괜찮지만, 큰 집단 안에서는 불편을 느낄지도 모른다. 소란스러운 대규모의 가족 모임에서 치매 환자들은 혼란을 느끼고 신경이 예민해지며 어떨 때는 붕괴 현상을 보일 수도 있다. 그들은 방에서 다른 한 사람과 있을 때 더 편안할 것이다. 모임 사이에 쉬는 시간을 갖는 것도 도움이 될 수 있다.

우리와 마찬가지로 치매에 걸린 사람들 역시 공개적으로 이야깃거리가 되거나 부끄러운 일을 당하거나 지적받는 것을 좋아하지 않는다. 주위 사람들에게 그가 기억 문제를 가지고 있다고 설명해야 할 필요가 있는 때가 있지만, 이는 신중하게 이루어져야 한다. 다른 사람들과 마찬가지로 치매 환자들도 그들의 잘못이나 부적절한 행동을 지적받길 원하지 않는다. 이 점을 기억하는 것이 매우 중요한데, 왜냐하면 그들은 실수를 자주 저지르기 때문이다. 가능하다면 그들과 함께 있어서 잘못을 저지르지 않도록 돕는 것이 좀 더 적절할 것이다. 만약 그것이 어려울 경우에는 그들의 실수를 고치려고 하지 말고 그냥 못 본 체하는 것이 현명하다. 문제가 계속 반복될 가능성이 높으면, 환자를 그런 상황에 두지 않는 것이 좋다. 치매라는 병의 특성상 배우는 것이 매우 힘들다는 점을 기억하라. 나는 치매에 걸린 어머니를 돌보면서 그녀에게 오늘 무엇을 하셨냐고 여쭤보면 그녀가 대답을 제대로 하지 못한다는 사실을 금방 알게 되었다. 어머니는 나에게 대답하지 못했을 때 낙심하곤 하셨다. 그저 오늘 하루를 즐겁게 보냈는지 묻는 것만으로 충분하다. 자신의 무지를 드러내기를 좋아하는 사람은 아무도 없다. 치매로 고통받는 사람이 우리가 이미 답변한 질문을 자꾸 반복하면 우리가 답답함을 느끼듯이, 우리는 그들이 대답할 수 없는 질문을 던짐으로써 그들의 기운을 빠지게 하지 말아야 한다.

치매에 걸린 이들의 사회적 욕구를 도울 수 있는 방법이라는 주제를 마치기 전에, 내가 그동안 직면했던 가장 어려운 사회적 상황 가운데 하나는 치매에 걸린 두 사람이 성관계를 원할 때였다는 것을 언급하고자 한다. 이것은 배우자가 있든 없든 순결하고 경건한 삶을 살아감으로써 하나님께 영광을 돌리기 원하는 그리스도인들에게 특히 어려운 문제다. 나는 우리가 그들의 이전의 정절을 존중하고 그들이 치매에 걸리기 전에 하지 않았을 일을 하지 못하도록 가능한 한 모든 일을 해야 한다고 믿는다. 이를 위해 때로는 그 두 사람을 강제로 떼어놓아야 하고, 다른 경우에는 성적 욕구를 누그러뜨리기 위해 항우울제, 안정제, 또는 호르몬 조작을 사용해야 한다.

치매 환자의 감정적 욕구에 주의 기울이기

우리는 앞에서 하나님이 감정을 귀하게 여기신다는 것과 치매에 걸린 사람들도 여전히 감정을 느낀다는 것을 살펴보았다. 우리는 그들이 인지장애를 겪고 있다고 해서 그들의 감정적 욕구에 아예 신경 쓰지 않는 잘못을 범해서는 안 된다. 그들은 자신이 아는 것보다 훨씬 더 많은 것을 느끼며, 그들이 어떻게 느끼는지가 그들이 아는 것보다 그들에게 훨씬 더 중요할 수 있다. 치매에 걸린 사람들도 사랑받기 원하고, 다른 사람을 사랑하기 원한다. 치매에 걸린 사람에게 우리가 어떻게 사랑을 표현하는가는 치매가 진행됨에 따라 달라질 것이다. 치매 초기 단계에서는 그들과 함께 무엇을 하거나 그들에게 선물을 줌으로써 사랑을 표현할 수 있을 것이다(나는 개인적으로 집에서 만든 초콜릿 디저트를 선호한다). 치매가 진행되면 "당신을 사랑해"와 같은 말을 반복해서 전하는 것이 효과적일 수 있다. 미소를 띠고 애정 어린 손길로 등을 쓰다듬는 것도 그들에게 당신의 사랑을 확신시키는 데 도움이 될 것이다. 여기서 중요한 사실은 사랑받는 치매 환자들은 그들의 사랑을 충분히 표현할 수 없다는 것이다. 우리의 사랑은 치매가 시작되기 전에 그들과 맺은 관계에 기초한다. 따라서 비록 힘들지만 우리는 그들을 오늘의 모습 그대로 사랑하는 법을 배워야 한다. 우리는 치매에 걸린 사람을 사랑하는 것이 감상적이거나 낭만적인 사랑이 아니라, 우리를 위한 예수의 사랑이 보여준 것과 같이 섬기며 자기를 희생하는 성경적 원리에 좀 더 가까운 것임을 인식해야 한다.

사랑에 더하여 치매에 걸린 사람은 다른 긍정적 감정의 경험이 필요하다. 이런 경험은 기쁨과 행복을 포함한다. 가능하다면 그들은 웃을 필요가 있다. 그리고 그들 역시 감사해야 한다. 우리는 그들과 함께 앉아서 그들의 삶 속에서 경험했던 좋은 일들을 돌아보며 그들이 하나님의 선하심을 느끼고 감사하도록 도울 필요가 있다. 그들이 경험할 수 있는 다른 긍정적인 감정은 만족이다. 이것은 그들이 자신의 장애를 여전히 인지하고 있는 치매 초기나 중기에는 전혀 가능하지 않을지도 모른다. 그러나 많은 치매 환자들이 높은 수준의 만족도를 보여주는 말기 단계에서는 가능할 수 있다.

분노나 두려움 혹은 슬픔의 감정이 압도하는 때가 있다. 이런 감정들은 억제력의 부족으로 인해 확장될 수 있고, 완전한 통제력의 상실 또는 붕괴로 이어질 수도 있다. 이런 상황에서 훌륭한 부양자는 붕괴의 최초 증후를 인식하여 그것이 악화되기 전에 환자의 마음을 다른 데로 돌릴 것이다. 근원적인 분노나 좌절이 지나가서 잊힐 수도 있지만, 만일 그렇지 않다면 부정적인 감정을 가라앉히기 위해 어느 정도 환자들을 지도할 필요가 있다. 그런 감정에 대해 대화를 나누거나, 약간 멀리 걷거나, 그들의 기분을 전환시키기 위해 다른 활동을 하게 할 수도 있다.

치매 환자의 영적 욕구에 주의 기울이기

마음과 영의 관계는 아주 흥미로운 주제이지만 지금까지 알려진 내용은 빈약하다. 성경은 모든 인간이 본질적으로 몸과 영이 연합된 존재라고 말한다. 우리의 마음은 사고, 의지, 감정을 가지고 있는데, 이는 신체적인 뇌에만 기초해서는 적절하게 설명될 수 없다. 비록 현대 과학이 감정 및 사고에 작용하는 뇌의 영역을 알아내기 위해 기능적 자기공명영상(MRI)을 사용하지만, 이는 우리의 신체적 뇌가 감정 및 사고의 유일한 원천임을 의미하는 것은 아니다. 우리는 하나님에 대한 의식을 포함한 영적인 인식이 우리의 마음 안에서 이루어진다는 점을 이해해야 한다(롬 1:20).

사도 바울은 보통 혼(soul)과 영(spirit)을 상호교환적으로 사용했기 때문에 이 두 용어를 같은 것으로 보았지만, 다음의 한 구절에서는 마음(mind)과 영(spirit)을 구별한다. "그러면 어떻게 할까? 내가 영으로 기도하고 또 마음으로 기도하며 내가 영으로 찬송하고 또 마음으로 찬송하리라"(고전 14:15). 우리의 뇌의 다른 영역과 마찬가지로 영적인 활동이 일어나는 부분도 치매에 의해 손상될 수 있지만, 하나님의 영이 치매에 걸린 사람의 혼에서 역사할 수 없다고 가정할 이유는 없다. 우리는 초기와 중기 단계에 있는 환자가, 비록 치매에 걸리기 전의 수준까지는 아니라고 할지라도, 적극적이고 활발한 영적 생활을 할 수 있다는 것을 알고 있다. 말기 단계의 경우 그들의 영에서 어떤 일이 일어나는지에 대해서는 우리가 명확하게 알지 못하지만, 성령이 위로자로서 계속해서 그들과 관계를 맺지 않거나 그들의 인격을 계속 다듬어가지 않는다는 증거는 없다. 신학자인 스티븐 샙(Stephen Sapp)은 다음과 같이 썼다.

> 더욱이 인지장애를 입은 사람들에게 하나님께서 오시지 않는다는 어떤 증거가 실제로 존재하는가? 하나님과 관계를 맺는 개인의 능력이 그 혹은 그녀가 인지 기능을 상실할 때 없어진다는 광범위하게 퍼져 있는 가정은 단지 하나님을 폄하하는 것이다.…비록 그 혹은 그녀가 하나님(또는 다른 사람들)과 관계를 형성할 능력을 상실한 것처럼 보일지라도 하나님께서는 여전히 그와 관계를 맺으신다.[1]

하나님은 그의 영을 통해 치매의 모든 단계에 있는 사람들의 삶 속에서 계속 역사하신다는 기본 가정을 가지고 우리는 어떻게 우리가 그 과정의 일부분이 될 수 있는지를 질문해야 한다. 여기에는 많은 방법이 있지만,

---

1   Stephen Sapp, "Hope: The Community Looks Forward," in *God Never Forgets: Faith, Hope, and Alzheimer's Disease*, ed. Donald K. McKim (Louisville, KY: Westminster, 1997), 94–95.

그중 몇 가지만 살펴보자.

그들에게 하나님께서 그들을 잊지 않으신다는 사실을 상기시키라. 우리를 향한 하나님의 사랑은 그에 대한 우리의 반응에 좌우되지 않는다. 비록 우리가 하나님을 잊을지라도 하나님은 결코 우리를 잊지 않으신다. "우리는 미쁨이 없을지라도 주는 항상 미쁘시니"(딤후 2:13)라는 말씀이 우리 모두에게 얼마나 큰 위로가 되는지 모른다.

하나님에 대해 이야기하라. 심리학자 벤저민 마스트(Benjamin Mast)는 『두 번째 망각: 알츠하이머병을 앓는 중에 복음의 능력 기억하기』(*Second Forgetting: Remembering the Power of the Gospel during Alzheimer's Disease*)[2]를 썼다. 통찰력 있는 이 책은 그의 광범위한 경험을 바탕으로 매일의 삶을 통해 하나님, 하나님의 사랑, 그리고 복음의 좋은 소식에 대해 이야기하는 것이 치매로 고통당하는 이의 생각에 천천히 영향을 줄 수 있으며 그들의 영원한 영적 기억의 일부가 된다고 주장한다. 이런 그의 주장은 이스라엘의 부모들이 그들의 자녀를 키우는 방법을 떠올리게 한다.

> 오늘 내가 네게 명하는 이 말씀을 너는 마음에 새기고, 네 자녀에게 부지런히 가르치며, 집에 앉았을 때에든지 길을 갈 때에든지 누워 있을 때에든지 일어날 때에든지 이 말씀을 강론할 것이며, 너는 또 그것을 네 손목에 매어 기호를 삼으며, 네 미간에 붙여 표로 삼고, 또 네 집 문설주

---

[2] Benjamin T. Mast, *Second Forgetting: Remembering the Power of the Gospel during Alzheimer's Disease* (Grand Rapids, MI: Zondervan, 2014).

와 바깥문에 기록할지니라(신 6:6-9).

모든 그리스도인은 하나님에 대해 이야기하는 데 많은 시간을 들여야 한다. 하나님께 우리의 관심을 집중시키는 법을 배우면 배울수록 우리는 치매가 유발하는 것에 더 효과적으로 대비할 수 있다. 만일 우리가 지금까지 하나님을 강조하며 살지 못했다면 하나님께 초점을 맞추는 삶을 더 빨리 시작하면 할수록 치매가 진행됨에 따라 더욱 도움이 될 것이다.

십자가에 초점을 맞추라. 우리가 십자가에 더 빨리 초점을 맞출수록 더욱 좋지만, 그렇게 하기에 너무 늦은 때란 없다. 우리는 십자가에 대해 그리고 예수께서 우리를 위해 참으신 것에 대해 환자들과 계속해서 이야기를 나눌 필요가 있다. 많은 그리스도인이 사람들에게 십자가를 상기시키기 위해 시각적인 상징을 잘 사용하지 않는다. 그러나 그런 상징이 치매 환자들에게는 유용할 수 있다. 그림이 말보다 더욱 효과적으로 소통하게 할 수 있다. 비록 그것이 내 전통의 일부는 아니었지만, 나는 중증의 치매인 사람들이 십자가를 손에 들고 그것에 집중함으로써 은혜를 받는 것을 보았다. 만일 당신이 섬기는 교회가 승인한다면 의미 있는 행위 중 하나는 더 이상 예배에 참석할 수 없는 치매 환자들과 성찬을 나누는 것이다. 만일 치매 환자들이 과거에 떡과 잔을 나누면서 우리 주님의 죽으심을 규칙적으로 기억해왔다면, 이런 행위가 그들의 귀중한 감정적·절차적 기억을 떠올리게 하는 계기가 될 것이다.

하늘나라에 초점을 맞추라. 우리는 하늘나라에서 하나님과 함께하는 우리의 영원한 미래가 진실로 영광스러울 것이라는 점을 자주 되새길 필요가 있다. 우리처럼 치매의 피해자들도 우리가 고대하는 부활과 영생에 대한 소망을 계속해서 들을 필요가 있다. 우리는 하늘나라에 대해 많이 알지 못하지만, 우리가 알고 있는 것은 성찰할 가치가 있다. 바울은 다음과 같이 썼다. "기록된 바 '하나님이 자기를 사랑하는 자들을 위하여 예비하신 모든 것은 눈으로 보지 못하고 귀로 듣지 못하고 사람의 마음으로 생각하지도 못하였다' 함과 같으니라"(고전 2:9). 우리가 보는 광경은 무척 아름답다. "내가 들으니 보좌에서 큰 음성이 나서 이르되 '보라, 하나님의 장막이 사람들과 함께 있으매 하나님이 그들과 함께 계시리니, 그들은 하나님의 백성이 되고 하나님은 친히 그들과 함께 계셔서 모든 눈물을 그 눈에서 닦아 주시니 다시는 사망이 없고 애통하는 것이나 곡하는 것이나 아픈 것이 다시 있지 아니하리니 처음 것들이 다 지나갔음이러라'"(계 21:3-4). 여기서 말하는 처음 것들 가운데 하나가 치매라는 것을 확신하라. 그것은 지나갈 것이다. 치매로 고통당하는 사람들은 그들의 영원한 소망을 가능한 한 많이 되새겨야 한다.

성경을 사용하라. 치매가 더 심해질수록 치매 환자들이 한 번에 처리할 수 있는 인지 물질은 더 줄어든다. 치매 초기에는 전체 구절을 소리 내어 읽고 그것에 대해 함께 토론하는 것이 적절할 것이다. 그러나 치매가 진행됨에 따라서 한 번에 한 절이 적당하다. 환자에게 이미 익숙한 구절이나, 더 좋은 것으로서 그가 암송하는 구절을 읽는 것이 가장 효과적이다. 환자들이 전에 암송했던 것과 동일한 번역본을 읽어주어야 한다는 점을 기억하라. 우리 아버지의 치매가 점점 더 악화되고 있을 때 그와 함께 했던 놀이는 내가 한 구절의 시작을 인용하면 아버지가 마무리 짓도록 하는 것이었다. 아버지는 그날 아침에 무슨 일이 있었는지는 나에게 말하지 못했지만, 내가 "하나님이 세상을 이처럼"이라고 말하면, 재빨리 알아들으시고 "사랑하사 독생자를 주셨으니, 이는 그를 믿는 자마다 멸망하지 않고 영생을 얻게 하려 하심이라"(요 3:16)고 말씀하셨다. 그러고 나서는 숨을 내쉬고 몸을 뒤로 젖히시고는 미소지으셨다. 그는 어떤 구절이라도 채울 수 있었다.

자신의 치매 경험을 글로 쓴 로버트 데이비스 목사는 잠이 오지 않을 때 아내가 녹음해서 들려준 성경 구절들에 위로를 받았다고 말했다. 그는 익숙한 목소리를 들으면서 마음이 진정되고 편안해졌으며 하나님의 말씀이 주는 위로를 느꼈다.

함께 기도하라. 많은 그리스도인들은 각자의 삶 속에서 빛나는 위대한 기도의 용사들이다. 그들은 하나님과 깊은 관계를 쌓아가며 단지 하나님께 무엇을 구하기만 하는 것이 아니라 그를 예배하고 그에게 감사하며 자신의 죄를 고백함으로써 하나님과 함께 시간을 보내기를 좋아한다. 치매에 걸렸다고 할지라도 그들은 여전히 이런 기도 생활을 즐길 수 있다. 다른 사람들이 치매에 걸린 사람들을 위해 기도하는 것이 중요하지만, 그들과 함께 기도하는 것 역시 그에 못지않게 중요하다. 성숙한 신자들에게 기도는 절차적 기억의 일부분이기 때문에, 치매에 걸린 신자들도 놀라울 만큼 명확하게 소리 내어 기도할 수 있다. 우리는 그들이 자신의 기도를 분명하게 말할 수 없게 될 때에도 우리에게는 주님께서 주신 다음의 약속이 있음을 기억해야 한다. "이와 같이 성령도 우리의 연약함을 도우시나니, 우리는 마땅히 기도할 바를 알지 못하나, 오직 성령이 말할 수 없는 탄식으로 우리를 위하여 친히 간구하시느니라. 마음을 살피시는 이가 성령의 생각을 아시나니, 이는 성령이 하나님의 뜻대로 성도를 위하여 간구하심이니라"(롬 8:26-27). 우리 어머니가 치매 중기에서 말기 단계였을 때 그녀와 대화하기가 힘들었던 나는 어머니께 전화로 우리가 함께 기도할 수 있겠느냐고 여쭤보았다. 기도를 인도하기가 어려우셨던 어머니는 내가 가족 한 사람 한 사람을 위해 기도했을 때 무척 고마워하셨다. 비록 어머니 자신이 그렇게 할 수는 없었지만, 그녀는 자신의 자녀와 손자들을 위해 오랫동안 해온 기도를 계속하길 원하셨다.

치매 환자가 알고 있는 찬송을 사용하라. 음악은 치매에 걸린 사람들의 영에 다가가기 위한 훌륭한 방법이다. 우리 교회는 옆에 있는 보조 거주 시설에서 예배를 드리곤 했다. 아름다운 마음을 지닌 한 친구가 매주 기타를 연주하며 오래된 찬송가를 불러주었다. 우리는 치매에 걸린 이들을 포함하여 많은 거주자들이 찬송을 함께 부르거나 미소를 지으며 조용히 감상하는 모습을 보면서 깊은 감동을 받았다. 나는 종종 간단한 메시지를 전해달라는 부탁을 받곤 했는데, 내가 최선을 다했음에도 불구하고 많은 사람이 잠을 자거나 아주 간단한 생각조차도 따라오지 못했다. 그들의 영혼을 만진 것은 내 설교가 아니라 음악이었다.

내 어머니는 노래 부르기를 좋아하셨는데, 찬송가를 비롯하여 많은 장르의 음악을 즐기셨다. 심지어 치매가 심해졌을 때에도 그녀가 여전히 가사를 기억하고 종종 우리보다 노래를 더 잘 부르시는 것을 보며 우리는 감동했다. 어머니가 돌아가시던 해에 나는 작은 MP3 플레이어에 30분 정도 찬송가를 녹음하여 어머니의 옷에 꽂아두었다. "재생"과 "반복"을 설정해놓으면, 어머니는 하루 종일 찬송가를 들으실 수 있었다. 간호사들은 어머니께서 음악을 들으시면 편안해하고 즐거워하신다고 내게 말했다. 되풀이해서 똑같은 곡을 들어도 상관이 없었다. 왜냐하면 어머니는 들은 곡이 무엇인지 곧 잊어버리셨지만, 찬송을 듣는 그 순간을 즐기셨기 때문이다.

치매 환자에게 봉사를 권고하라. 비록 치매가 타인을 위해 무엇인가를 할 수 있는 능력을 상당히 떨어뜨리긴 하지만, 치매의 초기 단계에서는 아직 봉사할 수 있는 여력이 있을 것이다. 좋은 부양자가 되기 위한 과제 중 하나는 치매 환자들이 그들의 현재 능력에 맞게 다른 사람을 위해 봉사하도록 하는 방법을 찾는 것이다. 중요하지 않게 보이는 작은 일이라도 하는 것은 치매에 걸린 사람들이 의미와 만족을 찾도록 도와줄 수 있다. 특히 그들의 수고에 대해 몇 마디의 깊은 감사 표시가 동반되었을 때는 더욱 그렇다. 가능하다면 그들은 집이나 교회에서 주변을 청소하는 간단한 일을 할 수 있다. 나는 치매에 걸린 사람들이 교회에서 주보를 나누어주며 교인들에게 인사하는 모습을 본 적이 있다. 봉사할 기회는 매우 많으며, 그 방법과 형태는 개인의 능력과 부양자의 열정 및 창의성에 달려 있을 뿐이다.

어려운 영적 상황 다루기

치매는 가장 경건한 성도일지라도 그 사람의 성격을 부정적으로 바꿀 수 있다. 이것은 부양자들을 극도로 고통스럽게 하는데, 그들은 때때로 환자의 구원에 대해 절망하기도 하고 환자가 실제로 귀신에 사로잡힌 것은 아닌지 의심하기도 한다. 부양자는 환자의 욕설, 모독 및 성적 언급 등을 다루어야 하는데, 이 모든 것이 전에는 상상도 하지 못한 일이다. 이에 대한 쉬운 답은 없으며, 이런 부정적인 변화가 치매라는 질병으로 인해 발생한 것임을 인식하는 것이 중요하다. 치매에 걸린 사람들과 그렇지 않은 사람들의 경험 간의 차이는 나쁜 생각을 하느냐 하지 않느냐가 아니라 그런 생각을 억제하지 못하는 무능력이라고 할 수 있다. 정상적으로 뇌가 작동할 때에도 우리는 모두 때때로 불쾌하고 죄악된 생각을 품는다. 다만 하나님의 은혜와 성령의 도우심으로 그런 생각을 억누르고 공개적으로 말하지 않을 뿐이다. 치매로 인해 억제력이 부족해지면, 그 반대의 현상이 발생할 수 있고 불미스러운 많은 생각이 쏟아져나오게 된다.

    어머니의 치매가 심해지고 그녀의 성격 전체가 변하면서 그녀가 부적절한 것을 다른 사람들에게 행하고 말하게 되자, 나는 "거룩하신 이의 말씀을 거역"(욥 6:10)하기 전에 자신을 끊어버려달라고 하나님께 요청했던 욥이 떠올랐다. 어머니를 위해 드렸던 내 기도 가운데 하나는 그녀가 자신을 당혹케 하고 하나님을 향한 그녀의 깊은 사랑과 신뢰에 어긋나는 말을 하거나 그런 일을 행하기 전에 하나님께서 그녀를 영원한 집으로 데려가시기를 구하는 것이었다.

그러나 나는 우리가 그런 상황을 전혀 심각하지 않게 받아들일 만큼 안심할 수 있다고는 결코 믿지 않는다. 우리는 사탄이 이 세상에서 활동하며 여전히 "우는 사자 같이 두루 다니며 삼킬 자"를 찾는다는 것을 안다(벧전 5:8). 치매라는 상황에서 사탄이 영향을 미치는 것은 흔치 않은 일이지만 불가능한 것도 아니다. 만일 이에 관해 심각한 질문이 있다면, 분별력 있는 영적 지도자에게 도움을 구하라.

내가 그랬듯이 독자들도 치매로 고통당했던 두 남자의 증언에서 유익을 얻을 수 있을 것이다. 첫 번째는 릭 펠프스의 증언이다. "가장 먼저 나는 하나님께 감사드리고 싶다. 이 병과의 싸움은 하나님과의 더 친밀한 관계로 나를 이끌었다."[3] 다른 하나는 로버트 데이비스 목사의 증언이다. "이 경험으로부터 얻은 결과가 있다면 맹목적인 포기에 대한 헌신이 아니라 나를 부르시고 만들어가시며 치유하시고 나에게 힘을 주시는 사랑의 하나님 아버지에 대한 재헌신이다."[4] 치매는 하나님과의 경험으로 가는 문을 닫지 않는다.

치매에 걸린 사람들의 많은 욕구를 탐구하고 사랑으로써 충족시켜주는 일은 치매 경험을 통해 하나님께 영광을 돌리는 훌륭한 방법이다.

---

3   Phelps and LeBlanc, *While I Still Can*, 7.
4   Davis, *My Journey into Alzheimer's Disease*, 72.

기도

하늘에 계신 아버지, 치매가 제시하는 모든 필요를 생각하니 너무 힘에 부칩니다. 저는 너무 부족합니다. 저는 약하나 하나님께서는 강하심을 믿습니다. 치매에 걸린 이들의 모든 필요를 효과적으로 채워줄 수 있도록 저에게 사랑과 힘, 통찰력과 분별력, 그리고 지혜를 허락해주옵소서. 저 자신을 위해 그리고 당신의 영광을 위해 기도드립니다. 아멘.

Finding

Grace

in the

Face

11장

**교회는
무엇을 해야 하는가?**

of

Dementia

나는 하나님께서 그분의 교회를 어떻게 바라보시는지를 생각할 때마다 놀라움을 금치 못한다. 나는 교회를 바라보면서 예배를 통해 하나님께 영광을 돌리고 인격이 변화되며 서로 사랑하기를 진심으로 갈망하는 죄인들의 무리를 본다. 그러나 너무나 자주 우리는 그렇게 하지 못한다. 하지만 하나님께서는 교회를 이렇게 여기신다. "교회는 그의 몸이니, 만물 안에서 만물을 충만하게 하시는 이의 충만함이니라"(엡 1:23). 하나님께서 그분의 교회를 바라보는 시각에 부응하는 것은 최소한으로 말해도 엄청난 명령이다. 하나님은 자신의 사랑과 지혜, 권력에 있는 모든 것을 반영하도록 교회를 설계하셨다. 하나님께서 이 세상에서 일하시듯이 하나님의 교회 역시 그렇게 해야 한다. 우리가 지금 이야기하고 있는 주제와 연결한다면, 하나님께서 치매에 걸린 사람들을 사랑하고 돌보시듯이, 그분의 교회 역시 그렇게 해야 한다.

데이브와 데니스는 거의 평생에 걸쳐 그들의 지역 교회에서 활동했다. 그들은 각각 자신이 가진 다양한 능력으로 교회를 섬겼으며, 그들의 가까운 친구들은 대부분 교회 식구들이었다. 어느 날 나는 데이브를 돌보는 것에 대해 데니스와 이야기를 나누었는데, 그녀는 교회가 지지해 주어서 얼마나 감사한지 모르겠다고 말했다. 그녀는 교회 식구들이 그녀와 데이브를 위해 신실하게 기도하고 있다고 말했고, 목회자들과 많은 교우들이 전화와 심방을 해준 데 대해 특히 고마워했다. 그녀는 이렇게 말했다. "그들이 시간을 내서 우리를 방문하고 우리와 함께 기도해줄 때 무척 기뻤어요. 데이브는 방문한 사람들이 누구인지를 잊어버린 것 같았지만, 그들은 우리를 잊지 않았어요. 그들의 그런 모습을 보면서 나는 하나님께서도 우리를 잊지 않으셨구나 확신할 수 있었어요." 데니스는 교회가 치매의 피해자들과 그들의 가족을 축복할 수 있는 방법을 경험했던 것이다.

기독교 심리학자인 벤저민 마스트는 "복음으로 이루어진 공동체는 알츠하이머병의 치료를 변화시킬 수 있는 잠재력이 있다"[1]고 주장한다. 아마도 이것이 교회가 그리스도의 몸으로서 실제로 하나님의 충만함에 이를 수 있는 하나의 방법일 것이다. 이는 우리로 하여금 교회가 그런 질병에 **어떻게** 관여해야 하는지를 생각하도록 이끈다. 여기에는 많은 **방법**이 있다.

확고한 실천적 신앙을 가진 그리스도인 세우기

지역 교회가 치매의 피해자들과 부양자들이 치매라는 영적 도전을 잘 준비하도록 도울 수 있는 가장 좋은 방법은 그들 안에 예수와의 깊고 감격스러운 경험이 스며들게 하는 것이다. 그리스도인들이 성경을 암기하고 찬송가를 뇌리에 깊이 새길 만큼 충분히 자주 부르면, 그것이 그들의 감

---

1 Mast, *Second Forgetting*, 93.

정적·절차적 기억의 일부가 되어 그들이 치매에 직면했을 때 성경 구절과 찬송가를 좀 더 수월하게 떠올리게 해줄 것이다. 성경과 찬송가는 부양자들이 자신의 영적 생활을 보살필 시간이 거의 없을 때 힘겨운 날들을 보내는 가운데서 그들을 지탱해줄 것이다.

마스트 박사는 이를 다음과 같이 강조한다. "심지어 요양원의 잠금 기억 치료 병동에서조차도 많은 사람이 무슨 일이 일어나고 있는지를 전혀 의식하지 못하는 것처럼 보인다. 그러나 그들은 자신이 알고 좋아하는 옛 찬송가를 들으면 정신이 번쩍 들어서 가사 전부를 따라 부른다. 이는 그들이 어떻게 이 찬송가 곧 이 진리를 그들의 마음 깊은 곳에 품고 있는지를 보여주는 아름다운 그림이다. 그들은 자극을 받았을 때 그것에 접근할 수 있다."[2] 그리스도인의 삶에서 치매가 시작되기 전에 했던 기도, 성경 읽기, 그 밖의 다른 훈련들이 치매를 앓는 과정에서도 계속 이어지리라는 보장은 없다. 하지만 만일 그들이 치매에 걸리기 전에 그런 훈련을 하지 않았다면, 치매에 걸린 후에 실천할 수 없으리라는 점은 확실하다.

---

[2] 이 생각은 Benjamin Mast가 2016년 5월 1일에 웹사이트 Desiring God에서 인터뷰한 것을 인용한 것이다. http://www.desiringgod.org/interviews/alzheimer-s-disease-the-brain-and-the-soul-an-interview-with-dr-benjamin-mast.

고통의 신학을 분명하게 가르치기

교회는 하나님의 사랑과 선하심을 기리기를 좋아하고, 당연히 좋아해야 한다. 하나님께서는 구원을 통해서뿐만 아니라 우리의 삶에 넘치게 부어 주시는 다른 좋은 것들을 통해서도 우리를 풍족하게 축복하신다. 우리는 하나님의 사랑을 경험하면 할수록 그 보답으로 하나님을 더욱 사랑해야 한다. 우리 주님은 가장 큰 계명이 무엇이냐는 질문을 받으셨을 때 다음과 같이 대답하셨다. "'네 마음을 다하고 목숨을 다하고 뜻을 다하여 주 너의 하나님을 사랑하라' 하셨으니, 이것이 크고 첫째 되는 계명이요, 둘째도 그와 같으니 '네 이웃을 네 자신같이 사랑하라' 하셨으니"(마 22:37-39). 실제로 이 말씀은 하나님과 이웃을 향한 우리의 사랑이 우리 자신의 편안함과 즐거움을 향한 우리의 사랑을 대신해야 한다는 것을 의미한다. 우리의 마음과 목숨과 뜻을 다하여 하나님과 이웃을 사랑하는 것이 치매에 대처하기 위한 최상의 준비다.

하나님의 선하심을 기릴 때 우리는 치매와 같은 어려움이 우리의 삶 속에 들어오도록 허락하시는 것도 하나님께서 우리를 사랑으로 돌보시는 것의 일부분임을 깨달아야 한다. 그러나 우리는 치매를 다루는 일이, 그가 환자이든 부양자이든 혹은 다른 주변 사람이든지 간에, 감정적·영적, 때로는 심지어 신체적 고통까지도 수반한다는 점을 부인할 수 없다. 그런 고통을 잘 다루기 위해 그리스도인들은 하나님께서 삶의 모든 것을 통치하시며 항상 선한 일을 행하신다는 것을, 그리고 삶의 어려운 시기에서도 그분을 신뢰해야 한다는 것을 그들의 삶에서 일찍부터 배울 필요가 있다. 만일 우리가 하나님을 영화롭게 하는 방법으로 고통을 인내하고자 한다면, 하나님께서 고통을 어떻게 사용하시는지를 분명하게 이해해야 한다. 이는 하나님이 누구신지에 대한 이해에서 출발해야 한다.

하나님은 전능하시고 사랑이 충만하시며 온 우주 만물을 다스리시고 영원한 분이시다. 내가 좋아하는 성경 구절 중 하나는 다음과 같다. "하나님이 한두 번 하신 말씀을 내가 들었나니 '권능은 하나님께 속하였다' 하셨도다. 주여, 인자함은 주께 속하오니, 주께서 각 사람이 하신 대로 갚으심이니이다"(시 62:11-12). 심지어 인생에서 가장 힘든 시련을 경험한다고 하더라도 우리는 여전히 하나님께서 강하시고 사랑이 충만하시다는 것을 확신할 수 있다. 치매는 하나님을 놀라게 할 수 없다. 시편 저자는 다음과 같이 확신한다. "오직 우리 하나님은 하늘에 계셔서 원하시는 모든 것을 행하셨나이다"(시 115:3). 하나님의 또 다른 분명한 특징은 우리가 시간 속에서 움직이고 순서에 따라 한 사건 한 사건씩을 경험하는 반면에 하나님께서는 항상 존재하신다는 것이다. 모세는 그의 시편에서 이렇게 말한다. "영원부터 영원까지 주는 하나님이시니이다"(시 90:2). 이 말씀은 우리는 과정을 경험하지만, 하나님께서는 마지막 결과를 보신다는 것을 뜻한다. 이런 점에서 우리는 가장 큰 위안을 얻을 수 있다. 실제적인 의미에서 하나님께서는 우리의 과거의 모든 고통과 함께 그분의 임재를 누리시면서 하늘에서 우리를 이미 보고 계신다. 이런 관점에서 보면 치매라는 시련은 사실 오히려 사소한 일처럼 보일 수도 있다.

나는 삶의 고난을 경험하는 것에 대해 생각할 때마다 내 책상 너머에 있는 에칭판화를 본다. 그것은 자신의 녹로에 기대어 진흙으로 모양을 만들고 있는 한 토기장이의 모습을 그린 그림이다. 그 밑에는 예언자 예레미야를 통해 하신 하나님의 말씀이 적혀 있다. "이스라엘 족속아, 진흙이 토기장이의 손에 있음 같이 너희가 내 손에 있느니라"(렘 18:6). 이 얼마나 아름다운 그림인가! 그러나 그때 나는 문득 내가 자발적으로 토기장이의 녹로로 텀벙하고 들어가 분당 500회의 속도로 뺑뺑 돌려져서 나의 거친 면이 모두 다듬어지도록 할 수 있는지를 묻지 않을 수 없었다. 그러나 누가 나의 사랑하는 하늘 아버지보다 더 믿을 만한 토기장이가 될 수 있단 말인가? 치매는 토기장이의 녹로처럼 하나님께서 우리의 인격을 만들어가시기 위해 사용하시는 도구다.

고통은 우리를 위한 하나님의 뜻이다. 하나님의 사람들은 고통이 우리의 삶에 들어온 비극적인 실수가 아니라는 것을 이해해야 한다. 성경은 고통이 그리스도인들에게 일반적인 일이라는 것을 확인해준다. 사도행전에서 사도들은 "우리가 하나님의 나라에 들어가려면 많은 환난을 겪어야 할 것이라"고 가르쳤다(행 14:22). 베드로는 이렇게 썼다. "그러므로 하나님의 뜻대로 고난을 받는 자들은 또한 선을 행하는 가운데 그 영혼을 미쁘신 창조주께 의탁할지어다"(벧전 4:19). 그렇다. 고통의 시간은 하나님의 세계에서는 비극적인 실수가 아니다. 하나님께서는 자신의 뜻대로 고통의 시간을 허락하신다.

고통에는 목적이 있다. 우리는 무슨 일이 일어나든지 간에 그 일에는 하나님의 목적이 있음을 확신할 수 있다. 시편 저자는 하나님의 목적이 우리를 향한 그분의 사랑과 일치한다고 단언한다. "여호와께서 나를 위하여 보상해 주시리이다. 여호와여, 주의 인자하심이 영원하오니"(시

138:8). 우리는 시편 저자의 고백을 보다 분명하게 보여주는 잠언의 다음 구절을 통해 좋은 것이든 나쁜 것이든 모든 것을 다스리시는 하나님의 통치를 또다시 확인할 수 있다. "여호와께서 온갖 것을 그 쓰임에 적당하게 지으셨나니 악인도 악한 날에 적당하게 하셨느니라"(잠 16:4). 치매에 담겨 있는 하나님의 목적에는 환자, 부양자, 교인, 지역사회 구성원들이 모두 포함된다. 하나님의 전지하심 안에서 치매에 관련된 모든 사람은 어떤 방식으로든 언젠가 그것으로 인해 유익을 얻게 될 것이다. 신학자 존 스윈튼(John Swinton)은 다음과 같이 썼다.

> 하나님은 치매가 가져오는 고통에 무관심하신 분이 아니다. 그러나 치매에는 의미가 있다는 점을 강조하고 싶다. 치매는 처벌이 아니고, 악마의 역사도 아니다. 치매는 이 세상 속에서 그리고 이 세상을 위해 일하시는 하나님의 창조적이며 구속적인 행위에 확고하게 뿌리를 둔 신비다. 이것이 이해되지 않을 수도 있다. 치매가 우리를 화나게 하고 우울증에 빠트리며 심지어 분노를 터뜨리게 할지도 모른다. 그러나 치매는 아무런 의미가 없는 것이 아니다. 이런 점에서 치매에 걸린 사람들은 타락한 인류의 한 부분을 나타내는 것이지만, 치매에 걸렸다고 해서 그들의 중요성과 사랑스러움이 바뀌는 것은 아니다.[3]

---

3 John Swinton, *Dementia: Living in the Memories of God* (Grand Rapids, MI: Eerdmans, 2012), 184.

신자들은 그들의 상황이 아니라 십자가에 초점을 맞출 필요가 있다. 예수는 우리를 편안함과 쾌락이 있는 삶으로 부르지 않았다. 예수는 누구든지 그를 따라오려거든 "자기를 부인하고 자기 십자가를 지고 나를 따를 것이니라"(막 8:34)고 말씀하셨다. 우리가 예수의 십자가를 바라보며 그곳에서 드러난 하나님의 사랑의 광대함을 발견하기보다 우리의 삶의 여건을 하나님의 사랑을 측정하는 수단으로 삼을 때 잘못을 저지르게 된다. 반면 우리가 십자가에 우리의 초점을 맞출 때 치매라는 고난을 완전히 다른 시각으로 보게 된다. 물론 우리가 치매의 결과를 참아내야 한다는 것이 불공평하게 느껴질 수 있다. 하지만 말할 것도 없이 예수가 우리를 위해 겪어야 했던 잔인한 죽음 역시 불공평했다. 티모시 켈러(Timothy Keller) 목사는 이를 다음과 같이 멋지게 표현했다.

> 그러나 그때 당신은 십자가를 지켜볼 배짱이 있는 소수의 제자들과 함께 십자가 옆에 있다. 그리고 당신은 사람들이 이렇게 말하는 것을 듣는다. "나는 이런 하나님과는 이제 끝장이야. 하나님이 어떻게 우리가 지금까지 만나본 사람들 중에서 가장 훌륭한 이 사람을 버릴 수가 있지? **나는 이 일에서 하나님이 어떻게 선한 것을 가져오실 수 있는지 모르겠어.**" 당신은 무슨 말을 하겠는가? 아마도 당신은 그들의 말에 동의할지도 모른다. 하지만 당신은 하나님께서 인류를 위해 이제껏 하신 일 중에서 가장 위대하고 찬란한 일을 보면서 그곳에 서 있다. 십자가에서 정의와 사랑이 모두 성취되었고, 악과 죄 그리고 사망이 정복되었다. 당신은 절대적인 아름다움을 보고 있지만, 당신 자신의 제한된 이해 안에

그것을 맞출 수 없기 때문에 하나님으로부터 멀어질 위험에 처한다.[4]

고통은 그리스도인에게 특권으로 간주될 수 있다. 처음에 고통을 특권으로 여기기는 힘들 것이다. 특히 고통이 치매로 인해 발생한 것이라면 더더욱 그렇다. 그러나 예수가 우리를 위해 참으신 것과 하나님께서 치매를 통해 이루실 선한 결과들을 생각할 때 우리는 실제로 고통을 특권으로 여길 수 있다. 바울은 이렇게 썼다. "그리스도를 위하여 너희에게 은혜를 주신 것은 다만 그를 믿을 뿐 아니라 또한 그를 위하여 고난도 받게 하려 하심이라"(빌 1:29).

고통과 영광은 종종 서로 연결된다. 신약에서 고통은 반복적으로 영광과 함께 나온다. 다음의 구절들을 고려하라.

> 그리스도가 이런 고난을 받고 자기의 영광에 들어가야 할 것이 아니냐?(눅 24:26)

> 생각하건대 현재의 고난은 장차 우리에게 나타날 영광과 비교할 수 없도다(롬 8:18).

> 오직 우리가 천사들보다 잠시 동안 못하게 하심을 입은 자 곧 죽음의 고난 받으심으로 말미암아 영광과 존귀로 관을 쓰신 예수를 보니, 이를 행

---

[4] Keller, *Walking with God through Pain and Suffering*, 268(강조는 원저자의 것임).

하심은 하나님의 은혜로 말미암아 모든 사람을 위하여 죽음을 맛보려 하심이라. 그러므로 만물이 그를 위하고 또한 그로 말미암은 이가 많은 아들들을 이끌어 영광에 들어가게 하시는 일에 그들의 구원의 창시자를 고난을 통하여 온전하게 하심이 합당하도다(히 2:9-10).

모든 은혜의 하나님 곧 그리스도 안에서 너희를 부르사 자기의 영원한 영광에 들어가게 하신 이가 잠깐 고난을 당한 너희를 친히 온전하게 하시며 굳건하게 하시며 강하게 하시며 터를 견고하게 하시리라(벧전 5:10).

우리는 치매에 동반되는 고통이 우리로 하여금 하나님의 임재의 영광을 준비하게 하는 독특한 방법이라는 사실을 항상(혹은 자주) 이해하지는 못할 수 있다. 특히 그것을 참아야 하는 동안에는 더욱 그렇다. 그러나 우리가 성경을 알고 고통에 대한 성경적 관점을 배운다면 고통을 경험할 때 더 잘 준비할 수 있을 것이다. 나는 지난 몇 년 동안 그리스도인의 삶에서 고통의 역할에 대한 훌륭한 설교를 몇 편 들었지만, 치매라는 단어가 언급되는 것은 들어보지 못했다. 치매가 교인의 1/3 정도에 영향을 미치는 병임을 고려할 때, 교회는 이 주제를 다루는 데 실패한 것처럼 보인다. 우리는 하나님의 사람들이 치매에 동반되는 고통에 대처하도록 그들을 준비시키는 일을 좀 더 잘할 필요가 있다.

온전한 인간이 된다는 것의 의미 가르치기

인간이 된다는 것이 무엇을 의미하는지에 대해 여러 가지 답이 가능한 이 시대에 교회는 앞에서 살펴본 것과 같이 하나님의 형상으로 만들어진 우리의 존재에 기초하여 분명한 인간관을 가르쳐야 한다. 대다수의 교회 구성원들은 모든 사람이 하나님의 형상으로 창조되었다는 사실을 확신할 것이다. 그러나 그것이 실제로 무엇을 의미하는지에 대한 질문을 받으면 그들은 아마도 "글쎄요, 제 생각에 그것은 인간이 하나님을 닮았고, 지적이며, 스스로 선택을 할 수 있고, 다른 사람들과 관계를 맺을 수 있는 능력이 있음을 의미하는 것 같아요"와 비슷하게 말할 것이다. 만일 좀 더 진지하게 "그 대답은 심각한 치매에 걸려서 지적이지 않고 스스로 선택을 내릴 수 없으며 다른 사람과 관계를 맺을 능력이 없는 사람들은 하나님의 형상을 더 이상 나타내지 못한다는 말인가요?"라는 질문을 받으면, 그들은 아마도 놀라거나 약간 불편한 기색을 보이면서 "잘 모르겠는데요"라고 말할 것이다. 앞에서 던진 가상의 논의에서 한 발자국 더 나아가 "그 말은 그들이 사람이 아니라는 것을 뜻하나요?"라는 질문을 받는다면, 우리가 기대하건대 "그런 뜻은 아닌데요"라는 대답이 나올 것이다. 나는 설교에서 치매라는 단어를 들어본 적이 전혀 없었던 것처럼, 인격이 존재론적인(정의상 참인 어떤 것) 상태이고 하나님의 형상으로 만들어진 모든 사람은 고유한 존엄성을 가지고 있으며 그들이 지니고 있는 형상은 존중할 만한 가치가 있다는 점을 교회에서 가르치는 것을 본 적이 없다.

이런 어려운 질문에 기꺼이 부딪히든지 그렇지 않든지 간에, 우리는 그 질문들이 중요하며, 우리가 잘못된 견해를 받아들인다면 참담한 결과를 가져올 수 있다는 점을 인정해야 한다. 그런 비극적인 실수를 예방하는 유일한 방법은 교회가 모든 인간이 하나님의 형상으로 만들어진 사람이며, 따라서 그들이 가지고 있는 존엄성을 존중하여 그들을 대우해야 한다는 점을 가르침의 우선순위로 삼는 것이다. 만일 우리 모두가 치매의 피해자들을 하나님의 형상으로 만들어진 온전한 인간으로 본다면, 이는 교회가 그들에게 반응하는 방식에 큰 영향을 미칠 것이다.

돌봄과 섬김의 문화를 발전시키기

예수는 그를 따르는 이들의 특징 중 하나가 그들이 서로 나누는 사랑이어야 한다고 가르치셨다. "너희가 서로 사랑하면 이로써 모든 사람이 너희가 내 제자인 줄 알리라"(요 13:35). 좀 더 강력하게 바울은 이렇게 말했다. "너희가 짐을 서로 지라. 그리하여 그리스도의 법을 성취하라"(갈 6:2). 지역 교회는 교회 구성원들이 도움이 필요한 교인들의 삶에 적극적으로 참여하는 것의 중요성을 가르치고 그렇게 할 기회를 제공할 필요가 있다. 돌봄은 단지 집사들이나 자선 기금이 하는 역할로 한정되어서는 안 된다. 교회의 모든 사람이 그런 필요성을 인식하고 실제적인 도움을 제공할 준비가 되어 있어야 한다.

지금 우리가 논의하고 있는 내용과 관련하여 교회는 치매에 걸린 이들을 섬기는 것을 특권으로 여길 필요가 있다. 국가가 치매에 걸린 이들의 친구들이나 가족 구성원들이 하는 것처럼 돌봄을 제공하겠지만, 교회가 그 일에 참여할 때 존경을 받는다. 개인적인 관점에서 볼 때 치매로 고통당하는 이들을 돌보는 데 도움을 제공하는 사람들은 그들에게 언젠가 닥칠지도 모르는 상황에 대처할 준비가 더 잘 되어 있다.

치매에 걸린 이들에게 영적인 도움 제공하기

치매는 각각의 사례마다 독특한 측면을 가지고 있기 때문에, 모든 사례에 가장 적합한 단 하나의 접근 방법은 없다. 그러나 어떤 경우일지라도 환자들과 그들의 부양자들은 비록 그들의 존재가 어느 정도 불편한 순간을 야기한다고 하더라도 교회에서 환영을 받는다고 느낄 수 있어야 한다. 가벼운 포옹과 감사의 몇 마디가 그들에게 환영받는다는 느낌을 줄 것이다. 그들의 영적인 욕구를 충족시켜주는 일에 관한 한, 교회는 큰 책임을 지고 있다.

치매로 고통당하는 이의 예배에 대한 필요를 인식하라. 하나님은 그분의 백성이 다른 신자들과 함께 모이기를 원하신다. 신자들이 함께 모이기를 게을리하지 말라는 하나님의 명령은(히 10:25) 우리에게 모임의 중요성을 말해주는데, 여기에는 모든 사람이 포함된다. 그러나 치매에 걸린 사람들은 많은 인원이 모이는 대예배에 참석하는 것으로부터는 더 이상 유익을 얻지 못할지도 모른다. 큰 규모의 그룹은 그들에게 위압감을 줄 수 있고, 시끄러운 소음으로 혼란스러울 수 있으며, 활동이 빠르게 진행되어 그들이 따라가기 힘들 수 있다. 그런 경험은 극도의 혼란을 유발하여 때로는 붕괴 현상까지도 일으킬 수 있다. 교회 지도자들은 이와 같은 점을 의식하여 치매 환자들을 조용한 방에 앉도록 하는 등의 대안을 마련해야 한다. 일부 교회는 치매에 걸린 출석자들을 위한 특별 예배를 제공한다. 나는 그런 예배를 드리는 큰 교회를 몇 군데 알고 있는데, 그런 예배는 찬양을 많이 부르고, 설교는 짧으며, 따뜻하고 환대하는 분위기가 있다. 이런 프로그램은 강도 높은 노력과 수고가 필요하기 때문에 교회에서 많은 그룹의 헌신이 있어야 이루어질 수 있다. 그러나 아무리 잘 짜여진 프로그램이 있다고 할지라도 인지장애가 있는 사람들은 결국에는 어떤 유형의 예배에도 참여할 수 없게 될 것이다. 그런 시기가 다가오면 소그룹 유형의 예배가 대안이 될 수 있다. 규모가 좀 더 작고 더 친밀한 모임이 치매로 고통당하는 이들의 욕구에 부합할 수 있다. 그러나 그들은 심지어 이런 유형의 교제조차도 시간이 지나면 하지 못하게 될 것이다. 그렇기 때문에 설령 그들이 교회를 잊어버린다고 하더라도 교회는 그들을 절대로 잊지 말아야 한다.

심방. 평신도 지도자 및 목회팀은 생활 보조 주거지와 요양원 심방뿐만 아니라 가정 심방을 위한 규칙적인 일정을 세워야 한다. 이런 심방 일정은 치매 환자들이 더는 예배에 참석하지 못하게 될 때 특히 중요하다. 치매는 환자와 부양자 모두에게 외로움을 일으키기 때문에 교회의 심방이 그들에게 편안한 위로가 될 수 있다. 비록 환자가 그들의 심방을 빠르게 잊어버린다고 하더라도 그들은 의심의 여지 없이 그 시간을 즐길 것이다. 이런 심방은 그들과 함께 성경을 읽고 기도하며 환자 및 부양자가 할 수 있는 만큼의 대화를 나눌 기회가 된다.

로버트 데이비스 목사는 치매가 직접 그 자신의 문제가 되었을 때 목회적 심방을 어떻게 해야 하는지에 대한 자신의 생각이 변했다고 한다. 그는 환자에게 설교를 담은 CD를 가져다주기보다 환자 옆에 앉아서 그에게 익숙한 성경 구절이나 시 또는 찬송가를 들려주어야 한다고 권고한다. 치매 환자들에게 이전에 그들이 교회를 위해 헌신했던 일을 일깨워주는 것도 용기를 준다. 실제로 이런 심방을 통해 교회 지도자들은 환자의 집에서 무슨 일이 일어나고 있는지를 알게 되고 필요한 다른 도움이 무엇인지를 찾을 수 있다.

봉사할 곳을 찾도록 도와주라. 치매로 고통당하는 이들은 이전에 했던 수준으로 봉사할 수는 없지만, 그럼에도 할 수 있는 다른 일들이 있다. 그들은 비록 교실에서 가르칠 수는 없지만 교실의 의자를 정돈할 수는 있을 것이다. 교회가 치매에 걸린 사람들의 능력을 고려하여 지속적으로 그들의 봉사를 점검하는 시간을 가지고 그들에게 봉사할 수 있는 방법을 제공할 때 하나님께서 영광을 받으신다.

기도. 치매에 걸린 사람들과 그들의 부양자들은 교회의 기도 제목에 반드시 들어 있어야 하고, 교회는 정규 예배 시간에 그들을 위해 기도해야 한다. 교회는 그들의 치유와 인내를 위해 기도하는 한편, 하나님께서 그들의 질병을 통해 영광 받으시기를 간구해야 한다. 치매에 걸린 사람들 역시 기도할 수 있다. 나는 내 치매 환자들 중 몇 사람의 논리정연한 기도에 감명을 받는다. 적절하다면 그들에게 기도를 인도할 기회를 주는 것도 지혜로운 방법이다.

지지 그룹. 치매 초기에 환자들은 자신과 비슷한 상황에 처한 사람들과 교제함으로써 유익을 얻을 수 있다. 헌신된 그룹을 형성하기에는 단일 교회 내에 치매로 고통받는 자들의 수가 충분하지 않은 경우가 종종 있는데, 그런 경우에는 몇몇 교회, 특히 도시 지역의 교회들이 연합해서 후원할 수 있다.

부양자 돌보기

교회는 치매로 고통받는 이들보다 부양자들에게 훨씬 더 큰 영향을 끼칠 수 있다.

위임. 내가 가진 꿈 중 하나를 독자들과 나누고 싶다. 즉 지역 교회가 부양자들에게 하나님께서 그들에게 소명으로 주신 사역을 위임하는 시간을 갖는 것이다. 우리는 선교사, 목회자, 주일학교 교사를 위임한다. 부양자들도 위임하면 어떨까?

환대와 수용. 교회는 부양자들이 가능한 한 자주 교회에 올 수 있도록 모든 노력을 기울여야 한다. 이를 위해서는 일부 신도들이 치매 환자와 함께 지내기 위해 스스로 참석을 포기하려는 의지가 필요할 수도 있다.

목회자의 심방. 표면상으로 목회자의 심방은 치매 환자에게 용기를 주기 위한 목적이지만, 부양자가 가장 큰 유익을 얻는 경우가 많다. 오늘

날 기술의 발달로 사람들은 좋은 음악이나 훌륭한 설교를 듣기 위해, 혹은 죄의 고백이나 기도를 함께 나누기 위해 교회에 갈 필요가 없다. 그러나 그들이 다른 곳에서 절대 얻을 수 없는 것은 목회자와 동료 교인들이 개인적으로 관심을 가지고 함께 있어주는 것이다.

휴식 제공하고 집안일 도와주기. 치매 초기에 부양자는 지역 교회의 사람들, 가능하면 집사들이나 다른 사역자들을 만나서 환자의 치매가 진행됨에 따라서 교회가 도울 수 있는 방안에 대해 이야기하기 시작해야 한다. 부양자에게 중요한 전환점은 환자의 질병이 그를 혼자 두면 안 되는 시점까지 진행되었을 때 발생한다. 그 시기에는 부양자에게 필요한 실제적인 도움이 크게 늘어난다. 집안 청소, 정원 일, 장보기, 긴장을 풀기 위한 외출 등에서 도움이 필요하다. 만일 교인들 가운데 집안일에 도움을 제공하기 원하는 이가 있으면, 교회가 미리 약간의 훈련을 제공하는 것이 바람직하다.

기도 후원. 우리는 합심기도 시간에 부양자들을 기억하는 것의 가치를 앞서 언급했는데, 이는 일대일 기도 모임에서도 똑같이 중요하다. 부양자와 직접 만나서 함께 기도하는 것이 최선이지만, 불가능할 때에는 전화로 기도하는 것도 선택 사항이 될 수 있다. 기도 제목은 단지 부양자만을 위한 것이어서는 안 되며, 부양자에게도 다른 사람들을 위해 기도할 기회가 주어져야 한다. 이런 기회를 통해 부양자의 영혼은 놀라운 경험을 하게 될 것이다.

상담. 부양자들은 그들이 직면한 힘겨운 과제에 대해 귀 기울여주는 사람과 지혜로운 상담자가 자주 필요하다. 이런 상담은 목회자, 교회의 전문 상담사, 또는 치매라는 독특한 과제의 경험을 가진 평신도들이 수행할 수 있다.

지역사회가 제공하는 서비스 자료 비치하기. 교회가 도울 수 있는 실제적인 방법은 부양자들을 지역사회의 이용 가능한 서비스와 연결시켜 주는 것이다. 부양자들이 필요한 도움을 찾기 위해서는 많은 시간과 노력이 들기 때문에, 만일 교회의 누군가가 시간을 내서 지역사회의 서비스에 대한 목록을 작성해준다면 큰 부담을 덜 수 있다.

가족 중재. 치매는 가족의 화합에 자주 균열을 일으키는데, 특히 간호가 주로 가족 중 한 사람에게 집중될 때 더욱 그렇다. 그들의 요구에 민감한 교회는 그런 불화의 징후를 인지해서 필요할 때 자발적으로 개입해야 한다. 가족 전체가 같은 교회에서 예배를 드린다면, 이는 교회가 반드시 해야 할 일이다.

재정적 도움. 일부 부양자들은 치매 환자를 돌보기 위해 직업을 포기해야 하고, 눈덩이처럼 커지는 비용은 경제적인 자원을 급속도로 고갈시킨다. 성인 데이 케어, 방문 전문 간호, 특수 장치, 입원, 집에 안전 손잡이나 경사로를 설치하는 일과 같은 시설 변경, 특별한 음식, 그리고 마지막으로 요양원을 위한 비용 등이 빠르게 늘어난다. 성경은 경제적으로 도움을 줄 가족이 없는 과부들을 교회가 도와주어야 한다고 말한다. 치매에 걸린 누군가를 돌보는 재정적인 부담을 지고 있는 사람들 역시 도움을 받아야 하지 않을까?

교통편 제공. 교통편을 제공하는 실제적 도움은 차를 가지고 있는 사람이라면 누구든지 충족시켜줄 수 있다. 부양자는 환자에 집중해야 하기 때문에 운전을 할 수 없는 경우가 자주 발생한다. 운전을 해주는 사람은 이런 중요한 봉사를 제공하는 데 있어 치매에 대해 심지어 환자에 대해서도 무엇을 알아야 할 필요가 없다.

지지 그룹. 지지 그룹은 단순히 같은 교회의 교인들인 부양자들과 연결됨으로써 시작할 수 있다. 이상적인 그룹은 비교적 부양에 대해 잘 모르는 사람들과 좀 더 경험이 있는 사람들로 이루어질 것이다. 이 그룹은 좀 더 많은 사람이 참여하게 되면 교회의 공식적인 사역으로 발전될 수 있다. 만일 교회에 치매에 대해 경험이 있는 간호사나 의사와 같은 전문 인력이 있다면 그가 이 사역을 이끌 수도 있다.

지금까지 우리가 탐구한 핵심 질문은 하나님이 치매의 한가운데서 어떻게 영광을 받으실 수 있는가였다. 교회가 이 과정에 참여하는 것은 그 질문에 대한 답을 찾는 데 있어 필수적인 부분이다. 예수는 이렇게 말씀하셨다. "이같이 너희 빛이 사람 앞에 비치게 하여 그들로 너희 착한 행실을 보고 하늘에 계신 너희 아버지께 영광을 돌리게 하라"(마 5:16). 사도 요한은 이렇게 말했다. "어느 때나 하나님을 본 사람이 없으되 만일 우리가 서로 사랑하면 하나님이 우리 안에 거하시고 그의 사랑이 우리 안에 온전히 이루어지느니라"(요일 4:12). 비록 우리를 둘러싼 세상이 하나님을 본 적은 없지만, 그들은 하나님의 교회인 우리가 서로 사랑하는 모습을 봄으로써 그분의 사랑이 무엇인지를 어렴풋이나마 알게 될 것이다. 교회가 치매로 힘들어하는 사람들에게 제공하는 사랑의 돌봄은 교회 밖의 더 넓은 지역 공동체에 큰 영향을 미칠 수 있으며, 그들로 하여금 하나님의 사랑이 역사하는 모습을 깨닫도록 해줄 것이다.

지금 이 글을 쓰고 있는 나는 치매 환자들의 필요가 교회가 적절하게 제공할 수 있는 능력의 범위를 훨씬 넘어선다는 사실을 가슴 아프게 인지한다. 치매 환자들에게 충분한 원조를 제공하는 일은 그 외의 중요한 다른 활동들을 위해 반드시 필요한 자원을 쉽게 고갈시킬 수도 있다. 그럼에도 불구하고 나는 지역 교회가 치매로 고통당하는 사람들의 필요를 신중하게 고려하는 것이 불가피한 사명이라고 느낀다. 치매에 연관된 사람들이 교회가 해줄 수 있는 일에 지나치게 큰 기대를 갖지 않는 것도 이에 못지않게 반드시 필요하다.

기도

하늘에 계신 아버지, 저를 그리스도의 몸 안에 있게 해주셔서 감사드립니다. 저는 지역 교회가 해야 할 모든 일을 다 할 수 없음을 잘 알고 있습니다. 그러나 하나님께서 그곳에 계시기 때문에 교회는 많은 일을 할 수 있습니다. 제가 섬기는 교회와 이 지역사회의 다른 교회들을 위해 기도하오니, 이 교회들을 사용하셔서 당신의 백성들이 치매에 잘 대처할 수 있도록 준비시켜주시고 치매의 경험을 통과하도록 부르심을 받은 가족들을 옆에서 잘 지원할 수 있게 도와주소서. 당신의 모든 백성과 당신의 영광을 위해 기도드립니다. 아멘.

Finding

Grace

in the

Face

12장

치매 경험을 통한 성장

of

Dementia

치매의 다양한 측면을 경험하는 사람들은 그 결과로서 성장하며, 그 과정에서 하나님은 영광을 받으신다. 나는 빌리 그레이엄 목사가 말한 다음의 문구를 기억한다. "산 정상은 경치와 영감을 위해 서 있지만, 열매는 계곡에서 자란다."[1] 우리의 성품의 성장과, 다른 사람들 및 하나님과의 관계에서의 성장은 종종 치매라는 계곡에서 이루어진다.

   데이브에게 치매가 닥친 지 5년 후에 데니스는 데이브가 쇠퇴하는 과정에서 그녀의 삶이 어떻게 바뀌었는지에 대해 이야기했다. 그녀는 만약 삶이 얼마나 힘들지를 알았다면 다시는 절대로 치매를 만나고 싶지 않았을 것이라고 말했다. 그러나 되돌아보면 그녀에게 감사한 일들도 많이 있었다. 그녀는 하나님께서 그녀를 사랑하시는 것처럼 좀 더 이타적인 방법으로 데이브를 사랑하는 법을 배웠다고 말했다. 그녀는 하나님께서 자신을 얼마나 사랑하시는지를 더 잘 이해하게 되었다. 또한 그녀는 날마다 필요한 힘과 감정적인 지지를 얻기 위해 하나님을 더욱 의지하는 법도 배웠다. 그녀의 기도는 그저 자신이 원하는 것을 하나님께 말하는 차원이 아니라, 도움을 구하기 위해 하나님께 울부짖는 데까지 성장했다. 데니스는 하나님께서 어떻게 그녀를 더 인내심이 강하고 친절한 사람으

---

1   http://www.henrietsblog.com/2010/08/billy-graham-fruit-grows-in-valleys.html#.VXuET_lVhBc, accessed June 12, 2015.

로 만들었는지를 계속해서 이야기했다. 끝으로 그녀는 하늘나라에 대한 소망이 그녀에게 얼마나 의미 있는 것이 되었는지를 언급했다.

데니스가 치매 경험으로부터 개인적으로 성장한 것처럼 환자, 부양자, 관찰자 등 치매에 관계된 모든 사람이 성장할 수 있다.

기도 생활

치매는 삶에서 만나는 다른 어느 싸움보다도 우리에게 기도를 가르쳐 준다. 치매는 우리로 하여금 하나님을 의지하게 하며, 날마다 그분과 교제하도록 이끌어준다. 우리의 기도는 다음의 몇 가지 형태로 나타날 수 있다.

탄식

사랑하는 사람의 정신이 쇠퇴하고 그의 성격이 변하는 것을 볼 때 우리가 상실과 비통 그리고 심지어 분노로 반응하는 것은 자연스러운 현상이다. 예수의 탄식에서도 볼 수 있듯이 예수 자신도 아버지와의 관계 상실을 경험했다. "나의 하나님, 나의 하나님, 어찌하여 나를 버리셨나이까?"(마 27:46) 우리는 기도할 때 늘 얼굴을 밝게 해야 한다고 생각할 필요가 없는데, 그 이유는 하나님께서 우리가 실제로 어떻게 느끼는지를 아시기 때문이다. 치매가 우리를 낙망하게 만들 때, 우리가 치매의 피해자나 치매 자체, 또는 심지어 하나님께 화가 날 때 우리는 그런 감정을 하나님께 직접 표현해야 한다. 치매는 하나님께서 원래 계획하신 아름다운 창조의 모습에 들어 있지 않았다는 사실을 기억하라. 치매는 죄의 결과로서 들어오게 되었다. 하나님께서는 우리가 좌절 속에서 하나님께 탄식하며 소리 내어 울기를 원하신다. 하나님의 임재를 우리가 느끼지 못할 때, 우리의 마음 깊은 곳에서 하나님의 돌보심을 확신하지 못할 때, 우리는 어떻게 느끼는지를 하나님께 알릴 수 있다. 정직하게 우리 자신을 표현하는 것이 하나님께 등을 돌리고 그분으로부터 도망가는 것보다 훨씬 낫다. 심지어 치매라는 비극으로 탄식하는 동안에도 우리는 하나님이 옳은 일을 행하신다는 것을 여전히 신뢰할 수 있다. 시편 저자가 이 두 가지를 동시에 어떻게 행하고 있는지를 주목하라. "백성들아, 시시로 그를 의지하고 그의 앞에 마음을 토하라"(시 62:8).

간구

하나님께서는 어린아이처럼 기도 제목을 가지고 그에게 나오라고 우리를 초청하신다. 예수는 그를 따르는 사람들에게 모든 간구를 하나님께 가지고 나오라고 말씀하셨다.

> 구하라! 그리하면 너희에게 주실 것이요, 찾으라! 그리하면 찾아낼 것이요. 문을 두드리라! 그리하면 너희에게 열릴 것이니, 구하는 이마다 받을 것이요, 찾는 이는 찾아낼 것이요, 두드리는 이에게는 열릴 것이니

라. 너희 중에 누가 아들이 떡을 달라 하는데 돌을 주며 생선을 달라 하는데 뱀을 줄 사람이 있겠느냐? 너희가 악한 자라도 좋은 것으로 자식에게 줄 줄 알거든 하물며 하늘에 계신 너희 아버지께서 구하는 자에게 좋은 것으로 주시지 않겠느냐?(마 7:7-11)

사도 바울은 우리에게 이렇게 말한다. "아무것도 염려하지 말고 다만 모든 일에 기도와 간구로 너희 구할 것을 감사함으로 하나님께 아뢰라"(빌 4:6). 하나님께서 그분의 지혜 안에서 치매가 우리를 고통스럽게 하도록 허락하셨다는 것을 신뢰한다고 해서 우리가 하나님께 우리를 구제해 달라고 부탁하지 못하는 것은 아니다. 다음과 같이 단순한 기도를 드려라. "하나님, 해리는 오늘 몹시 혼란스러워합니다. 저는 그를 진정으로 사랑하고 그의 이런 행동에 대처할 만한 힘이 있는지 잘 느끼지 못하겠습니다. 그를 안정시킬 수 있도록 저를 도와주시고 당신의 힘을 제게 주십시오. 어떤 것이라도 좋으니 제발 저를 도와주소서." "저는 당신이 필요합니다"라는 간구는 어떤 상황에서도 드릴 수 있는 적절한 기도다. 우리는 하나님께서 치매를 통해 무엇을 이루시기를 간구해야 할까?

- 하나님께서 영광을 받으시기를 기도하라.
- 하나님께서 치매 환자의 영혼에 역사하시고 그에게 평화를 주시며 그가 하나님께서 함께하심을 의식하도록 기도하라.
- 치매 환자와 연관된 모든 사람의 영적 성장을 위해 기도하라.
- 치유를 위해 기도하라.

- 이타적인 사랑을 위해 기도하라.
- 각 상황에 부딪힐 때 잘 대처할 수 있는 지혜와 창의성을 위해 기도하라.
- 하나님께서 일하심을 보게 해달라고 기도하라.
- 감사할 수 있는 하나님의 사랑과 신실하심을 볼 수 있도록 기도하라.
- 부양자의 감정적·영적·신체적 건강을 위해 기도하라.
- 다른 돌봄 제공자들을 위해 기도하라.
- 사랑의 돌봄을 관찰하는 사람들을 위해 하나님께서 이런 예를 사용하여 그들에게 말씀하시기를 기도하라.
- 구체적인 무엇을 간구할 때 하나님이 아시는 가장 좋은 방식으로 응답하실 것을 믿으며 기도하라.

우리는 힘겨운 시기에 나 혼자만 하나님께 도와달라고 부르짖고 있는 것이 아니라 다른 사람들도 기도하고 있다는 사실을 알 때 큰 위로를 받는다. 가장 중요한 것은 우리 주 예수께서 우리를 위해 기도하신다는 사실이다. "다시 살아나신 이는 그리스도 예수시니, 그는 하나님 우편에 계신 자요, 우리를 위하여 간구하시는 자시니라"(롬 8:34). "그러므로 자기를 힘입어 하나님께 나아가는 자들을 온전히 구원하실 수 있으니, 이는 그가 항상 살아 계셔서 그들을 위하여 간구하심이라"(히 7:25).

예배

기도는 우리가 바쁜 일상에서 잠시 벗어나 하나님의 위대하심과 사랑 그리고 그분의 능력에 집중하면서 하나님을 예배할 수 있는 기회이기도 하다. 또한 우리는 최소한 매일 잠깐씩이라도 우리의 주님께서 십자가에서 우리를 위해 행하신 일을 기억하는 한편 그의 성품에 대해 묵상하는 시간이 있어야 한다.

감사

감사가 늘 쉬운 것은 아니지만, 사도 바울은 우리에게 이렇게 촉구한다. "범사에 감사하라. 이것이 그리스도 예수 안에서 너희를 향하신 하나님의 뜻이니라"(살전 5:18). 다른 서신에서 바울은 "범사에 우리 주 예수 그리스도의 이름으로 항상 아버지 하나님께 감사"(엡 5:20)하라고 권한다. 심지어 우리가 역경으로 힘들 때도 돌아보면 감사한 것들을 찾을 수 있다. 감사하는 마음을 갖는 것은 하나님을 기쁘시게 할 뿐만 아니라 우리의 태도를 긍정적인 모습으로 만들어준다. 우리는 치매에 대해서도 감사해야 하는데, 그 이유는 우리가 치매로부터 배울 수 있는 한 가지 중요한 교훈이 있기 때문이다. 즉 우리 힘으로는 아무것도 할 수 없으며 전적으로 하나님의 도우심을 의지해야 한다는 것을 가르쳐준다. 우리는 감사하는 마음으로 날마다 하나님의 도우심을 받아들여야 하며, 기도할 때마다 하나님께 그렇게 고백해야 한다.

사랑

사람들 사이의 사랑은 완전히 이타적이라고 말할 수 없다. 이 땅에서의 사랑의 관계들은 어느 정도 이기심이 들어 있기 때문이다. 나는 분명히 내 아내 도로시를 사랑하지만 그녀에 대한 내 사랑이 어느 정도는 이기적이라는 것을 인정한다. 왜냐하면 그녀가 내게 사랑의 반응을 보이는 것이 내가 그녀를 사랑하는 데 도움을 주기 때문이다. 그러나 치매에 걸린 누군가를 사랑하는 것은 진정으로 이타적일 수 있다. 이는 사랑의 가장 순결한 형태, 즉 우리를 향한 하나님의 사랑과 유사하다. 하나님께서는 우리가 그분을 위해 무엇을 행했기 때문에 우리를 사랑하시는 것이 아니다. 하나님의 사랑은 받을 자격이 없는 자에게 자신을 내어주는 것이다. 부양자에게는 그런 이타적인 사랑을 실천할 기회가 있는 셈이다. 우리를 향한 하나님의 사랑과 치매에 걸린 이들에 대한 우리의 사랑 사이의 한 가지 중요한 차이는 다음과 같다. 즉 하나님께서는 우리가 그에 대항하여 대놓고 반역의 삶을 사는 죄인이었을 때 우리를 사랑하신 반면에 치매의 피해자는 무고하게 고통을 당한다는 것이다. 이 사실을 아는 것은 치매로 고통당하는 사람을 좀 더 수월하게 사랑하고 보다 큰 긍휼의 마음을 품도록 만들어준다. 이에 더하여 치매로 고통당하는 사람들은 자신에게 베풀어진 부양자의 사랑에 고마움을 느끼며 애정 어린 방식으로 반응한다. 그들은 때때로 고마운 마음을 표현할 수 없을 수도 있지만, 영혼 깊은 곳에서 자신을 돌봐주는 부양자에게 고마움을 느끼며 그를 사랑할 것이다.

신뢰

하나님은 우리가 그분이 행하시는 일의 동기나 방법을 모두 이해하기를 기대하지 않으신다. 모세는 이 점을 우리에게 잘 알려준다. "감추어진 일은 우리 하나님 여호와께 속하였거니와, 나타난 일은 영원히 우리와 우리 자손에게 속하였나니, 이는 우리에게 이 율법의 모든 말씀을 행하게 하심이니라"(신 29:29). 우리의 한계를 아시는 하나님께서는 다음과 같이 선언하신다. "이는 하늘이 땅보다 높음 같이 내 길은 너희의 길보다 높으며 내 생각은 너희의 생각보다 높음이니라"(사 55:9). 바울은 이렇게 말한다. "깊도다. 하나님의 지혜와 지식의 풍성함이여! 그의 판단은 헤아리지 못할 것이며 그의 길은 찾지 못할 것이로다"(롬 11:33). 하나님은 우리가 하나님과 그분의 방법을 완전히 이해할 수는 없음을 아시지만, 그렇다고 하더라도 우리가 그분을 신뢰하기를 원하신다. 이는 우리의 삶에서 가장 큰 도전 가운데 하나다. 우리는 이해하지 못하고 심지어 혼란스러울 때조차도 당신을 신뢰하기를 원하시는 하나님에 대해 큰 관점을 가질 필요가 있다. 티모시 켈러 목사는 에블린 언더힐(Evelyn Underhill)의 통찰력 있는 다음 글을 인용한다. "만일 하나님이 우리가 이해할 수 있을 만큼 작은 존재라면, 그는 우리의 예배를 받을 만큼 크신 분이 아닐 것이다."[2]

나는 내가 특정한 상황을 이해하고 있다고 생각하고 따라서 그 상황을 통제하고 있다고 느낄 때 나 자신을 신뢰하기 쉽고 하나님을 의지해야 한다고 느끼지 않는 경향이 있음을 깨달았다. 우리는 치매를 다룰 때

---

[2] Keller, *Walking with God through Pain and Suffering*, 255에서 인용함.

우리가 그것을 통제할 수 없다는 것을 매우 빨리 알게 된다. 노력한다고 해도 우리는 절대로 치매에 깃들인 하나님의 목적을 완전히 이해하지는 못할 것이다. 치매는 하나님을 온전히 신뢰하는 법을 배우는 놀라운 기회가 된다. 우리가 치매 경험을 통과할 때 하나님께서 개입하고 계신다는 것을 알면 알수록 하나님에 대한 우리의 신뢰는 더욱 커질 것이다. 이것은 일종의 상향식 소용돌이를 시작하는 것으로, 점점 더 힘들어지는 상황에서 그분을 의지할 수 있는 우리의 능력으로 이어질 것이다.

우리 대부분은 과거에 노예선 선장이었지만 회심한 후 많은 이들의 사랑을 받는 찬송가 "나 같은 죄인 살리신"(Amazing Grace)을 작사한 존 뉴턴(John Newton)을 알고 있다. 하지만 아마도 그가 목사가 되었다는 사실을 모르는 사람들도 더러 있을 것이다. 부양자로서 환자를 돌보고 있는 교인에게 뉴턴은 다음과 같이 썼다.

> 당신의 누이가 내 마음에 큰 부담으로 다가옵니다. 그녀의 질병이 나를 슬프게 합니다. 만약 그 질병이 내 힘에 달려 있다면 나는 그것을 당장 없애버릴 것입니다. 하지만 주님이 하실 수 있기에, 나는 바랄 뿐입니다. 그분이 그 질병을 보내신 목적에 응답할 때…나는 당신이 그녀를, 당신 자신을, 그리고 당신의 모든 염려를 그분의 손에 맡길 수 있기를 바랍니다. 주님은 그분의 기쁘신 뜻대로 우리에게 행할 주권을 가지고 계십니다. 그리고 만약 우리 자신이 어떤 사람인지를 생각한다면, 우리는 불평할 이유가 전혀 없음을 분명히 고백해야 합니다. 주님을 찾는 자들에게 그분의 주권은 은혜의 방식으로 행사됩니다. 모든 것이 합하여 선을

이룰 것입니다. 주님이 보내신 모든 것은 다 필요한 것이고, 그분이 보내시지 않는 것은 그 무엇도 필요하지 않은 것입니다.[3]

삶이 즐겁고 편안할 때 우리가 하나님을 신뢰하는 것은 쉬울 수 있지만, 그것이 하나님께 가장 영광을 돌리는 신뢰의 유형은 아니다. 우리가 어려움 속에서 힘들어하며 절망 가운데 "하나님, 저는 당신이 여기에 계심을 알고 있습니다. 저는 하나님께서 가장 좋은 것을 행하실 것을 믿습니다"라고 부르짖을 때 하나님께 영광을 돌리는 신뢰는 성장한다.

소망

우리가 환자든지 부양자든지 간에 치매라는 길을 달리기 시작할 때 우리의 첫 반응은 소망이 아니다. 우리는 우리의 삶과 관계를 심각하게 변화시키는 비극적인 질병을 마주하게 되는데, 이 질병에 대해 현대 의학이 할 수 있는 일은 거의 없다. 이 질병은 보통 죽음의 순간이 이르기까지 더 나아지지 않는다. 이런 상황에서 우리가 소망을 품을 수 있는 근거는 무엇일까?

내가 이 질문에 대한 쉬운 답이 있다고 주장할 수는 없지만, 우리는 로마서에서 두 가지 유용한 관점을 발견한다. 첫째, 바울은 하나님의 사랑이 동반되고 성령을 통해 경험되는 고통은 인내에서 인격 형성으로 그

---

3 앞의 책, 266에서 인용함.

리고 결국에는 소망으로 움직이는 일련의 사건들을 시작한다는 것을 우리에게 가르쳐준다.

> 다만 이뿐 아니라 우리가 환난 중에도 즐거워하나니, 이는 환난은 인내를, 인내는 연단을, 연단은 소망을 이루는 줄 앎이로다. 소망이 우리를 부끄럽게 하지 아니함은 우리에게 주신 성령으로 말미암아 하나님의 사랑이 우리 마음에 부은 바 됨이니(롬 5:3-5).

여기에는 치매에 동반되는 고통도 포함된다.

두 번째 관점은 예수께서 우리를 위해 참으신 것에 초점을 맞추는 것으로부터 나온다. "그런즉 이 일에 대하여 우리가 무슨 말 하리요? 만일 하나님이 우리를 위하시면 누가 우리를 대적하리요? 자기 아들을 아끼지 아니하시고 우리 모든 사람을 위하여 내주신 이가 어찌 그 아들과 함께 모든 것을 우리에게 주시지 아니하겠느냐?(롬 8:31-32) 하나님께서 예수를 통해 우리에게 아주 많은 것을 주셨기에 우리는 우리가 현재 당하는 시련을 통해 하나님께서 우리를 붙들어주실 것을 온전히 기대할 수 있다.

그러면 우리가 바라는 소망은 과연 무엇인가? 만약 치매가 치료되어 이 땅에서의 편안한 삶으로 되돌아가는 것을 소망하고 있다면 우리는 실망하게 될 것이다. 그 대신에 우리는 하나님께서 치매를 통해 그분의 목적을 이루시고 영광을 받으시기를 소망해야 한다. 또한 우리는 하늘나라를 향한 소망을 가지고 있다. 즉 우리는 하나님께서 그의 자녀들을 그와 함께 거하게 하시려고 본향으로 부르셔서 창조주 하나님의 형상으로 온전히 회복시키실 그날을 고대한다.

끝으로 우리는 고난의 시간을 인내로 통과하는 자들에게 주시는 특별한 상급을 바라볼 것을 배웠다. 야고보는 이렇게 말한다. "시험을 참는 자는 복이 있나니, 이는 시련을 견디어 낸 자가 주께서 자기를 사랑하는 자들에게 약속하신 생명의 면류관을 얻을 것이기 때문이라"(약 1:12).

그렇다! 치매가 환자와 부양자 그리고 주위의 관찰자 등 치매에 연관된 모든 사람을 성장으로 이끄는 많은 방식이 있다. 그렇게 하심으로써 하나님께서는 분명히 영광과 찬송을 받으실 것이다. 환자, 부양자, 교회 및 지역사회가 모두 성장할 수 있는 특별한 방법을 이제부터 하나씩 살펴보도록 하자.

치매 환자의 성장

나는 치매 환자들이 특별한 방식으로 성장하는 모습을 보았다. 나는 세심하고 철학적인 생각을 가진 내 친구 밥을 절대로 잊을 수 없을 것이다. 그는 복음이 말하는 값없이 주시는 구원이 너무 단순하다는 생각으로 항상 갈등했다. 그는 우리가 구원받기 위해 무엇을 행하기를 하나님께서 분명히 기대하신다고 주장했다. 치매가 천천히 그의 정신을 잠식하기 시작하자, 그는 하나님을 기쁘시게 하려고 노력했던 모든 착한 일을 더는 계속할 수 없음을 깨달았다. 마침내 그는 눈물을 흘리면서 구원을 위해 필요한 모든 것을 이미 이루신 예수를 신뢰하는 것 외에 자신이 할 수 있는 것은 아무것도 없음을 깨달았다고 내게 말했다. 나는 밥이 하나님을 의지하고 겸손해진 이 자리까지 오기 위해 견뎌야 했던 것을 알기에 놀랐지만, 그의 치매가 유익한 결과를 가져온 것에 감사했다.

우리는 지금까지 우리의 인지 능력과 감정적 경험 사이의 차이에 대해 이야기했다. 하나님께서는 이 두 차원에서 우리를 만나실 수 있다. 나는 아주 똑똑한 사람들이 단순하게 하나님을 신뢰하기 위해 씨름하는 것을 보았다. 그러나 신뢰는 단지 인지적 활동이 아니다. 신뢰는 우리의 감정도 포함한다. 우리는 우리의 질문과 씨름하기를 멈출 때 하나님을 신뢰할 수 있고 하나님 안에서 평안을 누린다. 예수는 어린아이처럼 그에게 나오라고 사람들을 초대하셨다. 아이들은 인지적으로 모든 것을 이해하지 못하지만 감정적으로 신뢰할 수 있다. 치매 초기는 하나님을 신뢰하고 평안을 누릴 수 있는 새로운 기회를 제공해줄 수 있다.

나는 치매를 앓고 있는 내 환자들 중 몇 사람이 영적으로 놀랍게 성장하는 것을 지켜보았다. 성경은 "성령의 열매"(갈 5:22-23)에 대해 말하는데, 이 열매들은 하나님께서 우리 안에서 성장시키시는 성품의 특성들이다. 비록 치매에 걸린 사람들 사이에서 보편적으로 일어나는 경험은 아니지만, 나는 치매를 통해 화를 잘 내던 사람이 부드러워지고 참을성이 없던 사람이 잘 참는 사람이 된 사례를 알고 있다. 하나님의 영이 역사하셔서 그들의 성품을 만들어가신 것이다. 부양자들이 하나님께서 일하고 계시는 것을 깨닫고 이런 변화를 격려하기 위해 그들이 할 수 있는 일을 하는 것은 참으로 귀한 모습이다. 그들이 그렇게 하는 것이 치매를 통해 하나님께 영광을 돌리는 또 다른 방법이다.

영적인 관점에서 볼 때 우리의 약함에 직면하는 것은 큰 가치가 있다. 바울은 이렇게 말했다. "내가 약한 그때에 강함이라"(고후 12:10). 우리가 할 수 있는 모든 일에 초점을 맞추고 우리 자신이 얼마나 놀라운 존재인지 생각할 때 하나님에 대한 생각이 들어갈 여지는 거의 없다. 때때로 치매는 우리가 얼마나 부족한 존재인지를 알게 함으로써 우리 자신을 겸손하게 만들어준다. 켈러 목사는 다음과 같이 썼다.

> 거듭 반복하여 성경은 하나님께서 강함이 아니라 약함을 통해 그분의 구원을 이루실 것을 보여준다. 왜냐하면 예수가 패배를 통해 승리하고, 잃어버림을 통해 얻으며, 다시 하늘로 올라가기 위해 땅으로 내려올 것이기 때문이다. 이와 동일한 방식으로 우리는 오직 회개와 신뢰의 약함을 통해서만 우리의 삶에서 하나님의 구원의 능력을 얻는다. 그리고 매우 자주 하나님의 은혜는 우리의 위대한 업적보다 우리의 어려움 속에서 더욱 커진다.[4]

---

4 같은 책, 269.

부양자의 성장

영적인 성장을 가장 많이 볼 수 있는 이들은 부양자들이다. 그들은 기도하고 사랑하며 신뢰하고 소망을 품으면서 성장하며 성령의 위로와 권면을 좀 더 깊이 경험할 수 있다.

성령은 그들의 성품에서 열매를 맺도록 열심히 일하신다. 치매를 통해 성장하는 모든 성령의 열매 중 아마도 제일은 인내일 것이다. 마찬가지로 부양은 온유함과 자기 절제를 향상시킨다. 치매에 걸린 누군가를 돌보는 것은 돌봄이라는 과제가 너무 무겁기 때문에 겸손 역시 신장시킨다. 부양자들은 그들 자신에게 너무 많은 것을 기대할 수 없다는 것을 빨리 배운다. 더러운 것을 치우는 일이든지, 환자의 정신적 붕괴에 어떻게 더 잘 대처할 것인지를 깨닫는 일이든지 간에, 그것은 부양자를 겸손하게 만들어주는 경험이다.

돌봄을 제공하는 것은, 반드시 심오한 영적 은사는 아니라고 할지라도, 창조적으로 무엇이든지 만들 수 있는 능력을 가져다준다. 치매에 걸린 사람을 돌볼 때 생기는 모든 상황을 다루는 데 있어 요리책과 같은 접근은 없다. 창조적으로 생각하는 것은 새롭고 신선한 방식으로 생각하도록 우리를 촉구하는 하나님의 영에 귀 기울임으로써 이루어지는 영적 경험일 수 있다.

여기서 부양자가 발전시킬 수 있는 특성을 하나 더 언급할 필요가 있는데, 바로 인내다. 이는 꽤 오랫동안 중요한 특성이 된다. 나는 방문할 때마다 부양자들이 매일 좌절에 직면하면서 침착하게 참는 능력을 향상시켜가는 모습을 본다. 나는 그들을 보면서 로마서 5:3의 진리, 즉 환난은 인내를 이룬다는 사실을 확인한다. 환자를 돌보는 힘겨운 나날을 보내면서 부양자들은 자신이 단지 고집스럽게 돌보는 것이라고 느낄지도 모르겠지만, 사실 그들의 인내는 그들의 신실함에 대한 증거다. 자신의 치매 경험에 대해 쓴 데이비스 목사의 글 후기에서 그의 아내 베티는 그들이 인내할 수 있도록 해준 태도를 다음과 같이 나눈다. "날마다 하나님께 영광을 돌리며 살라. 할 수 있는 한 모든 선한 일을 하라. 우리는 최악의 경우를 대비해왔고 지금은 가장 최선의 것을 바라보며 살고 있다. 최악의 상황이 온다고 해도 우리는 준비가 되어 있다. 설사 그런 일이 일어나지 않는다고 해도 우리가 그것에 대해 염려하느라고 오늘을 허비했다고 말할 수는 없을 것이다. '이 날은 여호와께서 정하신 것이라. 이 날에 우리가 즐거워하고 기뻐하리로다'"(시 118:24).[5]

교회의 성장

치매가 교회 신도들이 성장하도록 도울 수 있는 몇 가지 방법이 있다. 첫째, 치매는 이타적으로 봉사할 기회를 그들에게 제공해줄 수 있다. 거의 모든 교회가 치매에 걸리고 충족되지 않은 욕구를 가진 사람들을 알고 있다. 그들의 교회에서가 아니더라도 그들의 이웃 지역에서 말이다. 둘

---

5 Davis, *My Journey into Alzheimer's Disease*, 140.

째, 교회 지도자들은 신자들이 치매가 제기하는 몇 가지 신학적 질문에 답하도록 도와줄 수 있다. 이런 질문들 중 일부는 쉽게 답을 얻지 못할 수도 있다. 하지만 그런 질문들은 물을 만한 가치가 있으며 대답을 준비하는 것 자체가 하나님께 영광을 돌리는 하나의 방법이다.

지역사회의 성장

비그리스도인 이웃들이 그리스도인들을 지켜보고 있다. 그들은 우리가 언제 우리 주님의 모습을 나타내는지를 보고 있으며, 언제 그렇게 하지 못하는지도 알고 있다. 많은 경우에 그들은 그들이 보는 우리의 모습을 통해 하나님이나 예수에 대한 유일한 인상을 갖게 된다. 교회가 치매에 걸린 사람들에 대한 하나님의 사랑을 보여줄 때 그들에 대한 하나님의 사랑을 감사하기 위해 오는 사람들도 있을 것이다.

기도

하늘에 계신 아버지, 그럴 만한 가치가 없는 사람들을 받아주시고 그들에게 새로운 생명을 주시며, 그들의 성품을 변화시켜주시고, 당신과 영원히 함께할 수 있도록 그들을 준비시켜주시니 감사합니다. 치매에 걸린 사람들과 그들의 부양자들 혹은 주변의 다른 사람들의 삶 속에서 치매를 도구로 사용하시니 더욱 힘이 됩니다. 하나님 아버지, 당신께서 당신의 완벽한 계획을 행하시고 저의 삶 속에서 당신의 영광과 존귀를 이룰 수 있도록 저를 당신께 맡깁니다. 당신의 거룩한 이름으로 기도합니다. 아멘.

Finding

Grace

in the

Face

13장

삶의 마지막에 관한 쟁점들

of

Dementia

데이브의 치매는 세 번째 단계로 진행했으며, 그는 데니스의 간호에 전적으로 의지하게 되었다. 데니스가 "여보, 사랑해요"라고 말할 때마다 데이브는 보통 웃음으로 대답했다. 그것이 그가 할 수 있는 전부였다. 리프팅 장치의 도움으로 그녀는 그를 끌어올려 휠체어에 태울 수 있었다. 데니스는 데이브가 더 이상 화장실을 사용하지 못하도록 했는데, 그가 대소변을 전혀 억제할 수 없었기 때문이다. 그는 빨대를 사용하여 액체를 마셨지만 고형식은 먹여주어야 했다.

마지막으로 그들의 아들은 다른 주에 살면서도 일주일에 여러 차례 방문하여 데니스와 진지한 대화를 나누었다. 그는 "어머니, 아버지가 어머니를 점점 더 힘들게 하는데 어떻게 하실 생각이세요? 다른 방안을 세울 때가 된 것 같아요"라고 말했다. 그녀는 슬픈 기색을 감추지 못했지만, 아들의 조언을 받아들여 치매 돌봄을 제공하는 요양원을 알아보았다. 나는 내가 선호하는 시설을 그녀에게 추천했는데, 하나님의 은혜로 그곳은 그들의 집에서 10분이면 갈 수 있는 거리에 있었다. 데니스는 즉시 데이브가 들어갈 수 있도록 예약했다.

일단 그곳에 들어가자 데이브는 안절부절못하며 소란을 피웠는데, 데니스는 그의 그런 행동을 그녀에게 화가 난 것으로 해석했다. 몇 주 동안 그는 요양원 직원들이 아무리 애를 써도 음식을 거의 먹지 않았다. 직원들이 무사히 그에게 아침을 먹였으리라는 희망을 안고 데니스는 점심과 저녁을 먹이기 위해 매일 그곳으로 갔다. 그럼에도 불구하고 그는 체중이 줄었다. 어느 날 내가 그곳을 방문했는데, 데니스가 데이브에게 음식을 먹일 때 나는 그가 음식을 어렵게 삼키고 있고 음식 때문에 숨이 막히고 있음을 알아차렸다. 나는 그녀에게 머지않아 데이브가 흡인성 폐렴에 걸릴 위험성이 높다고 알려주었다.

또한 나는 그렇게 하는 것이 적절하다고 생각하는 한 데이브의 생명을 연장할 수 있는 모든 노력을 다하겠다고 내가 약속했던 것을 그녀에게 상기시켰다. 그 문제에 대해 재논의해야 할 시점이었기 때문에 우리는 데니스 및 다른 가족들과의 만남을 약속했다. 의례적인 인사말을 몇 마디 주고받은 후 나는 데이브가 곧 폐렴이 심해질 것이고 그의 허약한 영양 상태를 고려해볼 때 아마도 오래 생존하지 못할 것이라고 설명했다. 그들이 동의한다면 "심폐 소생술 금지 지시서"와 "입원 금지 지시서"를 작성할 시기였다.

한 달이 채 안 되어서 데이브는 어느 날 저녁을 먹은 후 구토하고 심각한 질식 현상을 겪었다. 다음 날 그는 열이 올랐고 아무런 반응도 하지 않았다. 나는 가족들의 연락을 받았고 데이브가 고통의 증후를 전혀 보이지 않기 때문에 아무런 치료도 받지 않는다는 지시서대로 움직였다. 두 시간 후에 가족이 보는 앞에서 데니스가 데이브의 손을 잡고 그들의 아들이 기도하는 가운데 주님께서 그를 본향으로 데려가셨다. 매우 평화로운 광경이었다.

치매 환자의 마지막을 지켜보면서 우리는 다양한 질문에 부딪힌다. 적절한 의학적 치료란 무엇인가? 치매에 걸린 사람들은 어떻게 죽는가?

생명 연장 치료를 제한하는 것이 적절한 것인가? 만일 그렇다면 언제 그리고 어떻게 그것을 실행해야 하는가? 환자의 마지막 날에 어떻게 하면 우리가 좀 더 따뜻한 위로를 건넬 수 있을까? 내 개인적인 생각을 나누기 전에 대답의 기초가 되는 몇 가지 성경적인 원리를 고려할 필요가 있다.[1]

삶의 마지막에 대한 성경적 관점

죽음은 적이지만 패배한 적이다

성경은 죽음에 대해 언뜻 보기에 이율배반적인 관점을 제시한다. 우리의 책임은 긴장 속에서 이 두 관점을 붙들고 우리의 구체적인 상황에 어느 것을 적용할지를 결정하는 것이다. 바울은 이렇게 말한다. "맨 나중에 멸망 받을 원수는 사망이니라"(고전 15:26). 심지어 오늘날에도 죽음은 우리가 반드시 싸워야 할 적으로 남아 있다. 하나님은 그분의 섭리 안에서 죽음과 싸우기 위한 효과적인 방법을 알려주셨다. 창세기 1장에서 하나님은 우리에게 "다스리라"(26절)고 말씀하셨고, 그 명령은 우리가 가진 모든 의학 기술을 재량껏 사용할 수 있도록 해주었다. 하나님은 당신이 우리에게 주신 삶을 우리가 잘 돌보기를 원하시는데, 그것의 일부는 우리가 필요할 때 의학의 도움을 받는 것이다. 그러나 우리는 우리의 믿

---

[1] 내가 쓴 *Finishing Well to the Glory of God* (Wheaton, IL: Crossway, 2011)을 추천한다. 이 책은 이 문제를 좀 더 자세하게 다루고 있다.

음을 의학에 두지 말아야 한다. 왜냐하면 심지어 의학 기술이 사용될 때조차도 고치시는 분은 하나님이시기 때문이다. 그러므로 만일 치매 초기의 환자에게 갑자기 심장 마비가 발생하면, 우리는 심폐 소생술을 시도해야 한다. 만일 그가 심각한 폐렴 증세를 보이면 항생제가 폐렴을 통제할 때까지 여러 날 동안 인공호흡기를 사용해야 한다. 이런 적극적인 치료는 환자가 의미 있는 삶으로 회복될 가능성이 높을 때 죽음이라는 적과 싸우는 적절한 방법이다.

비록 죽음이 적이라고 할지라도, 그리스도 안에서 죽음이 정복되었다는 것 역시 진리다. 바울은 다음과 같이 썼다. "이 썩을 것이 썩지 아니함을 입고 이 죽을 것이 죽지 아니함을 입을 때에는 사망을 삼키고 이기리라고 기록된 말씀이 이루어지리라. 사망아, 너의 승리가 어디 있느냐? 사망아, 네가 쏘는 것이 어디 있느냐?…우리 주 예수 그리스도로 말미암아 우리에게 승리를 주시는 하나님께 감사하노니"(고전 15:54-57). 죽음은 이미 정복당했기 때문에 더 이상 죽음과 싸울 필요가 없는 때가 온다. 그때 우리는 죽음을 하나님께서 우리를 그에게로 데려가시고자 사용하시는 도구로서 인식할 수 있다. 전도서 저자는 "죽을 때가 있으며"(전 3:1-2)라고 말하며, 시편 저자는 "그의 경건한 자들의 죽음은 여호와께서 보시기에 귀중한 것이로다"(시 116:15)라고 말한다. 이 말씀은 하나님께서 죽음을 좋아하신다는 것을 뜻하지 않는다. 나사로의 무덤 앞에서 계셨을 때 자신이 죽은 자들 가운데서 자신의 친구를 일으킬 것을 알고 계셨던 예수께서는 눈물을 흘리셨다(요 11:35). 우리가 직면하는 도전은 이때가 의미 있는 삶을 연장하기 위해 하나님과 함께 일함으로써 죽음과 싸우는 것이 적절할 때인지, 아니면 혹시 우리가 고통스러운 죽음을 연장함으로써 잠재적으로 그분께 저항하는 것은 아닌지를 판단하는 것이다.

죽음의 시기는 하나님의 주권에 달려 있다

하나님은 우리가 태어나기 전에 이미 우리의 삶의 기한을 정하셨다. 하나님은 우리가 어떻게, 어디서, 언제 죽을지를 아신다. 다윗은 다음과 같이 말한다.

> 내 형질이 이루어지기 전에 주의 눈이 보셨으며
> 나를 위하여 정한 날이 하루도 되기 전에
> 주의 책에 다 기록이 되었나이다(시 139:16).

욥 역시 다윗과 유사하게 고백한다.

> 그의 날을 정하셨고
> 그의 달 수도 주께 있으므로
> 그의 규례를 정하여 넘어가지 못하게 하셨사온즉(욥 14:5).

우리의 삶의 길이가 주권자이신 하나님에 의해 아마도 우리가 완전히 이해하지 못하는 방식으로 결정되지만, 우리는 얼마나 오래 살 것인지에 영향을 미치는 많은 선택을 해야 한다. 우리는 숙명론자가 될 필요가 없다. 왜냐하면 어떤 방식으로든 하나님의 주권은 우리의 선택을 통해 역사하기 때문이다. 이것을 안다면 우리는 우리가 하는 선택에 책임이 있다.

죽음은 신자를 하나님의 임재로 안내한다

치매에 걸린 사람들을 포함하여 모든 신자의 죽음은 마지막이 아니다. 결코 그렇지 않다! 죽음은 하늘에 계신 하나님의 임재 안에서 놀라운 영생의 시작이다. 이는 매우 중요한 관점이기 때문에 나중에 다시 논의하도록 하겠다.

치매 진행 과정에서의 의학적 결정

우리는 최상의 의학적 치료와 할 수 있는 모든 것이 이루어져야 한다는 생각을 혼동하지 않도록 주의해야 한다. 왜냐하면 최상의 치료는 의학적 상황에 따라 각 개인에 맞게 행해져야 하기 때문이다. 우리의 목표가 우리가 내리는 대부분의 의학적 결정을 이끌어내야 하기 때문에 우리는 지속적으로 치료의 목표를 인식하고 재평가해야 한다. 이 목표는 보통 다음의 세 범주로 나뉜다.

　치료: 가능한 한 오랫동안 생명을 연장하기 위해 적극적으로 병을

치료함
안정: 삶의 질을 유지하기 위해 합리적으로 개입함
준비: 편안함과 존엄성을 갖춘 좋은 죽음을 계획함[2]

나는 삶의 마지막에 훌륭하게 도달한 사람들이 위에서 언급한 목표들을 처리하고 받아들이는 것을 관찰해왔다. 그들은 죽음을 준비하면서 점차적이지만 뚜렷한 목적을 가지고 치료에 대한 욕구로부터 위안 치료(comfort care)를 선택하는 것으로 옮겨간다.

의학적 치료의 적극적 활용은 치매가 진행됨에 따라 바뀌어야 한다. 어느 정도의 건망증이 있지만 여전히 즐겁고 의미 있는 활동을 할 수 있는 치매 초기 단계의 환자는 가능한 한 최선의 생명 연장 치료를 받아야 한다. 만일 그들에게 폐렴 증상이 나타나면 반드시 치료받아야 하며, 입원이나 단기간의 인공호흡기가 필요할 수도 있다. 그 후에 상태가 좀 더 악화될 수 있는 문제들을 점검하기 위해 지속적으로 의학적 검사를 받아야 한다. 예를 들어 만일 초기 단계의 치매 환자가 무릎이나 엉덩이에 중증 관절염이 생겨서 통증을 느낀다면 관절 대체 수술을 받는 것이 적절하다. 심장 기능의 이상을 초래하는 불완전한 심장 판막에 의해 호흡이 짧아진다면 판막 대체 수술을 고려해야 한다. 이 단계의 치매 환자는 아마도 7년에서 10년 정도는 더 살 수 있다고 예측된다. 그러나 암 검진은

---

[2] 치료에 대한 이 목표들은 다음의 짧은 책에서 훌륭하게 발전되었다. Hank Dunn, *Hard Choices for Loving People* (Lansdowne, VA: A&A, 2001), 7–8.

하지 않는 것이 적절한데, 왜냐하면 대부분의 암은 천천히 진행되고 환자들은 대부분 그 밖의 다른 사유로 인해 먼저 죽을 것이기 때문이다.

치매 말기에 접어들면 기대 수명이 줄어들기 때문에 특정 치료를 적극적으로 계속하는 것이 더는 적절하지 않을 수 있다. 나는 성숙한 그리스도인들이 삶의 마지막 단계의 치료에 대해 다르게 생각할 것이라고 믿는다. 하지만 개인적으로 만일 내가 앞으로 2년밖에 살지 못한다면 나는 무릎 대체 수술에서 회복하기 위해 재활실에서 6개월을 소비하고 싶지는 않다. 만일 내가 다른 원인으로 죽기 전에 나를 죽게 만들지는 않을 것으로 예상되는 암이 생긴다면, 나는 암 치료를 받고 싶지 않다. 치매 말기에는 치료가 가능하고 만일 치료받지 않으면 손쓸 수 없는 상태가 되는 신체 기능의 이상, 예를 들면 신부전증과 같은 것이 생길 수도 있는데, 그럴 경우에 나는 치료받고 싶지 않을 것 같다. 솔직히 말해 나는 투석을 받지 않는 편을 택할 것이다. 중증 치매보다 신부전증으로 죽는 것이 더 낫다. 그런 상황이 발생하면 나는 법적으로 타당한 서류를 즉시 준비하기를 원할 것이다.

어머니께서 치매의 마지막 단계였을 때 위임장을 가지고 있었던 누나를 포함한 우리 자녀들은 마지막을 편안하게 지내게 하는 돌봄 이외에 아무런 치료도 원하지 않는다는 점을 분명히 밝혔다. 어머니에게 폐렴과 같이 갑자기 목숨을 잃을 수도 있는 심각한 감염이 발생한다고 해도 우리는 그녀를 병원에 입원시키거나 치료하기를 원하지 않았다. 하지만 그녀에게 요로 감염과 같이 생명을 위협하지는 않지만 통증이 심한 감염이 생긴 경우에는 항생제를 받도록 했다. 존경받는 생명윤리학자 대니얼 캘

러핸(Daniel Callahan)은 다음과 같이 현명하게 썼다.

> 나는 두 가지 원칙을 제시한다. 첫째, 아무도 알츠하이머병 말기 단계에서 기계문명 이전 시대보다 더 오래 살도록 강요당해서는 안 된다는 것이다.…심각한 치매 환자의 경우 원칙은 반드시 다음과 같아야 한다. 의심스러울 때는 치료하지 말라. 선한 결과를 아무것도 얻지 못할 것이다. 둘째, 질질 끌거나 고통스러운 죽음을 막는 것도 건강과 삶의 질을 높이는 것만큼이나 큰 책임이다.³

바라건대 환자들은 자신이 의학적으로 어떻게 치료받기를 원하는지 결정할 능력을 상실하기 전에 그들의 의도를 알고 의사에게 통지해줄 대리인을 지명하는 사전 의사결정을 내려야 할 것이다. 만일 그들이 사전 의사결정을 내리지 않았다면, 대리 의사결정권자를 지명하기 위해 변호사를 고용할 필요가 있다. 대리인이 치매라는 어려운 상황에서 결정을 내리는 일이 힘들 수 있다. 내 경험으로는 죽음이 다가올 때 많은 사람이 과도하게 적극적인 의학적 치료를 조르거나 너무 일찍 포기하는 양극단의 선택을 피하기가 어렵다는 것을 알게 된다.

첫 번째는 대리인이 사랑하는 사람을 떠나보내려고 하지 않고, 적극적이고 종종 고통스러우며 단지 죽음을 지연시킬 뿐인 치료를 포기하

---

3   Daniel Callahan, "The Elderly in Dementia," in *Dying in the Twenty-First Century: Toward a New Ethical Framework for the Art of Dying Well*, ed. Lydia Dugdale (Cambridge, MA: MIT Press, 2015), 183.

거나 중단하기로 결정하는 데 어려움을 겪을 때다. 어느 날 내가 대기실에 앉아 있는데, 옆에 있던 한 여자가 우리의 대화를 듣고는 내가 노인병 전문의라는 것을 알게 되었다. 그녀는 나를 보자마자 흐느껴 울기 시작하더니 자기 어머니가 최근에 돌아가셨다고 말했다. 그녀는 흐느끼면서 불쑥 "나는 어머니가 원하는 것 이상으로 그녀를 오래 살려두라고 주장했어요. 나는 너무 이기적이었어요. 어머니는 생각하지도 않고 그저 나만 생각한 거죠. 어머니의 죽음이 너무 가슴 아파요. 죄책감을 느껴요"라는 말을 쏟아냈다. 어떻게 반응해야 할지 알 수 없었다. 나는 다만 그녀의 손을 잡고 "당신은 내가 했을 만한 선택을 하지 않았어요. 하지만 당신은 어머니를 무척 사랑했어요. 그게 더 중요해요"라고 말할 수밖에 없었다.

다른 극단은 삶의 질을 과소평가하는 것이다. 환자의 삶의 질을 받아들일 수 없는 것으로 인식하는 대리인은 효과적일 수 있는 치료를 포기할지도 모른다. 스티븐 포스트는 한 가족의 이야기를 들려주었다. 그들은 처음에 요양원에서의 삶이 그들의 아버지를 비참하게 만들 것이라고 느꼈지만 나중에는 이렇게 결론내렸다. "아버지는 요양원에서 누리는 사회적 관계를 정말로 즐기셨다. 지적인 능력을 가진 우리는 아버지의 동료들을 판단할 배심원이 아니다."[4] 다시 말하면 환자 자신이 인지하는 그의 삶의 질은 그를 사랑하는 사람들이 느끼는 것이나 의학적인 정의보다 훨씬 더 좋을 수 있다.

치료에 관해 자주 제기되는 한 가지 질문은 환자가 더는 스스로 음

---

4 Post, *Moral Challenge of Alzheimer Disease*, 76.

식을 먹지 못하거나 다른 사람들이 효과적으로 먹이지 못할 때 영양과 수분을 공급하기 위해 급식관을 사용해야 하느냐의 여부다. 대답은 분명히 사용하지 말아야 한다는 것이다. 치매 상황에서 급식관은 문제를 예방하기보다 더 많이 일으킨다는 것이 철저한 과학적 연구를 통해 충분히 입증되었다.[5] 급식관은 생명을 연장해주지도 편안함을 제공하지도 않는다. 복벽을 통해 작은 플라스틱관을 위와 연결하는 급식관은 심각한 합병증을 일으킬 소지가 있다. 관을 통한 급식은 설사를 일으킬 수 있는데, 이는 흔히 피부 손상과 욕창으로 이어진다. 다만 환자가 음식을 삼킬 때 흡입해서 음식이 폐로 들어가는 경우에는 급식관 사용이 적절한 것으로 보인다. 그러나 급식관은 침이 폐로 흡입되는 것을 막지 못하며, 급식관이 몸에 붙어 있으면 위 내용물이 역류해서 폐로 유입되는 위험도를 높인다. 치매 말기에 있는 사람들은 죽어가고 있기 때문에 음식 섭취를 멈추게 된다는 점을 기억하는 것이 좋다. 그들은 음식 섭취를 멈추었기 때문에 죽는 것이 아니다. 죽음이 다가오고 신체 체계가 멈추기 시작하면 위와 장은 더 이상 음식을 받아들일 수 없다. 이 시점에 음식을 강제로 먹

5　S. Cai, P. L. Gozalo, et al., "Do Patients with Advanced Cognitive Impairment Admitted to Hospitals with Higher Rates of Feeding Tube Insertion Have Improved Survival?," *Journal Pain Symptom Manage* 45/3 (2013): 524–33; Elizabeth L. Sampson, Bridget Candy, and Louise Jones, "Enteral Tube Feeding for Older People with Advanced Dementia," *Cochrane Database of Systematic Reviews* 15/2 (2009), accessed October 11, 2016, http://onlinelibrary.wiley.com/doi/10.1002/14651858. CD007209.pub2/full; Thomas E. Finucane, Colleen Christmas, and Kathy Travis, "Tube Feeding in Patients with Advanced Dementia: A Review of the Evidence," *Journal of the American Medical Association* 282 (October 1999): 1,365–70.

이는 것은 쓸모가 없는데, 음식이 흡수되지 않아서 아무런 영양도 공급하지 못하기 때문이다. 오히려 음식이 위와 장을 부풀게 하고 팽창시킬 뿐이다. 치매 환자에게 주입하는 급식관이 초래할 수 있는 다른 합병증은 그들을 더욱 고통스럽고 힘들게 한다는 것이다. 그들이 급식관을 잡아당기지 못하도록 하기 위해 그들의 손을 아래로 묶거나 강력한 진정제를 투여해야 하는데, 이는 환자를 더욱 약하고 혼란스럽게 만든다.

급식관이 공급하는 인공적인 수분과 영양분 없이 죽는 것이 특별히 불편한 것은 아니다. 영양학적인 관점에서 대부분의 사람이 음식 없이도 한 달 이상 살 수 있기 때문에 환자가 굶어서 죽는 경우는 드물다. 오랫동안 금식한 사람들에게 물어보면 그들은 대개 배고픔으로 인한 불편함은 그저 며칠밖에 가지 않는다고 말할 것이다. 게다가 음식이 없어도 젖산이 환자의 몸에서 증가하는데, 이것이 자연스럽게 진정제 역할을 한다. 또한 우리는 탈수가 죽음의 자연스러운 현상임을 인식해야 한다. 만약 액체가 쇠약해지고 죽어가는 심장에 억지로 유입되면 일반적으로 폐에까지 흐르는데, 이는 결국 호흡 장애를 일으키게 된다. 혹은 액체가 조직으로 흐르면 거북한 팽창을 야기한다. 과도한 액체는 불편함을 일으키며 보통 사망을 촉진한다.

우리는 적극적인 의학적 치료가 그것을 시행해야 하는 이유를 이해하지 못하는 환자에게 얼마나 큰 위협이 될 수 있는지도 인식할 필요가 있다. 치매에 걸린 사람들도 여전히 통증을 느끼는데, 심지어 주사 바늘을 꽂는 아픔조차도 당황스러울 수 있다. 더욱이 자신의 집과 가족이 주는 편안함으로부터 떨어져서 입원실, 특히 중환자실로 가는 것에 대한 끔찍한 두려움은 훨씬 더 나쁘다. 그들은 그곳에서 의사와 간호사 등 교대로 근무하는 새로운 사람들을 많이 대면해야 하고, 활력징후 점검을 위해 한밤중에도 여러 차례 깨야 하며, 온갖 종류의 불편한 검사를 받아야 한다. 치매에 걸린 사람들이 대부분 병원에 입원한 후에 눈에 띌 정도로 상태가 나빠지는 것을 경험하는 것은 그리 놀랄 일이 아니다. 우리는 병원 입원이나 심지어 주요 외래 검사를 실행하기 전에도 신중하게 생각할 필요가 있다. 왜냐하면 치매 말기에 있는 환자들에게는 죽음이 더 좋은 대안일 수도 있기 때문이다.

수년간 나는 삶의 마지막에 적극적인 의학적 치료를 계속할 것인지의 여부에 대해 환자들 및 그들의 가족들과 대화를 많이 나누었다. 나는 개인적으로 내가 다른 사람들을 계속해서 섬길 수 있다면 가능한 한 모든 의학적 치료를 받기 원한다. 그러나 하나님께서 내가 이 땅에서 해야 할 일을 더는 남겨놓지 않으셨다면, 나는 어떤 생명 연장 치료도 원하지 않는다. 그 시점이 오면 나는 그저 하나님께서 본향으로 나를 부르실 때까지 편안하게 지내고 싶다. 내가 자주 사용하는 표현 가운데 하나는 다음과 같다. "하늘나라는 너무 멋지기 때문에 우리는 그곳에 들어가지 않으려고 몸부림칠 필요가 없다."

치매는 불치병이다

모든 유형의 치매는 점차 악화될 수밖에 없다. 특히 조발성 알츠하이머병 및 전두측두엽 퇴행과 같은 일부 증상은 다른 것보다 악화가 더 빠르게 진행된다. 치매는 대부분 매우 천천히 악화되며 기대 수명을 예측하기 힘들다는 점에서 다른 불치병과 다르다. 그럼에도 불구하고 모든 치매는 불치병이며, 또 다른 질병으로 인해 먼저 사망하지 않는다면 치매의 모든 피해자가 결국 치매로 인해 죽을 것이다. 하나님의 은혜로 의학이 발전하여 치매를 위한 효과적인 치료법이 개발되고 있지만, 아직까지 치매로 고통당하는 이들을 구해주지는 못하는 실정이다. 이와 같이 우리를 낙담하게 만드는 사실을 고려해볼 때 치매는 생명을 연장하는 것보다 편안하게 죽음을 맞이하도록 하는 것이 더 중요한 불치병으로서 다루어져야 한다.

치매 환자의 일반적인 사망 유형

치매의 마지막 단계에 도달할 만큼 충분히 오래 살아남은 사람들의 죽음에는 정형화된 패턴이 없다. 한 가지 공통점은 빈약한 영양 상태가 면역 체계를 파괴하여 더 쉽게 질병에 감염될 수 있다는 것이다. 그들은 자주 음식 또는 침을 흡입하거나 위산을 역류시키기 때문에 일반적으로 폐에 감염이 잘 생기며 폐렴에 걸리기 쉽다. 흔하게 걸리는 다른 감염은 요도에서 시작하여 혈액으로 퍼지는 것으로, "패혈증"이라고 불리는 증상을 일으킨다. 이런 감염들은 항생제로 치료할 수 있지만, 감염이 재발할 수 있기 때문에 항생제는 기껏해야 일시적인 해결책을 제공해줄 뿐이다. 그런 치료는 생명을 연장한다기보다는 사망을 연기시키는 것이다. 환자는 이런 감염으로 인해 죽어갈 때 항생제나 다른 적극적인 치료를 받지 않고 치료에 도움이 될 만큼의 모르핀이나 진정제를 맞음으로써 편안한 상태를 유지할 수 있다. 솔직히 나는 매우 고통스러운 죽음을 맞이하는 치매 환자를 본 적이 없다. 다행스러운 것은 일단 죽음이 그들을 하늘나라로 데려가면, 그들의 고통은 끝난다는 사실이다.

치매 환자가 마지막 시기를
편안하게 보내도록 어떻게 도울 수 있는가?

치매가 진행되면서 어느 시점에 환자와 연관된 모든 사람은 치료의 목적이 생명을 연장하기보다는 환자를 편안하게 해주는 것이 되어야 함을 받아들여야 한다. 이에 관한 동의가 마침내 이루어지면 고통 완화 치료팀이나 의사의 도움을 구하는 것이 현명하다. 일부 지역사회는 고통 완화 치료 서비스를 오직 병원에 입원한 환자들에게만 제공하지만, 다른 곳에서는 외래 진료 환자들에게 심지어 가정 건강 에이전시를 통해 환자의 자택에서도 제공한다. 이런 의료 인력들도 호스피스에 있는 직원들과 마찬가지로 증상 관리 전문가들이다. 호스피스와 달리 그들은 적절하다면 위안 치료와 적극적인 치료를 결합할 수 있다.

적극적으로 치료하지 않고 위안 치료만을 제공하기로 결정한 시기에는 호스피스를 알아보는 것이 좋다. 요즘 전국적으로 이용 가능한 호스피스 기관들은 자택이나 요양원 또는 병원 등의 거주 시설에서 죽음을 앞둔 사람들에게 전문적인 치료를 제공한다. 사람들은 호스피스란 단지 사람들이 잘 죽도록 돕기 위한 것이라고 종종 잘못 생각하지만, 사실 그렇지 않다. 호스피스는 사람들이 죽기 전까지 삶의 질을 유지하는 데 관심을 둔다. 최초로 호스피스를 설립한 영국인 의사 데임 시슬리 손더스(Dame Cicely Saunders)가 이를 잘 말해준다. "당신은 바로 당신 자신이기에 중요하며, 당신의 삶의 마지막까지 당신은 소중하다. 우리는 당신이 평화롭게 죽을 수 있도록 도울 뿐만 아니라 당신이 죽을 때까지 보호받을 수 있도록 우리가 할 수 있는 모든 것을 다할 것이다."[6]

호스피스에 있을 때 훈련된 호스피스 간호사와, 필요할 때에는 목회자, 사회복지사, 영양사 및 운동 코치들이 환자를 정기적으로 돌본다. 호스피스는 목욕, 옷 입기, 음식 섭취 등과 같은 자질구레한 일을 돕기 위해 일주일에 몇 시간씩 가정 건강 보조원을 종종 제공해줄 것이다. 이와 같은 프로그램은 환자가 사망할 때까지 지원 수준과 방문 빈도를 서서히 늘리고, 환자의 사망 후에는 남아 있는 사랑하는 이들에 대한 애도 상담을 제공한다. 호스피스 기관들은 불치병 치료와 연관된 모든 약물에 대한 비용을 지불하며, 산소, 병원 침상, 가정 내의 환자용 변기와 같은 장비도

---

6 Dame Cicely Saunders (1918–2005), 다음에서 인용함. "Death, Suffering, and Euthanasia," College of Family Physicians of Canada website, accessed May 22, 2016, http://www.ncbi.nlm.nih.gov/pmc/articles/PMC2902937/.

제공한다. 나는 개인적으로 호스피스에 관한 일부 의료보험 조항이 치매를 다룰 때 다소 불편을 준다는 사실을 알게 되었다. 가장 번거로운 것은 "6개월 원칙"이다. 호스피스에서 보험 혜택을 받으려면 의료팀은 환자의 예상 수명이 6개월 이하임을 입증해야 한다. 치매의 경우 생존 기간이 불확실하기 때문에 미리 6개월 내에 환자가 사망할 것을 예측하기가 불가능한 경우가 많다. 치매 환자가 한동안 잘 지내다가 갑자기 상태가 악화되어 며칠 내에 사망하는 경우도 자주 생긴다. 이런 까닭에 환자가 호스피스에 있는 시간이 매우 짧을 수밖에 없고, 최대 한도의 유익한 서비스를 제공받을 수 없게 된다. 그 외에도 다른 어려운 점은 일단 환자가 호스피스에 있으면 일정 한도 이상의 검사는 받을 수 없다는 것이다. 보통 이 원칙은 환자의 유익을 위한 것이지만, 이는 일부 검사 결과가 환자의 편안함을 향상시키기 위한 보다 효과적인 방법을 제시해줄 수 있다는 사실을 무시하는 것이다.

    삶의 마지막 시기에 환자의 편안함을 보장하기 위해 이루어질 수 있는 다음 행동은 모든 의학적 치료를 점검해서 즉각적인 편안함에 기여하지 못하는 치료를 중단하는 것이다. 이것은 일반적으로 호스피스 입실 허가 과정에서 이루어지지만, 그 전에 하는 것이 더 적절하다. 높은 콜레스테롤 수치를 치료하는 것이 더는 필요하지 않을 것이다. 삽입된 제세동기와 같은 생명 유지 장치들은 꺼버려야 한다. 일부 제한들은 조금 완화될 수 있다. 설령 환자의 콜레스테롤이 높다고 해도 유지방이 많은 아이스크림을 즐기도록 허용하는 것도 괜찮을 수 있다. 당뇨병 환자의 혈당을 적극적으로 치료하거나 관찰할 필요도 없을 것이다. 인슐린을 끊어도 되고 오랫동안 먹지 못했던 사탕이나 케이크를 종종 즐겨도 된다. 환자들은 아마도 계속해서 신체 활동을 하면 기분이 좀 더 나아질 수 있지만, 너무 먼 거리를 걷는 것은 무리일 것이다.

불안한 상태를 나타내는 환자는 사망 시점이 다가오면 더욱 악화될 것이다. 실제로 강력한 항불안제 약물 중 일부는 갑작스러운 사망을 초래할 수 있다는 경고를 담고 있는데, 이는 의료진이 이 약물의 사용을 자제하도록 자극할 수 있다. 이런 약물이 실제로 사망 위험을 높이는지에 대해서는 논란의 여지가 있지만, 많은 전문가와 과학적 연구들은 그렇지 않다고 주장한다. 누군가가 말기 치매로 죽어가면서 심하게 초조한 반응을 보일 때, 그런 경고를 무시하고 약물을 처방하여 완화 효과를 누리는 것이 최선일 수도 있다. 만일 약물이 없어도 환자의 상태가 더 악화되지 않는다면 치매 약물을 중단할 때다.

위안 치료는 항상 기도를 포함해야 하지만, 우리의 기도는 치매 초기와는 다른 형태를 취해야 한다. 치유와 생명 연장을 위해 기도하는 대신에 우리는 하나님께서 사랑하는 환자를 평화롭게 본향으로 인도해달라는 기도를 시작할 수 있다.

삶의 마지막에 당하는 고통을 누그러뜨리기 위한 또 다른 방법은 환자를 사랑하는 사람, 특히 부양자가 환자에게 생명을 연장하기 위한 싸움을 그만두도록 허락하는 것이다. 치매 말기 단계에서 고통당하는 사람들은 자신이 들은 말을 이해하지 못할 수 있지만, 그들이 이해하기를 바랄 만한 가치가 여전히 있다.

치매 환자가 집에서 편안하게 죽음을 맞이하도록 하는 것을 우리의 목표로 정할 때 생길 수 있는 어려움은 증상을 통제할 수 없다는 것이다. 고통이 통제되지 않고, 숨쉬기가 너무 어려우며, 메스꺼움과 구토는 처리하기 힘들다. 만일 집에서 할 수 있는 모든 일을 한 후에도 치매의 피해자가 여전히 심한 고통 가운데 있다면, 911에 전화해서 환자를 병원으로 이송할 필요가 있다. 만일 당신이 도움을 위해 전화했다면, 즉시 이용 가능하도록 "심폐 소생술 금지 지시서"를 가지고 있는지 확인하라. 그렇게 해야 응급 처치 요원이 생명을 살리는 절차를 시도하지 않게 된다. 좋아하든지 싫어하든지 간에 병원은 때때로 누군가가 죽기에 적절한 장소다.

종종 환자가 얼마나 빨리 사망할지 결정하는 것이 어려울 때가 있다. 호스피스에 거주하는 혜택 중 하나는 간호사들이 그런 예측을 효과적으로 할 수 있는 많은 경험을 가지고 있다는 것이다. 24시간 안에 환자가 사망할 것으로 보이면, 가족들을 죽어가는 환자의 침상에 모이게 할 때다. 그들은 조용히 지난 일을 회상하며 이야기를 나누고 과거의 행복했던 일들을 돌아보면서 서로 격려할 수 있다. 환자를 사랑하는 사람들이 죽어가는 그에게 그들의 사랑과 지난날에 나눈 모든 축복에 대한 감사를 반복해서 확신시켜주는 것은 매우 의미 있는 일이다. 오래전에 그런 말을 했으면 다행이지만, 만일 그렇게 하지 못했다면 "나를 용서해주세요" 또는 "나는 당신을 용서합니다"라고 말할 때다. 또한 이 시간은 가족들이 서로에게 사랑을 표현할 때이기도 하다. 조용한 음악을 틀고 텔레비전을 꺼라. 함께 찬양을 부르고 말씀을 읽고 기도하라. 죽어가는 이를 주님께 맡기고 이 성스러운 순간에 우리 주님 예수께서 그곳에 계심을 인식하라. 다음 구절을 기억하라. "내가 사망의 음침한 골짜기로 다닐지라도 해를 두려워하지 않을 것은 주께서 나와 함께 하심이라"(시 23:4). 우리의 선한 목자께서 임종하는 바로 그 순간에 함께 계신다.

조력 자살과 안락사에 대해

의사의 도움을 받는 조력 자살은 현재 몇몇 주에서는 합법이고, 모든 주에서 이를 합법화하기 위해 준비 중이다. 안락사는 미국에서는 합법이 아니지만, 유럽과 남미의 몇몇 나라에서 허용되고 있으며, 다른 많은 나라에서도 합법화를 진지하게 고려하고 있다. 조력 자살과 안락사는 편안함을 제공하고 고통 없는 죽음을 보장하는 수단으로서 관심을 끌고 있다. 환자 및 부양자를 포함하여 치매에 직면한 많은 그리스도인들이 아무런 희망도 없고 상황이 악화되어만 가는 것을 지켜보면서 이런 선택을 하고 싶다는 유혹을 받을 것이다. 치매에 걸린 사람들은 자신의 삶에 대한 통제력을 상실하는 것을 두려워하며 자신의 가족과 부양자들이 부양의 무거운 짐에서 자유로워지기를 바란다. 그들은 아마도 조력 자살에 대한 요청이 자신이 무엇을 요구하고 있는지를 잘 알고 이해하는 사람에 의해 이루어져야 한다는 법 규정도 이해하고 있을 것이다. 만일 조력 자살 및 안락사에 대한 결정이 내려질 때까지 너무 오래 기다리게 된다면 그들은 그런 법적 요구사항을 충족시킬 만한 인지적 능력을 유지하지 못할 수도 있다. 우리는 조력 자살을 희망하는 사람들의 심정에 공감할 필요가 있지만, 모든 사람이 하나님의 형상으로 창조되었고 하나님께서 모든 인간의 생명을 보호하신다는 사실을 기억해야 한다. 창세기 9장이 우리에게 제시해주는 원칙은 분명하다. "내가 반드시 너희의 피 곧 너희의 생명의 피를 찾으리니, 짐승이면 그 짐승에게서, 사람이나 사람의 형제면 그에게서 그의 생명을 찾으리라. 다른 사람의 피를 흘리면 그 사람의 피도 흘릴 것이니, 이는 하나님이 자기 형상대로 사람을 지으셨음이니라"(창 9:5-6). 더욱이 십계명 중 제6계명인 "살인하지 말라"(출 20:13) 역시 분명히 여기에 적용된다. 우리는 그리스도 안에서 성숙해짐에 따라 우리의 삶에 대한 통제력을 그리스도께 넘겨드리기를 원해야 하며 그를 절대적으로 신뢰해야 한다. 조력 자살이나 안락사를 시도하는 것은 그리스도께 맡기는 삶과는 정반대가 된다. 이는 다음과 같이 말하는 것과 같다. "나는 하나님께서 최선의 일을 하실 거라고 믿고 싶지 않아. 오직 나만이 나에게 가장 좋은 것이 무엇인지를 알고 있어. 그래서 나는 그것을 할 거야." 그런 생각은 우리의 믿음에 어긋난다.

치매에 걸린 그리스도인들의 궁극적 운명

치매라는 경험을 통해 어떻게 하나님께서 영광을 받으실 수 있는지에 대한 논의를 마치면서 우리는 치매라는 파괴적인 질병으로 인해 고통당하는 이들의 궁극적 운명에 대해 생각해보아야 한다. 예수를 따르는 이들에게 중요한 것은 죽음 이전에 발생한 일이 아니라 죽음 이후에 일어날 일이다. 위대하신 하나님을 경배하도록 당신을 이끌어주는 아래의 성경 구절들을 묵상해보라. 하나님께서는 치매라는 비극을 사용하셔서 하나님께 영광을 돌리게 하실 수 있다.

죽음 후에 모든 신자는 하나님의 임재 안으로 들어갈 것이다.

> 그러므로 우리가 항상 담대하여 몸으로 있을 때에는 주와 따로 있는 줄을 아노니, 이는 우리가 믿음으로 행하고 보는 것으로 행하지 아니함이로라. 우리가 담대하여 원하는 바는 차라리 몸을 떠나 주와 함께 있는 그것이라(고후 5:6-8).

> 너희는 마음에 근심하지 말라. 하나님을 믿으니 또 나를 믿으라. 내 아버지 집에 거할 곳이 많도다. 그렇지 않으면 너희에게 일렀으리라. 내가 너희를 위하여 거처를 예비하러 가노니 가서 너희를 위하여 거처를 예비하면 내가 다시 와서 너희를 내게로 영접하여 나 있는 곳에 너희도 있게 하리라(요 14:1-3).

이제는 질병이나 사망이 없을 것이다.

> 모든 눈물을 그 눈에서 닦아 주시니 다시는 사망이 없고 애통하는 것이나 곡하는 것이나 아픈 것이 다시 있지 아니하리니 처음 것들이 다 지나갔음이러라(계 21:4).

우리의 육체는 변화될 것이다.

그는 만물을 자기에게 복종하게 하실 수 있는 자의 역사로 우리의 낮은 몸을 자기 영광의 몸의 형체와 같이 변하게 하시리라(빌 3:21).

우리의 심령은 완전해질 것이다.

그러나 너희가 이른 곳은 시온산과 살아 계신 하나님의 도성인 하늘의 예루살렘과 천만 천사와 하늘에 기록된 장자들의 모임과 교회와 만민의 심판자이신 하나님과 및 온전하게 된 의인의 영들과(히 12:22-23).

고통은 영광에 압도당할 것이다.

생각하건대 현재의 고난은 장차 우리에게 나타날 영광과 비교할 수 없도다(롬 8:18).

한 몸인 우리는 우리 주님 예수의 보좌를 둘러싸고 찬양받기에 합당한 영광을 그에게 돌릴 것이다.

그들이 새 노래를 불러 이르되 "두루마리를 가지시고 그 인봉을 떼기에 합당하시도다. 일찍이 죽임을 당하사 각 족속과 방언과 백성과 나라 가운데에서 사람들을 피로 사서 하나님께 드리시고 그들로 우리 하나님 앞에서 나라와 제사장들을 삼으셨으니, 그들이 땅에서 왕 노릇 하리로다" 하더라(계 5:9-10).

여기에 나오는 허다한 무리 안에는 이 땅에서 치매의 황폐함으로 고통당한 많은 사람이 있을 것이다. 그들은 사심 없이 자신을 돌봐준 사람들과 함께 완전히 회복될 것이다. 그 순간 마침내 그들은 진정으로 하나님께 영광을 돌릴 수 있을 것이다.

기도

하늘에 계신 아버지, 당신의 사랑과 능력을 경험하게 해주셔서 감사드립니다. 주님, 저는 치매가 얼마나 비극적일 수 있는지 잘 알고 있습니다. 하지만 하나님께서 다스리고 계시며 궁극적으로 치매를 포함한 모든 것에 승리하실 것을 믿습니다. 하나님의 선하심을 볼 수 있는 믿음을 저에게 주시고, 하나님께 영광을 돌리는 방식으로 치매를 경험할 수 있도록 도와주옵소서. 저를 위해 그리고 하나님의 영광을 위해 기도드립니다. 아멘.

감사의 글

이런 주제의 책은 한 명의 수고로는 절대로 나올 수 없으며 많은 사람이 협력하여 열심히 노력한 결과다. 나는 환자와 부양자 등 치매에 대해 많은 것을 가르쳐준 여러 사람에게 큰 빚을 지고 있다. 그들 중 대다수가 치매 경험을 통해 하나님께 어떻게 영광을 돌릴 수 있는지를 생생하게 보여주었다. 일리노이주 자이언 클리닉에서 일하고 있는 내 동료와 직원들은 나에 대해, 그리고 우리가 수년간 섬겼던 많은 이들에 대해 놀라운 인내력을 보여주었다. 나는 특히 지속적으로 나를 격려해준 찰스 "칙" 셸 박사에게 은혜를 입었다. 칙과 크로스웨이 편집자인 리디아 브라운백은 "환자와 나누었던 대화"를 의미 있는 글로 담아내는 데 훌륭한 도움을 주었다. 특별히 내 이전 동료 중 한 명인 린넬 플로레스 박사가 세심하게 원고를 검토해준 것이 큰 유익이 되었다. 뉴헤이븐에 있는 그리스도의 신실한 자매이자 전문 간호사인 메리 루이스는 예일 대학교의 아들러 센터에서 치매로 고통당하는 환자들을 세심하게 간호해왔는데, 벤저민 마스트 박사가 했던 것처럼 매우 적절한 조언과 비평을 제공해주었다. 이제까지 말한 사람들 각각에게 나는 깊이 감사한다. 이 글을 읽는 독자들도 고마워하리라 생각한다.

    내 부모님인 밥과 로이스, 장모님인 애드나 듀엔켈이 모두 치매를 경험했는데, 그들은 이 병이 지닌 몇 가지 인간적인 측면을 나에게 가르쳐주었다. 비록 그들이 지금은 하늘나라에서 주님과 함께 기뻐하고 있겠지만, 나는 그들이 자신의 경험이 다른 사람들에게 도움이 되고 주님께 영광을 돌릴 수 있음에 매우 감격하고 있을 것이라고 믿는다.

도로시는 45년 동안 내 인생의 동반자이자 격려자였다. 그녀에게 나는 많은 것을 빚지고 있다. 도로시는 "하나님의 선물"을 의미하는데, 진실로 그녀는 하나님께서 내게 허락하신 선물이다. 그녀 역시 이 책이 나오기까지 많은 공헌을 했다.

나는 성경의 지혜에 감사한다. 나는 이 지혜를 치매라는 난제에 적용하고자 노력했다. 무엇보다도 나는 하나님의 사랑에 그리고 하나님께서 예수 안에서 그 사랑을 내게 드러내신 데 대해 감사를 드린다. "이는 만물이 주에게서 나오고 주로 말미암고 주께로 돌아감이라. 그에게 영광이 세세에 있을지어다. 아멘"(롬 11:36).

부록

가족에게 보내는 편지

사랑하는 도로시와 미래에 나를 돌볼 다른 이들에게,

당신이 아는 것처럼 나는 최근 몇 년 동안 치매라는 주제에 대해 진지하게 생각해보았습니다. 비록 내가 지금은 무척 건강하지만, 앞으로 치매에 걸릴 수도 있습니다. 만약 그런 일이 일어난다면 나를 돌볼 때를 대비하여 당신에게 몇 가지 지침을 남기고 싶습니다.

먼저 나는 당신이 너무 꼼꼼해 보이는 이 제안들을 실행에 옮길 때 완전히 자유롭게 행하기를 바랍니다. 나는 반드시 지켜야 할 규칙을 만들려는 것이 아닙니다. 더 나아가 당신이 나중에서야 잘못되었음을 깨닫게 되는 결정을 내린다고 해도 내가 당신을 용서한다는 것을 알고 그 결정에 대해 죄책감을 느끼지 않기를 바랍니다.

치매 초기 단계에 나는 당신이 나에 대해 참아주고, 시간을 들여 내가 할 수 있는 일이 무엇인지를 알아내서 나 자신과 다른 사람들을 위해 가능한 한 많은 일을 하도록 나를 격려해주기를 바랍니다. 치매로 인한 내 한계 때문에 직접 영향을 받는 사람들에게는 내 증상을 알려주어도 상관이 없지만, 그 외에 내 지인들에게는 그 사실을 알리지 않았으면 합니다. 내가 치매에 걸렸다는 것을 알면 그들이 나와 관계를 맺는 방식에 큰 영향을 미칠 것이기 때문입니다. 나는 내 인생이 여전히 의미 있음을 느끼기 원하고 어떤 방식으로든 계속 다른 사람들을 돕고 싶습니다. 만일 내가 나를 위험하게 할 수 있는 어떤 일을 하겠다고 고집을 피우면, 그런 위험을 감수하도록 허용해주기 바랍니다. 그러나 만일 내가 다른 사람을 위험하게 할 수도 일을 하려고 한다면(아마도 내 능력 이상의 운전), 그 일을 하지 못하도록 단단히 조치를 취해주세요.

치매가 진행되면 당신이 기꺼이 나와 시간을 보내주기를 바랍니다. 비록 내가 우리가 함께하는 시간을 기억하지 못하는 것 같다는 생각이 들더라도, 내가 그 순간을 즐기고 있다는 것을 알아주세요. 나에게 이야기를 들려주고 사진을 보여주어 내가 과거와 계속 연결될 수 있도록 도와주세요. 내가 좋아하는 옛 찬송가나 성경 말씀을 들려주기를 부탁합니다. 주님과 십자가와 부활에 대해 이야기해주세요. 하늘나라에 대해 그리고 하나님의 임재에 들어가는 것이 어떤 것인지를 자주 말해주세요. 당신의 사랑을 느낄 수 있도록 나를 안아주세요.

내가 치매 말기에 접어들어도 당신이 할 수 있는 한 계속해서 나와 시간을 보내주세요. 혹시 당신이 우리 집이 아닌 다른 곳에서 나를 치료하는 것이 최선이라고 결정하게 될지라도 죄책감을 느끼지 마세요. 도로시, 나는 하나님을 섬기도록 하나님께서 당신에게 주신 은사에 대해 내가 얼마나 감사하는지를 당신이 알기 바랍니다. 나는 당신이 계속해서 그 은사를 잘 발휘하기를 원하고 나 때문에 당신이 받은 은사를 낭비하지 않기를 바랍니다. 이런 나의 뜻은 네 명의 자녀와 손자들 모두에게도 마찬가지예요.

가능한 한 약물을 사용하여 내가 계속해서 편안함을 느끼도록 해주세요. 그러나 내 생명을 연장하기 위한 치료는 아무것도 시도하지 마세요. 설령 내가 식사를 멈추게 된다고 해도 나는 인공적인 액체나 영양은 원하지 않아요. 하지만 계속해서 나에게 음식을 권해주세요. 내 편안함에 도움이 되는 것이 아니라면 감염을 치료하지 마세요. 가능하면 나를 병원에 입원시키지 마세요. 나는 늘 호스피스를 좋아했고 그곳에 있는 훌륭한 분들로부터 돌봄을 받기 원합니다.

치매 환자를 부양하는 것이 매우 힘든 일임을 나는 잘 알고 있어요. 내가 당신을 점점 더 힘들게 하더라도 나를 용서해주세요. 하나님께서 당신에게 은혜를 베푸셔서 당신을 힘들게 하는 것은 내가 아니라 치매임을 알게 해주시리라 믿습니다. 내가 당신을 사랑한다는 것을 잊지 말아요. 나는 할 수만 있다면 당신이 나를 사랑으로 섬겨주는 데 대해 거듭거듭 고마워할 것입니다.

이 땅에서 내 정신과 몸에 어떤 일이 발생한다고 해도 나는 하나님께 감사합니다. 하나님께서 나를 그분의 곁으로 데려가실 테니까요. 그곳에 가면 나는 예수의 존전에서 우리의 몸과 영혼이 온전히 구원받고 하나님의 형상으로 회복되어 내 사랑스러운 아내인 당신과 우리 가족을 다시 만나게 될 날을 학수고대할 것입니다.

사랑합니다.
존

추천도서

치매에 대한 기독교적 관점

Davis, Robert. *My Journey into Alzheimer's Disease: Helpful Insights for Family and Friends.* Wheaton, IL: Tyndale, 1989.

Johnson, Richard. *How to Honor Your Aging Parents: Fundamental Principles of Caregiving.* Liguori, MO: Liguori, 1999.

Keck, David. *Forgetting Whose We Are: Alzheimer's Disease and the Love of God.* Nashville: Abingdon Press, 1996.

Kilner, John. *Dignity and Destiny: Humanity in the Image of God.* Grand Rapids, MI: Zondervan, 2015.

Mast, Benjamin. *Second Forgetting: Remembering the Power of the Gospel during Alzheimer's Disease.* Grand Rapids, MI: Zondervan, 2014.

McKim, Donald K., ed. *God Never Forgets: Faith, Hope and Alzheimer's Disease.* Louisville: Westminster John Knox, 1997.

McQuilkin, Robertson. *A Promise Kept.* Wheaton, IL: Tyndale, 1998.

Sapp, Stephen. *When Alzheimer's Disease Strikes.* Palm Beach, FL: Desert Ministries, 2002.

Swinton, John. *Dementia: Living in the Memories of God.* Grand Rapids, MI: Eerdmans, 2012.

세속적 관점

Angelica, Jade. *Where Two Worlds Touch: A Spiritual Journey through Alzheimer's Disease*. Boston: Skinner House, 2014.

Bell, Virginia, and David Troxel. *A Dignified Life: The Best Friends Approach to Alzheimer's Care*. Revised edition. Deerfield Beach, FL: Health Professionals Press, 2012.

Coste, Joanne Koenig. *Learning to Speak Alzheimer's: A Groundbreaking Approach for Everyone Dealing with the Disease*. New York: Houghton Mifflin Harcourt, 2003.

Genova, Lisa. *Still Alice*. Lincoln, NE: iUniverse, 2007.

Ghent-Fuller, Jennifer. *Thoughtful Dementia Care: Understanding the Dementia Experience*. CreateSpace Independent Publishing Platform, 2012.

Kitwood, Tom. *Dementia Reconsidered: The Patient Comes First*. New York: McGraw-Hill, 1997.

Mace, Nancy, and Peter Rabins. *The 36-Hour Day: A Family Guide to Caring for People Who Have Alzheimer Disease, Related Dementias, and Memory Loss in Later Life*. Baltimore, MD: Johns Hopkins University Press, 2011.

Phelps, Rick, and Gary Joseph LeBlanc. *While I Still Can: One Man's Journey through*

Early-Onset Alzheimer's Disease. Bloomington, IN: Xlibris, 2012.

Post, Stephen. The Moral Challenge of Alzheimer Disease. Baltimore, MD: Johns Hopkins University Press, 1995.

웹사이트

Alzheimer's Association. http://www.alz.org.

Virginia Bell and David Troxel's "Best Friends Approach to Alzheimer's Care." http://bestfriendsapproach.com.

고통에 관한 자료

Carson, D. A. How Long, O Lord?: Reflections on Suffering and Evil. Grand Rapids, MI: Baker Academic, 2006.

Keller, Timothy. Walking with God through Pain and Suffering. New York: Penguin, 2013.

Tada, Joni Eareckson, and Steve Estes. When God Weeps: Why Our Sufferings Matter to the Almighty. Grand Rapids, MI: Zondervan, 1997.

생의 마지막에 관한 기독교적 접근법을 위한 자료

Dunlop, John. *Finishing Well to the Glory of God: Strategies from a Christian Physician*. Wheaton, IL: Crossway, 2011.

Howard, Deborah. *Sunsets: Reflections for Life's Final Journey*. Wheaton, IL: Crossway, 2005.

Moll, Rob. *The Art of Dying: Living Fully into the Life to Come*. Downers Grove, IL: InterVarsity Press, 2010.

Verhey, Allen. *The Christian Art of Dying: Learning from Jesus*. Grand Rapids, MI: Eerdmans, 2011.

은혜의 눈으로 치매 환자 대하기

Copyright ⓒ 새물결플러스 2020

1쇄 발행 2020년 9월 7일

지은이	존 던롭
옮긴이	장보철
펴낸이	김요한
펴낸곳	새물결플러스
편 집	왕희광 정인철 노재현 한바울 정혜인
	이형일 나유영 노동래 최호연
디자인	윤민주 황진주 박인미 이지윤
마케팅	박성민 이원혁
총 무	김명화 이성순
영 상	최정호 조용석 곽상원
아카데미	차상희
홈페이지	www.holywaveplus.com
이메일	hwpbooks@hwpbooks.com
출판등록	2008년 8월 21일 제2008-24호
주 소	(우) 04118 서울시 마포구 마포대로19길 33
전 화	02) 2652-3161
팩 스	02) 2652-3191

ISBN 979-11-6129-171-0 03230

책값은 뒤표지에 있습니다.

이 도서의 국립중앙도서관 출판예정도서목록(CIP)은 서지정보유통지원시스템 홈페이지(seoji.nl.go.kr)와 국가자료공동목록시스템(nl.go.kr/kolisnet)에서 이용하실 수 있습니다. CIP2020035641